★ 문제 해결 진행은 이렇게 해요! ★

완성된 자동차 로봇 미리 보기	▶	해결할 문제 확인하기	▶	로봇 조립하기	▶	모터와 센서 연결하기	▶	문제 분석 및 해결 전략 세우기	▶	프로그래밍하여 실행하기

PART 3 | EV3 창작 프로젝트(기본)

EV3 기본 코어 세트(4███████████████████████ 녁판 로봇, 밀당 로봇, 격투 로봇, 시간 예측 로봇, 기억력 게████████████████████을 만들고, 각각의 로봇이 주어진 문제를 해결할 수 있도록 파███████████████ 배워 다양한 프로젝트를 재구성하는 능력을 키웁니다.

★ 문제 해결 진행은 이렇게 해요! ★

완성된 로봇 미리 보기	▶	해결할 문제 확인하기	▶	로봇 조립하기	▶	모터와 센서 연결하기	▶	문제 분석 및 문제 나누기	▶	나눈 문제, 해결 전략 세우기	▶	프로그래밍하여 실행하기

PART 4 | EV3 창작 프로젝트(확장)

확장 세트(45560)를 추가하여 탁구공 슈팅기와 저금통을 만들고, 프로그램으로 각 로봇을 조종하여 문제를 해결하는 방법을 배워 실력을 한 단계 향상시킵니다.

★ 문제 해결 진행은 이렇게 해요! ★

완성된 로봇 미리 보기	▶	해결할 문제 확인하기	▶	로봇 조립하기	▶	모터와 센서 연결하기	▶	문제 분석 및 문제 나누기	▶	나눈 문제, 해결 전략 세우기	▶	프로그래밍하여 실행하기

학생들이 단계별로 따라 하면서 배우다 보면, 단지 생각 속에만 있던 로봇을 직접 디자인하여 만들고, 그것을 원하는 방향으로 동작할 수 있게 하는 프로그래밍 실력도 쌓을 수 있을 것입니다.

끝으로 이 책의 출간을 위해 같이 노력하고 검토해 주신 양미연 선생님, 놀라운 창의력과 아이디어로 하드웨어 찬자에 도움을 준 '인하로보' 1기부터 현재까지의 학생들, 특히 졸업 후에도 즐겁게 달려와 도움을 준 서용준 학생, 홍우진 학생, 끝으로 삼양미디어의 편집진께도 감사드립니다.

저자

구성과 특징

이 책은 일상생활에서 발생하는 다양한 문제를 로봇이 해결할 수 있도록 필요한 로봇을 조립하고 프로그래밍하는 방법을 익혀, 다양한 창작 활동을 할 수 있도록 구성하였습니다.

| 단원 소개 | 이 단원에서 학습할 내용을 미리 짚어 볼 수 있습니다.

P·A·R·T 2

EV3
자동차 로봇
주행하기

01 EV3 자동차 움직이기
02 버튼을 이용하여 로봇 제어하기
03 초음파 센서를 이용하여 장애물 피하기
04 컬러 센서를 이용하여 라인 트레이싱하기

● 이번 단원에서는 무엇을 배우나요?

자동차 로봇을 만들고 원하는 방향으로 움직이는 방법에 대해 알아봅니다. 또한 터치 센서, 초음파 센서, 컬러 센서를 이용하여 자동차 로봇을 제어하는 방법에 대해 알아봅니다.

◆ 준비 도구 ◆

| 준비 도구 |

이 단원에서 필요한 준비 도구가 무엇인지 알기 쉽게 이미지로 보여 줍니다.

| 생각 열기 | 문제 해결에 필요한 로봇과 해결할 문제를 알아봄으로써, 자연스럽게 배울 내용에 흥미를 느끼도록 하였습니다.

조립 난이도 기본　프로그램 난이도 기본

CHAPTER 01 EV3 자동차 움직이기

제공된 조립도를 보고 기본 자동차 로봇을 조립한 후, 센서와 모터를 선으로 연결하여 원하는 방향으로 움직여 봅시다.

1 >> 조립하기 ●

자동차 로봇을 만들어 봅시다.

❶ LDD 조립도 프로그램을 실행하여 아래와 같이 5개의 모듈을 만들어 놓습니다.

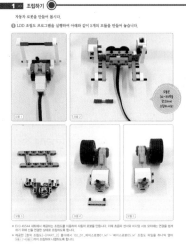

| 로봇 조립하기 |

조립도를 보면서 문제 해결에 필요한 로봇을 쉽게 조립할 수 있도록 하였습니다.

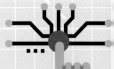

COMPOSITION

| **문제 분석 및 해결 전략 세우기** | 문제를 분석한 후 필요에 따라 작은 문제로 나눈 다음, 각 문제에서 할 일을 구체적으로 설계할 수 있도록 하였습니다.

⑩ 완성된 모습은 다음과 같습니다.

3 ▷▷ 문제 분석 및 문제 나누기

문제를 분석하여 아래와 같이 작은 문제로 나누어 봅니다.

| 1단계 집어들기 | 2단계 을 들기기 | 3단계 을 넘은 횟수 세기 | 4단계 을 길임 확인 하기 | 5단계 을 풀이 난이도 조절하기 |

4 ▷▷ 작은 문제별 해결 전략 세우기

나눈 작은 문제들을 해결하려면 어떤 일을 해야 할지 아래와 같이 단계별로 해결 전략을 세웁니다.

2 ▷▷ 모터와 센서 연결하기

다음을 참고하여 선으로 모터와 센서를 연결합니다.

| **모터와 센서 연결하기** | 연결선으로 조립한 로봇을 EV3 브릭의 입출력 포트에 연결하는 방법을 알 수 있습니다.

| **프로그래밍 언어** | 파이썬으로 문제를 해결할 수 있도록 하였습니다.

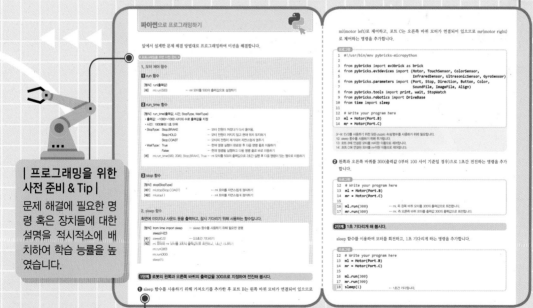

파이썬으로 프로그래밍하기

앞에서 설계한 문제 해결 방법대로 프로그래밍하여 미션을 해결합니다.

| **프로그래밍을 위한 사전 준비 & Tip** | 문제 해결에 필요한 명령 혹은 장치들에 대한 설명을 적시적소에 배치하여 학습 능률을 높였습니다.

```
1  #!/usr/bin/env pybricks-micropython
2
3  from pybricks import ev3brick as brick
4  from pybricks.ev3devices import (Motor, TouchSensor, ColorSensor,
5                                   InfraredSensor, UltrasonicSensor, GyroSensor)
6  from pybricks.parameters import (Port, Stop, Direction, Button, Color,
7                                   SoundFile, ImageFile, Align)
8  from pybricks.tools import print, wait, StopWatch
9  from pybricks.robotics import DriveBase
10 from time import sleep
11
12 # Write your program here
13 ml = Motor(Port.B)
14 mr = Motor(Port.C)
```

| **따라 하면서 코딩하기** | 조립한 로봇을 직접 조종하여 문제를 해결할 수 있도록 필요한 명령들을 순서대로 나열하는 과정을 따라 하면서 프로그래밍 방법을 익히고, 원하는 프로그램을 완성하여 조작할 수 있도록 하였습니다.

구성과 특징 · 5

CONTENTS
차 례

P·A·R·T
1
EV3 이해 및 설치

P·A·R·T
2
EV3 자동차 로봇
주행하기

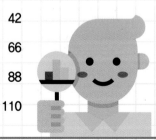

P·A·R·T

3

EV3 창작 프로젝트 (기본)

P·A·R·T

4

EV3 창작 프로젝트 (확장)

★부록★

도로주행 맵

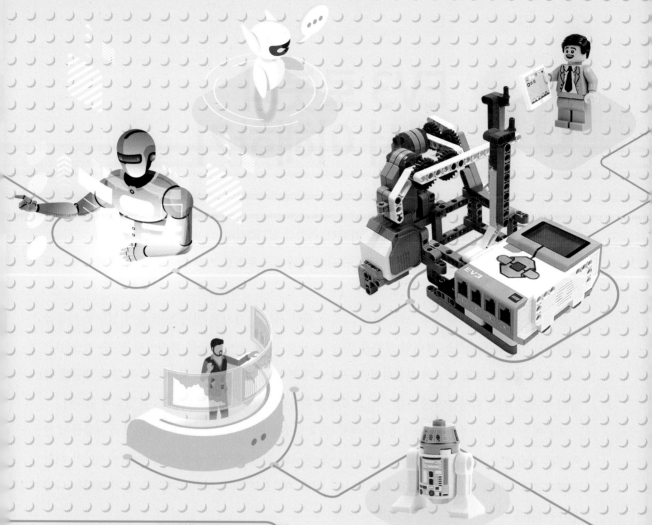

●이번 단원에서는 무엇을 배우나요?●

EV3 로봇과 함께 제공되는 센서에 대해 알아보고, 로봇을 원하는 대로 움직이면서 주어진 문제를 해결할 때 필요한 프로그래밍 언어인 '파이썬'을 다운로드하여 설치하는 방법을 알아봅니다. 또한 EV3 로봇을 조립할 때 필요한 조립도 프로그램인 'LDD(Lego Digital Designer)'를 설치하고, 조립 방법을 알아봅니다.

●준비 도구●

| EV3 45544 세트 |

| 파이썬 프로그램 |

| Visual Studio Code 프로그램 |

| LDD 프로그램 |

01 EV3 로봇과 센서 이해하기

레고 마인드스톰 에듀케이션 EV3는 컴퓨터 과학과 STEM(Science(과학), Technology(기술), Engineering(공학), Maths(수학)의 융합 교육)의 세계에 프로젝트 기반 학습이 접목된 획기적 교구입니다.

EV3 교구에는 각종 센서와 모터, 전선 그리고 제어 기능을 가지고 있는 브릭 등이 있어서 이들을 조립하고 연결하여 원하는 형태의 로봇을 만들고, 프로그래밍하여 로봇을 움직이게 할 수 있습니다. 또한 EV3 로봇은 조립 방법이 간단하여 누구나 쉽게 특정 동작을 하는 로봇을 만들어 문제 해결에 활용할 수 있으므로, 학생들이 흥미를 가지고 로봇을 활용한 SW 교육에 푹 빠져들 수 있도록 합니다.

최근에는 우리나라뿐 아니라 세계 각지에서 EV3 로봇을 활용한 각종 대회가 열리고 창작품들이 쏟아지고 있습니다. 이 책에서는 EV3에 있는 각종 교구로 직접 로봇을 조립하고, 이를 움직이기 위한 프로그래밍 방법을 익힐 수 있도록 하였습니다. 이를 기반으로 하여 여러 가지 기능을 수행하는 다양한 창작물을 만들고 프로그래밍 과정을 통해 실행해 봄으로써, 창의력뿐 아니라 문제 해결력을 키우고 사고력을 확장할 수 있도록 하였습니다.

이 책에서 사용할 EV3 코어 세트(45544)에는 로봇 제작에 필요한 인텔리전트 EV3 브릭(이하 EV3 브릭이라 칭함)과 함께 라지 서보 모터 2개, 미디엄 서보 모터 1개, 센서 5개(터치 2개, 초음파, 컬러, 자이로), 충전식 배터리와 각종 부품 541개 등이 들어 있으므로, 문제 상황에 맞게 로봇을 직접 디자인하고 조립하여 다양한 창작물을 만들어 활용해 보는 시간을 갖도록 합니다.

◐ **EV3 코어 세트(45544)** 로봇 제작에 필요한 각종 모터와 센서, 기어, 바퀴와 축, 전선 그리고 여러 가지 교구를 연결하고 제어할 때 필요한 컨트롤러인 EV3 브릭을 제공합니다.

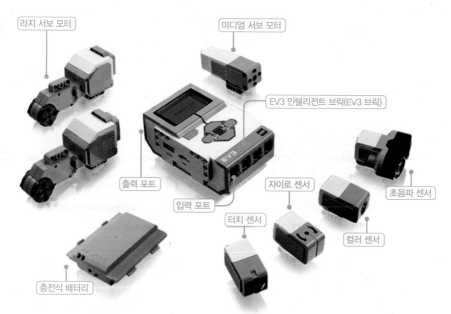

라지 서보 모터

미디엄 서보 모터

EV3 인텔리전트 브릭(EV3 브릭)

출력 포트

자이로 센서

초음파 센서

입력 포트

터치 센서

컬러 센서

충전식 배터리

◎ EV3 브릭과 각종 모터 및 센서들을 연결한 모습

1 >> EV3 브릭 이해하기

제어 기능을 가지고 있는 EV3 브릭은 리눅스 기반의 운영 체제를 사용하고 있으며, 기본 하드웨어 사양은 ARM 9 프로세서 300MHz, 16MB 플래시 메모리, 64MB RAM으로 구성되어 있습니다. EV3 브릭에는 센서나 모터와 같이 여러 종류의 장치를 연결하여 사용할 수 있도록 여러 개의 포트가 있습니다.

EV3 브릭의 정면을 살펴보면 다음과 같이 다양한 기능을 수행하는 6개의 버튼이 있고, LCD 창에는 여러 가지 기능을 수행하는 메뉴가 나옵니다.

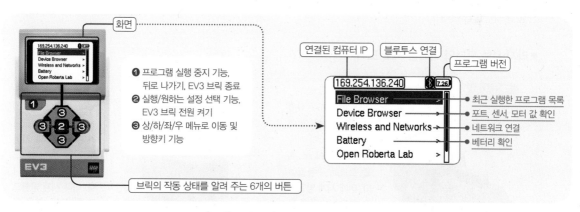

화면

연결된 컴퓨터 IP
블루투스 연결
프로그램 버전

❶ 프로그램 실행 중지 기능,
   뒤로 나가기, EV3 브릭 종료
❷ 실행/원하는 설정 선택 기능,
   EV3 브릭 전원 켜기
❸ 상/하/좌/우 메뉴로 이동 및
   방향키 기능

169.254.136.240   7.26

File Browser ──────────── 최근 실행한 프로그램 목록
Device Browser ──────────── 포트, 센서, 모터 값 확인
Wireless and Networks ── 네트워크 연결
Battery ──────────── 베터리 확인
Open Roberta Lab

브릭의 작동 상태를 알려 주는 6개의 버튼

◎ EV3 브릭의 정면 구성 요소

또한 EV3 브릭에는 각종 센서를 연결하여 외부 자료를 수집할 때 사용하는 입력 포트와 다양한 모터를 연결하여 명령을 수행할 때 사용하는 출력 포트, 컴퓨터에서 작성한 프로그램을 EV3로 저장하거나 호스트 EV3의 명령을 받아 구동할 때 사용하는 PC 포트가 있습니다. 이외에도 USB와 SD 슬롯 등이 있습니다.

입력 포트(자료 수집)
입력 포트 1, 2, 3, 4는 다양한 센서를 EV3 브릭에 연결하는 데 사용

PC 포트(미니 USB PC 포트)
EV3 브릭을 컴퓨터에 연결하는 데 사용

출력 포트(명령 실행)
출력 포트 A, B, C, D는 다양한 모터를 EV3 브릭에 연결하는 데 사용

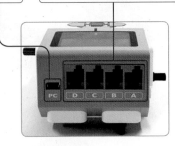

SD 카드 포트
최대 32GB의 SD 카드를 삽입하여 메모리 공간을 늘릴 수 있음

스피커
EV3의 모든 소리를 출력하는 스피커, 로봇을 만들 때 스피커가 가려지면 소리가 작아질 수 있으므로 주의할 것

USB 호스트 포트
무선 네트워크 연결을 위한 USB Wi-Fi 동글을 추가하거나 데이지 체인(최대 4개의 EV3 브릭을 연결)에 사용

🔺 EV3 브릭의 측면 구성 요소

2 >> 출력 포트에 연결하는 서보 모터 이해하기

EV3 코어 세트에서는 라지 서보 모터와 미디엄 서보 모터를 제공합니다. 서보 모터는 브릭의 위쪽에 있는 4개의 출력 포트 A~D에 연결하여 모터의 신호값을 출력하는데, 한 번에 최대 4개까지 연결하여 사용할 수 있습니다.

● 라지 서보 모터와 미디엄 서보 모터

라지 서보 모터

최대 파워에서 160~170RPM을 출력하며, 20Ncm의 기동 토크 및 40Ncm 스톨 토크로 구동됩니다. 이때 시계 방향으로 회전하는 것을 정회전(+ 파워), 반시계 방향으로 회전하는 것을 역회전(− 파워)이라고 합니다.

미디엄 서보 모터

최대 파워에서 240~250RPM을 출력하며, 8Ncm의 기동 토크 및 12Ncm 스톨 토크로 구동됩니다. 이때 시계 방향으로 회전하는 것을 정회전(+ 파워), 반시계 방향으로 회전하는 것을 역회전(− 파워)이라고 합니다.

※ RPM(Revolutions Per Minute)은 분당 회전수를 말합니다.

EV3 코어 세트에서는 터치 센서 2개, 초음파 센서, 컬러 센서, 자이로 센서와 같이 5개의 센서를 제공합니다. 이 센서들은 브릭의 아래쪽에 있는 숫자 1~4가 적힌 입력 포트에 연결하여 신호값을 입력받아 자료를 수집합니다. 그리고 센서는 총 4개까지 연결하여 사용할 수 있습니다.

❶ 터치 센서

터치 센서는 스프링으로 연결된 가운데 버튼이 눌렸는지의 여부를 알려 주는 가장 간단한 센서로, 스위치 또는 버튼 등의 이름으로도 불립니다. 이 센서가 사용된 물품은 우리 주변에서 쉽게 찾아볼 수 있는데 키보드, 마우스, 전등 스위치, 스마트폰 버튼 등이 있습니다. 터치 센서는 주로 장애물 유무를 판별하는 프로그램이나 특정 작업을 시작하기 위한 준비를 할 때 많이 사용합니다.

🔺 터치 센서

눌림

눌리지 않음

누름 횟수(눌렀다가 떼어짐)

🔺 세 가지 모드로 구성된 터치 센서 빨간색 버튼 안쪽에 스프링으로 연결되어 있으며, 평소에는 전기가 흐르지 않다가 버튼을 누르면 전기가 흐르면서 버튼이 눌렸는지 혹은 눌리지 않았는지를 감지합니다.

❷ 초음파 센서

초음파 센서는 사람의 눈처럼 생긴 외형을 하고 있으며, 고주파를 내보내면 이것이 반사되어 되돌아오는 시간을 측정하여 물체까지의 거리를 감지합니다. 장애물과의 거리는 inch, cm 단위로 측정할 수 있지만, 우리나라에서는 주로 cm를 사용합니다.

🔺 초음파 센서 거리 측정, 두께, 물체의 움직임 감지 등을 자동으로 인식합니다.

초음파 센서의 한쪽 원형에서 초음파를 발사하면 장애물에서 반사되는 초음파를 반대편 원형에서 인식하면서 시간차를 이용하여 최대 250cm까지의 거리를 mm 단위로 알려 줍니다. 이때 초음파는 사람이 들을 수 있는 20Hz~20kHz의 주파수(가청 주파수)보다 큰 20kHz 이상의 주파수를 사용합니다. 또한 초음파는 자궁 내 태아 사진, 각종 물품 세척, 거리 탐사 등에 활용되며, 초음파 센서는 자동차 후방 감지, 마트 주차장의 빈자리 검색, 어군 탐지, 속도 측정, 움직

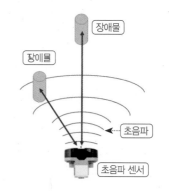

장애물

장애물

초음파

초음파 센서

임 감지, 높이 측정 등에 활용되고 있습니다.

초음파 센서는 레이저와 달리 직진성이 좋지 않지만, 15° 정도의 측면에 있는 장애물도 측정할 수 있습니다. 이때 장애물과의 거리가 너무 가까우면 인식이 안 되므로 5cm 이상의 최소 거리를 유지하고, 유효 거리를 200cm 미만으로 하는 것이 좋습니다.

③ 컬러 센서

컬러 센서는 EV3에서 가장 활용도가 높은 센서 중 하나로 센서 앞면을 통해 빛의 색이나 감도를 감지합니다. 이 센서는 주변광 모드와 반사광 모드, 컬러 모드와 같이 세 가지 모드로 설정할 수 있습니다.

△ 컬러 센서

먼저 주변광 모드(ambient light)는 파란색 LED가 나오며 색상과 상관없이 주변의 밝기에 따라 밝으면 100에 가까운 값, 어두우면 0에 가까운 값을 반환합니다. 반사광 모드(reflected)는 빨간색 LED가 나오며, 밝고 어둠을 측정할 수 있는 빛 센서의 역할을 합니다. 또한 현재 측정하고 있는 표면이 빛에 반사되는 정도를 감지하여 어두우면 0, 밝으면 100에 가까운 값을 반환합니다.

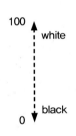

이처럼 컬러 센서로 어두운 영역과 밝은 영역을 구분하기 위해서는 두 영역의 경계로 판단할 수 있는 문턱값을 정해야 하는데, 두 표면의 빛 값을 측정한 후 평균값을 계산하여 사용하는 것이 가장 일반적입니다.

컬러 센서는 RGB LED 색이 나오며, 컬러 모드는 다음과 같이 7개의 컬러색을 판별할 수 있습니다.

숫자	1	2	3	4	5	6	7
색상	Black	Blue	Green	Yellow	Red	White	Brown

△ 컬러 모드가 판별할 수 있는 색의 종류

④ 자이로 센서

센서 윗부분의 화살표 방향으로 로봇의 기준점인 0도를 중심으로 로봇을 회전하면 몇 도 회전했는지 그리고 로봇의 회전 속도, 즉 각속도 값을 구하는 센서입니다.

△ 자이로 센서

우측 그림처럼 빨간 점을 중심으로 시계 방향 또는 반시계 방향으로의 회전 여부를 알 수 있습니다. 로봇의 회전 속도는 '시간(초)당 회전하는 각도를 나눈 값(각도/초)'으로, 자이로 센서는 초당 최대 440도를 감지할 수 있습니다.

시계 방향 회전 양의 값(+)   반시계 방향 회전 음의 값(−)

02 EV3 동작 프로그램 설치하기

C·H·A·P·T·E·R

EV3 로봇을 제어하는 데 필요한 프로그래밍 언어인 "파이썬"을 해당 홈페이지에 접속하여 프로그램을 다운로드하여 설치합니다.

파이썬으로 EV3를 제어하기 위해서는 다음과 같은 절차에 따라 파이썬 개발 환경을 구축해야 합니다.

❶ 파이썬 프로그램 설치하기
❷ EV3Dev 이미지 파일 다운로드하기
❸ 부팅 SD 카드 제작하기
❹ Visual Studio Code 프로그램 설치하기

프로그램을 차례대로 다운로드하여 설치해 볼까요?

1 >> 파이썬 프로그램 설치하기

파이썬을 다음과 같은 절차에 따라 설치합니다.

❶ 파이썬 홈페이지(https://www.python.org)에 접속한 후 메뉴 중 [Downloads]를 클릭합니다.

❷ Python 3.8.2 을 클릭하여 파이썬 프로그램을 다운로드합니다.

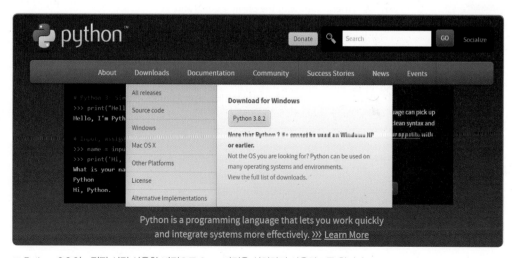

※ Python 3.8.2는 집필 시점 사용한 버전으로 3.x.x 버전을 설치하여 사용하도록 합니다.

❸ 다운로드가 완료되면 다운로드한 ⬇️ python-3.8.2.exe 파일을 실행하여 프로그램을 설치합니다. 이때 반드시 ☑ Add Python 3.8 to PATH 옵션을 체크한 후 설치합니다.

❹ 파이썬 프로그램 설치가 성공적으로 완료되면 아래와 같이 나타납니다.

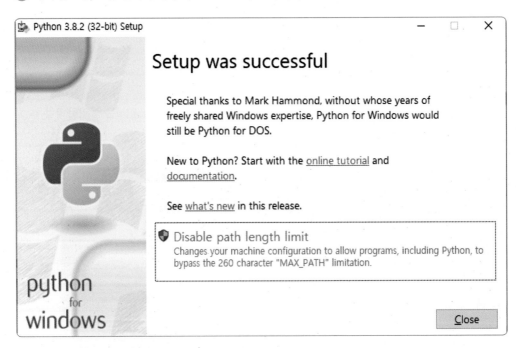

2 >> EV3dev 이미지 파일 다운로드하기

파이썬을 이용하여 프로그래밍하려면 EV3dev 이미지 파일을 다운로드하여 SD 카드에 설치한 후 SD 카드를 이용하여 EV3를 실행해야 합니다.

❶ 레고 에듀케이션 홈페이지(https://education.lego.com/ko-kr)에 접속한 후 메인 페이지에서 "EV3, 파이썬을 만나다!"에서 [더 알아보기]를 클릭합니다.

※https://education.lego.com/ko-kr/support/mindstorms-ev3/python-for-ev3 사이트에 바로 접속해도 됩니다.

❷ 오른쪽 하단에 있는 △ EV3 마이크로파이썬 마이크로 SD 카드 이미지 를 클릭하여 SD 카드 이미지를 다운로드합니다.

❸ 다운로드가 완료되면 ⊞ ev3micropythonv100sdcardimage-4b8c8333736fafa1977ee7accbd3338f 압축 파일이 생성됩니다. 압축 풀기를 하면 'ev3-micropython,,,img' 파일이 보이며, 이 파일을 사용하도록 합니다.

파일명	압축크기	원본크기
..		
.meta		
3rd party licenses		
changelog.txt	89	96
End User License Agreement_ENG.pdf	143,405	159,540
End User License Agreement_ZHSI.pdf	287,932	305,628
ev3-micropython-v1.0.0-sd-card-image.img	363,560,294	1,887,436,8...

3 >> 부팅 SD 카드 제작하기

파이썬으로 부팅되는 SD 카드를 제작해야 합니다.

① 부팅 SD 카드 제작을 위해 'Etcher' 프로그램을 설치해야 합니다. 이를 위해 홈페이지(https://etcher.io/)에 접속한 후 하단에 있는 자신의 컴퓨터 OS 버전에 맞는 프로그램을 다운로드합니다.

② 다운로드한 balenaEtcher-Setup-1.5.79 프로그램을 실행하여 프로그램을 설치합니다.

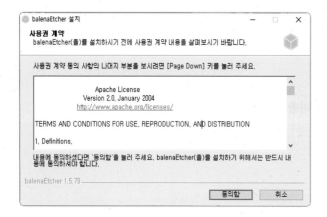

③ 'balenaEtcher' 프로그램을 실행한 후 준비된 SD 카드를 PC와 연결합니다. 그리고 [Select Image]를 클릭하여 앞에서 다운로드한 파이썬 SD 이미지 파일인 ev3-micropython-v1.0.0-sd-card-image.img 를 클릭합니다.

④ SD 카드의 경로를 확인하고 경로가 잘못되었을 경우 'Chage'를 클릭하여 경로를 설정한 후, [Flash!] 버튼을 클릭합니다.

⑤ 설치가 진행되고 설치가 완료되면 'Flash Complete!' 라는 화면이 나타납니다.

⑥ 만든 SD 카드를 EV3 컨트롤러의 SD 카드 슬롯에 삽입하고, EV3 전원을 켭니다. 잠시 후 부팅이 완료되고, 아래와 같은 EV3 화면이 나타나면 정상적으로 파이썬 프로그램이 설치된 것입니다.

△ 부팅 중인 EV3 화면

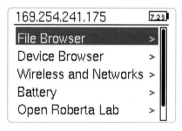

△ 부팅이 완료된 EV3 화면

4 >> Visual Studio Code 프로그램 설치하기

EV3를 제어할 프로그램을 작성할 'Visual Studio Code'를 설치합니다.

❶ Visual Studio Code 홈페이지(https://code.visualstudio.com/)에 접속하여 왼쪽 중간의
[Download for Windows] 버튼을 클릭하여 프로그램을 다운로드합니다.

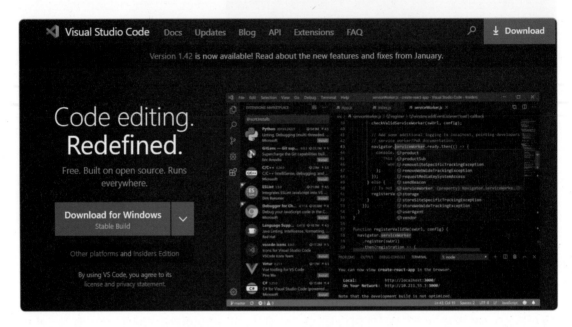

❷ 다운로드가 완료되면 'VSCodeUserSetup...exe' 파일을 실행하여 프로그램을 설치합니다.

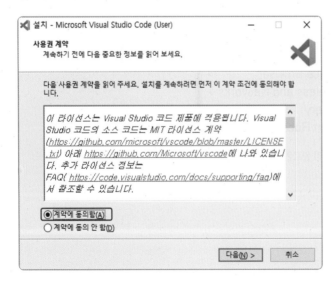

❸ 설치가 완료되면 바탕 화면에 있는 'Visual Studio Code' 프로그램 아이콘 을 마우스 오른쪽 버튼으로 클릭하면 나오는 메뉴에서 "관리자 권한으로 실행"을 선택하여 프로그램을 시작합니다.

❹ 'Visual Studio Code' 프로그램에서 EV3 프로그램을 작성하기 위해 왼쪽 EXTENTION(🔳)을 클릭한 후 Search 창에 "EV3"라고 입력하고, [Install] 버튼을 클릭합니다.

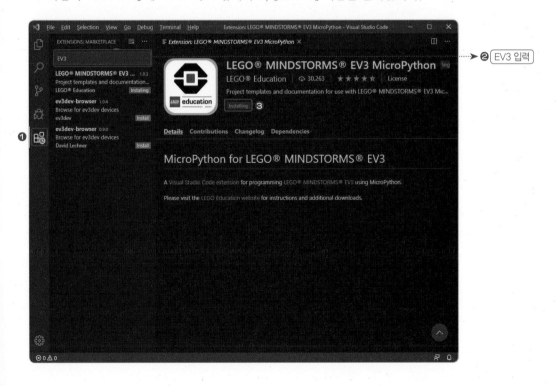

⑤ 확장 기능의 설치가 완료되면 좌측 메뉴 중 레고 마인드스톰 아이콘()을 클릭하고, [Create a new project]를 클릭하여 새로운 프로젝트를 생성합니다.

⑥ 프로젝트 이름을 입력하고, Enter 를 누릅니다.

이름 입력

⑦ 프로젝트를 저장할 폴더 위치를 정하고, [Select Folder] 버튼을 클릭합니다.

⑧ 상단 메뉴 중 [File]–[Open Folder..]를 선택한 후 위에서 생성한 프로젝트를 선택하고, [폴더 선택] 버튼을 클릭합니다.

❾ 현재 열린 프로젝트를 클릭하여 `.vscode` – `{} launch.json`를 차례대로 클릭하고, 아래와 같이 프로그램 경로 부분을 수정합니다.

```
1  {
2      // Use IntelliSense to learn about possible attributes.
3      // Hover to view descriptions of existing attributes.
4      // For more information, visit: https://go.microsoft.com/fwlink/?lin
5      "version": "0.2.0",
6      "configurations": [
7          {
8              "name": "Download and Run",
9              "type". "ev3devBrowser",
10             "request": "launch",
11             "program": "/home/robot/${workspaceRootFolderName}/main.py"
12         }
13     ]
14 }
```
◀ 수정 전

```
1  {
2      // Use IntelliSense to learn about possible attributes.
3      // Hover to view descriptions of existing attributes.
4      // For more information, visit: https://go.microsoft.com/fwlink/?linkid=830387
5      "version": "0.2.0",
6      "configurations": [
7          {
8              "name": "Download and Run",
9              "type": "ev3devBrowser",
10             "request": "launch",
11             "program": "/home/robot/${workspaceRootFolderName}/${relativeFile}"
12         }
13     ]
14 }
```
◀ 수정 후

❿ 'main.py'를 클릭하여 파일을 연 후 상단의 [Debug]–[Start Debugging] 또는 `F5` 키를 눌러 프로그램을 실행합니다. 이때 컴퓨터와 EV3는 USB 연결선 또는 블루투스로 연결되어 있어야 합니다. 연결하는 방법은 Chapter 3의 30쪽에서 설명하는 것을 참고합니다.

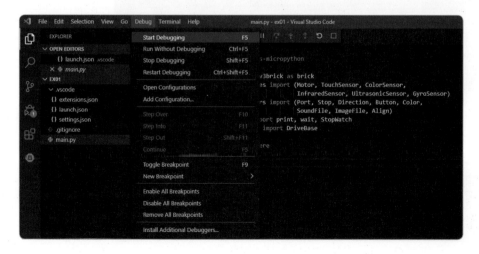

알고가기

1 | Visual Studio Code 프로그램의 사용 언어를 한글로 변경하기

Visual Studio Code 프로그램을 처음 실행하면 영문으로 나오는데, 이것은 한글 언어 팩을 설치하여 변경할 수 있습니다.

❶ 왼쪽 EXTENTION(▦)을 클릭한 후 Search 창에 "korean"을 입력하고, 아래와 같이 [Install] 버튼을 클릭합니다.

❷ 설치가 완료되면 오른쪽 하단에 있는 [Restart Now] 버튼을 클릭하여 'Visual Studio Code'를 다시 실행합니다.

❸ 프로그램이 다시 시작되면 한글 버전으로 실행된 것을 확인할 수 있습니다.

◀ 한글판

2 | EV3 가이드 문서 및 예제 확인하기

처음 파이썬으로 EV3를 제어하려면 다양한 함수들을 알아야 하므로 다음과 같은 방법으로 가이드 문서와 예제를 확인해 보도록 합니다.

❶ 좌측 메뉴 중 레고 마인드스톰 아이콘(⬡)을 클릭하면 나타나는 메뉴 중 [Open user guide and examples]를 클릭합니다.

❷ 아래와 같이 EV3 마이크로파이썬 문서가 나타납니다.

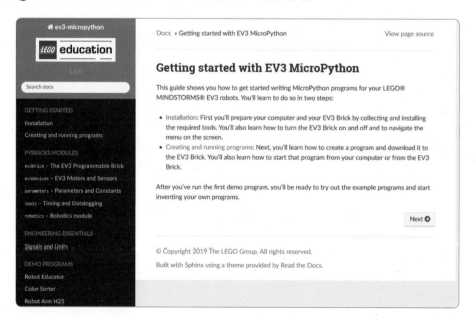

❸ 만약 EV3 브릭 디스플레이 명령에 대하여 알고자 한다면 왼쪽 메뉴 중 `PYBRICKS MODULES` – `ev3brick - The EV3 Programmable Brick` – `Display` 를 차례대로 클릭하면 해당 명령을 사용하는 방법에 대한 설명과 예제를 확인할 수 있습니다.

Display

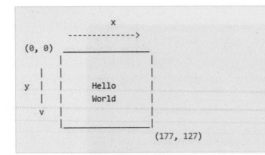

---

classmethod **display.clear**()

Clear everything on the display.

---

classmethod **display.text**(*text, coordinate=None*)

Display text.

Parameters:
- **text** (*str*) – The text to display.
- **coordinate** (*tuple*) – `(x, y)` coordinate tuple. It is the top-left corner of the first character. If no coordinate is specified, it is printed on the next line.

Example:

```
# Clear the display
brick.display.clear()

# Print ``Hello`` near the middle of the screen
brick.display.text("Hello", (60, 50))

# Print ``World`` directly underneath it
brick.display.text("World")
```

EV3 로봇과 컴퓨터 연결하기

EV3 로봇과 컴퓨터는 USB 연결선 또는 연결된 블루투스 통신을 통해 연결되어 있어야 합니다. 컴퓨터와 블루투스를 통해 EV3와 컴퓨터가 통신하는 방법을 살펴보도록 할까요?

1 >> USB 연결선으로 컴퓨터와 EV3 연결하기   <<< 파이썬 사용하기

❶ EV3 로봇을 움직이기 위해서는 로봇이 수행할 동작들을 컴퓨터에서 프로그래밍하고, EV3와 함께 동봉된 USB 연결선으로 컴퓨터와 연결한 후 작성한 프로그램을 EV3에 다운로드하여 실행해야 합니다.

USB 연결선을 EV3 브릭에 있는 PC 포트에 연결합니다.

USB 반대쪽 핀은 컴퓨터에 있는 USB 포트에 연결합니다.

❷ EV3 로봇의 전원을 켜고 파이썬이 설치된 EV3 화면에서 3번째 메뉴인 [Wireless and Networks]–[All Network Connections]–[Wired]–[Connect]를 선택합니다.

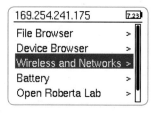

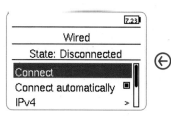

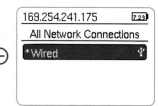

❸ [Connect] 메뉴를 누르고, 30
　초 이상 시간이 흐른 후 화면에
　'State: Connected'가 나타나면
　연결이 완료된 상태입니다.

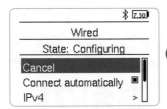 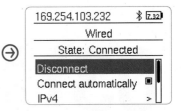

❹ Visual Studio Code 프로그램을 실행한 후 앞장에서 저장한 [ex01] 폴더를 열기합니다.

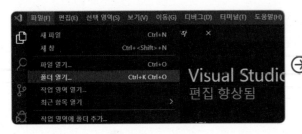 

❺ [ex01] 폴더에 있는 'main.py' 파일을 불러와 아래와 같이 비프음을 출력하는 프로그램을 작성합니다.

프로그램

```
main.py
1    #!/usr/bin/env pybricks-micropython
2
3    from pybricks import ev3brick as brick
4    from pybricks.ev3devices import (Motor, TouchSensor, ColorSensor,
5                                     InfraredSensor, UltrasonicSensor, GyroSensor)
6    from pybricks.parameters import (Port, Stop, Direction, Button, Color,
7                                     SoundFile, ImageFile, Align)
8    from pybricks.tools import print, wait, StopWatch
9    from pybricks.robotics import DriveBase
10
11   # Write your program here
12   brick.sound.beep()  ← 프로그램이 시작되면 비프음을 출력합니다.
```

TIP | EV3 브릭에서 소리내기
sound 명령을 이용하여 브릭에서 소리를 출력할 수 있습니다.

[형식1] brick.sound.beep( )

[예1] brick.sound.beep( ) ← 비프음 출력

[형식2] brick.sound.beep(frequency, duration, volume)
　　　 – frequency(Hz): (기본 500)
　　　 – duration (time: ms): (기본 100)
　　　 – volume (%): (기본 30)

[예2] brick.sound.beep(1500, 1000, 50)

[형식3] brick.sound.beeps(number)

[예3] brick.sound.beeps(5) ← 내장된 5번 비프음 출력

[형식4] bbrick.sound.file(file_name, volume=100)

[예4] brick.sound.file(SoundFile.HELLO)
　　　 ← 내장된 파일 출력
　　 brick.sound.file('mysound.wav')
　　　 ← 사용자가 저장한 파일 출력

❻ 상단 메뉴 중 [디버그] – [디버깅 시작] 또는 F5 키를 누릅니다.

❼ 오른쪽 아래 연결이 안 되었음을 알리는 메시지가 나타나면 [Connect Now] 버튼을 클릭합니다.

❽ 중앙 상단에 아래와 같은 창이 나타나며 [ev3dev 이더넷 4]를 선택합니다.

❾ 연결이 완료되면 하단에 [Download to ev3dev complete] 메시지가 나타나고, EV3 화면에 잠시 메시지가 나타났다 사라지면 프로그램이 정상적으로 실행된 것입니다.

2 >> 블루투스와 EV3 연결하기

❶ 블루투스가 있는 노트북이나 컴퓨터에서 오른쪽 하단의 █(블루투스) 아이콘을 더블 클릭하고, 블루투스를 켜면 검색될 컴퓨터의 이름을 확인할 수 있습니다.

❷ EV3 로봇의 전원을 켜고, 파이썬이 설치된 EV3 화면에서 세 번째 메뉴인 [Wireless and Networks] – [Bluetooth] – [Powered]를 선택하여 블루투스를 켠 후 [Visible]을 선택하여 컴퓨터에서 EV3를 찾을 수 있도록 합니다.

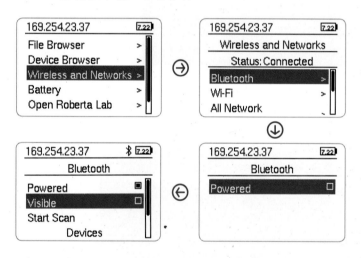

❸ 블루투스가 있는 컴퓨터에서 오른쪽 아래 █(블루투스)를 더블 클릭하면 [장치 추가] 화면이 나오고 여기서 'ev3dev'를 선택하고 [다음]을 클릭합니다.

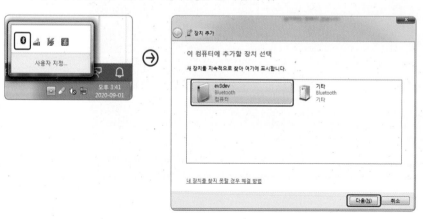

④ 컴퓨터 화면과 EV3 화면에 코드 번호가 나타나면 일치 여부를 확인 후 [다음]을 선택하여 장치 추가를 완료합니다.

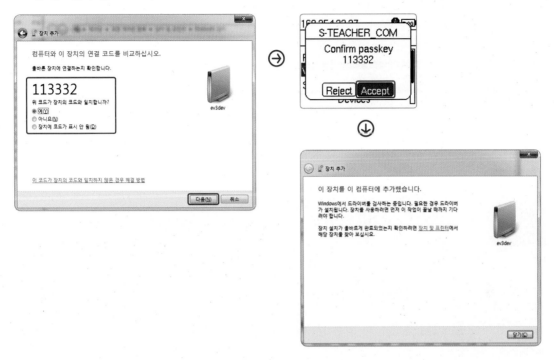

⑤ 다시 [Wireless and Networks] – [Bluetooth]를 누르고 아래쪽으로 이동하여 앞에서 연결한 PC를 선택한 후 [Connect]를 누르고 잠시 기다리면 Error 메시지와 함께 블루투스 연결이 완료됩니다.

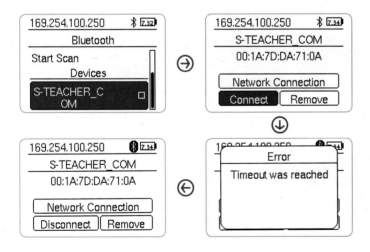

❻ Visual Studio Code 프로그램을 실행하고, 앞장에서 저장한 [ex01] 폴더를 불러옵니다.

❼ 왼쪽에서 'main.py' 파일을 클릭한 후 아래와 같이 비프음을 출력하는 프로그램을 작성합니다.

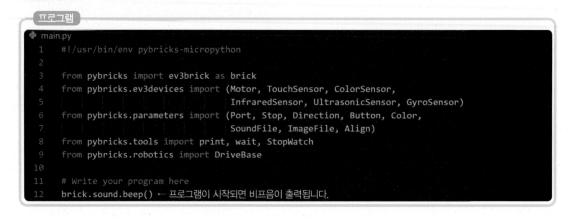

❽ 상단 메뉴 중 [디버그] – [디버깅 시작] 또는 F5 키를 누릅니다.

❾ 오른쪽 아래 연결이 안 되었음을 알리는 메시지가 나타나면 [Connect Now] 버튼을 클릭합니다.

❿ 중앙 상단에 아래와 같은 창이 나타나면 [ev3dev Bluetooth 네트워크 연결]을 선택합니다.

⓫ 연결이 완료되면 하단에 [Download to ev3dev complete] 메시지가 잠시 나타났다 사라지면 프로그램이 정상적으로 실행된 것입니다.

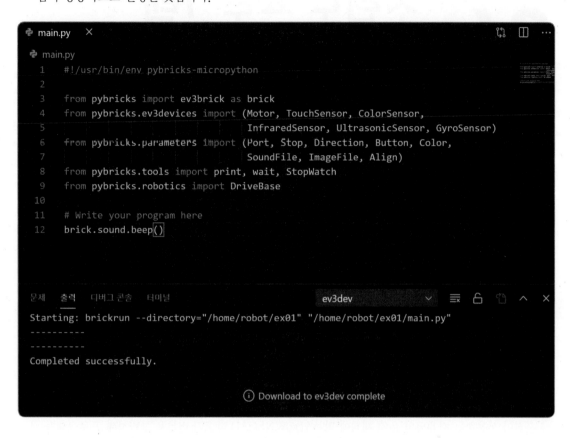

TIP | 다운로드하여 저장된 파일 다시 실행하기

USB 연결선이나 블루투스로 연결되어 EV3에 다운로드된 프로그램을 다시 실행할 수 있습니다. [File Browser]를 선택하면 앞에서 실행되었던 폴더 목록이 보이고, [ex01] 폴더를 선택한 후 "main.py" 파일을 실행하면 비프음이 출력됩니다.

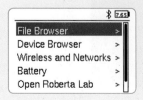 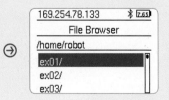 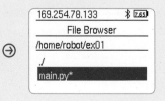

CHAPTER
04
조립도 프로그램
LDD 사용하기

EV3로 필요한 로봇을 조립하기 위해서는 먼저 LDD 프로그램을 설치한 후, 조립도를 보면서 로봇을 조립합니다.

※ LEGO LDD 프로그램을 다운로드하기 위해 https://www.lego.com/en-us/ldd에 접속하여 'DOWNLOAD LDD 4.X'를 찾아 클릭합니다. 그런데 LDD 버전에 따라 조립해 놓은 EV3 센서 등의 블록이 사라지는 경우가 있을 수 있습니다. 이럴 때는 삼양미디어 홈페이지(www.samyangm.com)의 [고객센터]-[자료실]-"파이썬과 함께하는 EV3 로봇 창작 프로젝트 관련 소스 및 조립도 파일'을 다운로드한 후 [조립도_PDF] 폴더에 있는 조립도 PDF 파일을 이용하여 조립하시기 바랍니다.

1 >> LDD 설치하기

다음과 같은 절차에 따라 LDD(레고 디지털 디자이너) 프로그램을 다운로드하여 설치합니다.

❶ LEGO LDD 프로그램을 다운로드하기 위해 'https://www.lego.com/en-us/ldd'에 접속하여 'DOWNLOAD LDD 4.X'를 찾아 클릭합니다.

❷ 자신이 사용하는 컴퓨터의 운영 체제에 맞는 [DOWNLOAD NOW] 버튼을 클릭하여 프로그램을 다운로드합니다.

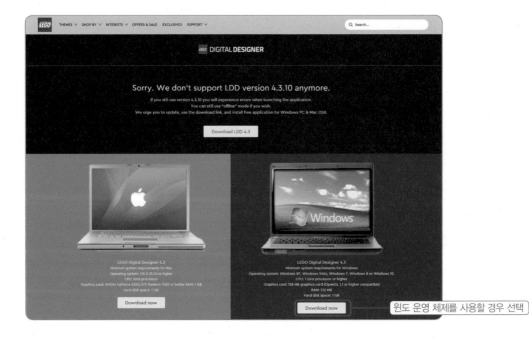

❸ 주의 메시지 화면이 나타나면 [Continue]를 클릭하여 다음으로 이동합니다.

❹ 잠시 기다리면 파일 저장 메시지가 나옵니다. 그러면 파일을 저장한 후 설치 파일을 더블 클릭하여 프로그램 설치를 시작합니다.

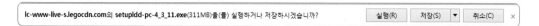

❺ [Setup Wizard] 창에서 [Next]를 눌러 다음으로 이동합니다.

❻ 'License Agreement'에서 아래 'I accept the..'를 체크하고, [Next]를 눌러 다음으로 이동합니다.

❼ 바로 가기 등의 체크를 확인하고 [Next]를 눌러 다음으로 이동합니다.

❽ 'System requirements check'에서 [Next]를 눌러 다음으로 이동합니다.

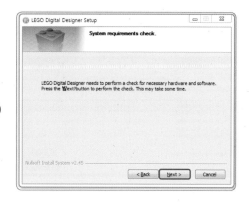

❾ 내 컴퓨터에서 파일이 설치될 위치를 선택한 후 [Install]을 눌러 프로그램 설치를 완료합니다.

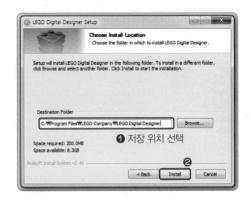

2 >> LDD로 조립도 확인하기

LDD 프로그램 설치가 완료되었으면 다음과 같은 절차에 따라 조립도를 확인합니다.

❶ 바탕 화면의 바로가기 아이콘 [이미지](레고 디지털 디자이너)를 더블 클릭하여 프로그램을 실행합니다. 프로그램이 시작되면, [이미지](불러오기) 버튼 또는 [File]-[Open] 메뉴를 선택하여 제공된 조립도 파일을 불러옵니다.

❷ 이 책에서는 먼저 자동차 로봇을 만든 후 로봇을 움직이는 프로그래밍을 배우므로, 여기서는 예로 [창작 조립도]-[PART 2] 폴더에서 '베이스로봇_01'을 불러옵니다.

❸ 불러온 조립도 모형을 마우스 오른쪽 버튼으로 클릭한 상태에서 상하좌우로 움직여 원하는 방향으로 회전해 봅니다.

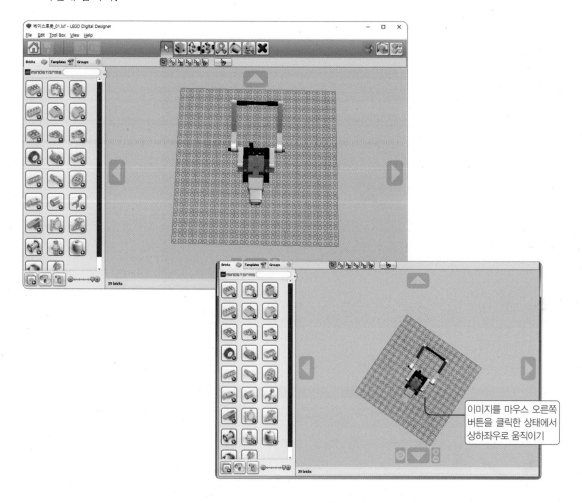

이미지를 마우스 오른쪽 버튼을 클릭한 상태에서 상하좌우로 움직이기

❹ 이번에는 마우스 휠을 위아래로 움직여 모형의 크기를 확대/축소하면서 모듈의 구조를 확인해 봅니다.

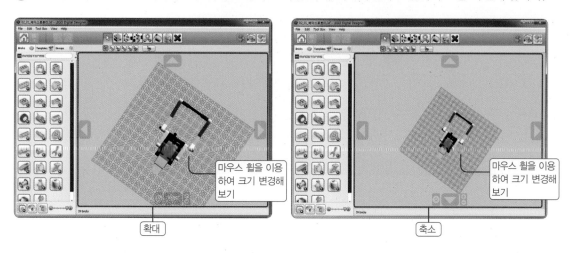

마우스 휠을 이용하여 크기 변경해 보기

확대

마우스 휠을 이용하여 크기 변경해 보기

축소

⑤ 이번에는 화면 오른쪽 상단의 버튼을 누르면 나오는 조립도를 순서대로 따라하면서 자동차 로봇을 조립해 봅니다. 필요에 따라 ◀ ▶ 버튼으로 조립 순서를 이전 또는 다음으로 이동할 수 있습니다.

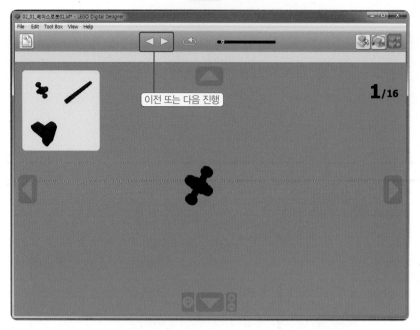

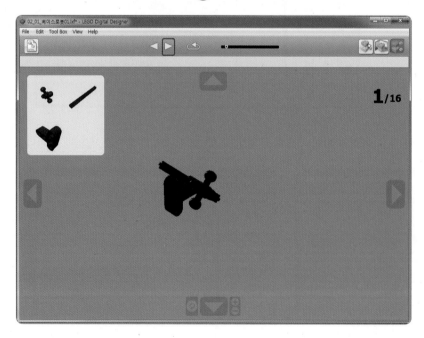

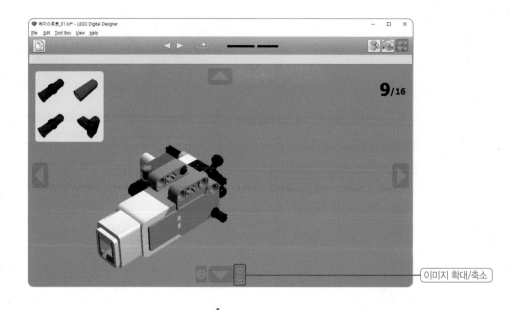

이미지 확대/축소

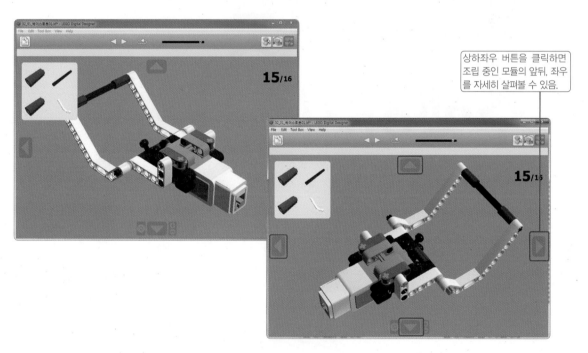

상하좌우 버튼을 클릭하면 조립 중인 모듈의 앞뒤, 좌우를 자세히 살펴볼 수 있음.

※ 간혹 LDD 조립도가 다소 억지스럽게 합체되는 경우가 있으므로, 그럴 때는 완성된 이미지를 보면서 부분적으로 해당 부분을 다시 조립하도록 합니다. 이 책에서는 이러한 부분을 최소화하기 위해 조립도를 여러 개로 나누어 만들고, 이를 합쳐서 완성할 수 있도록 하였습니다.

❻ 다음 모듈을 조립하려면 또는 [File]-[Open] 메뉴를 이용하여 파일을 불러오도록 합니다.

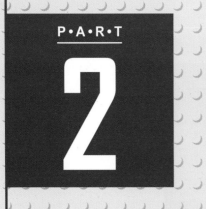

EV3
자동차 로봇
주행하기

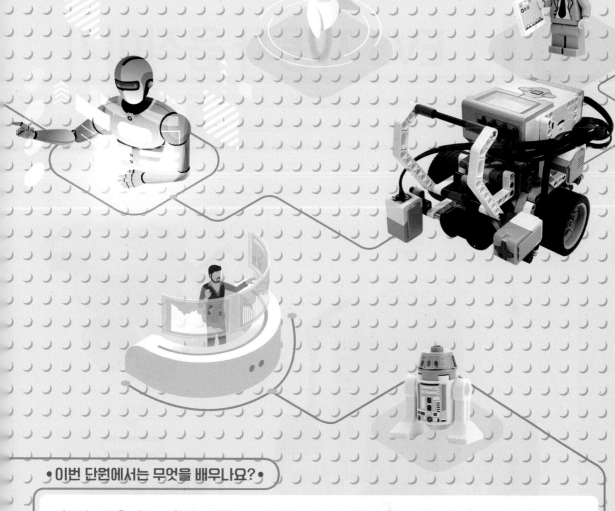

• 이번 단원에서는 무엇을 배우나요? •

자동차 로봇을 만들고, 원하는 방향으로 움직이는 방법에 대해 알아봅니다. 또한 터치 센서, 초음파 센서, 컬러 센서를 이용하여 자동차 로봇을 제어하는 방법에 대해 알아봅니다.

• 준비 도구 •

| EV3 45544 세트 |

| 파이썬 프로그램 |

| Visual Studio Code 프로그램 |

| LDD 프로그램 |

◯ 파이썬 소스 파일 및 조립도 파일 제공: 삼양미디어 홈페이지(http://www.samyangm.com)의 [고객센터] – [자료실]에 올린 파일을 내려받아서 사용하세요.

CHAPTER 01 EV3 자동차 움직이기

제공된 조립도를 보고 기본 자동차 로봇을 조립한 후, 센서와 모터를 선으로 연결하여 원하는 방향으로 움직여 봅시다.

완성된 로봇

앞모습

대각선 방향 모습

뒷모습

※ **소스 파일**: [PART_2]-[01_EV3자동차 움직이기] 폴더에서 단계별로 완성한 파일을 참고하세요.

해결할 문제

문제를 해결하면서 프로그래밍 방법을 익혀 봅시다.

문제 01
자동차 로봇을 1초간 전진하고 정지하기

문제 02
1초간 전진 후 1초간 정지, 다시 1초간 후진 후 정지하기

문제 03
직진과 90도 우회전을 4번 반복하여 사각형으로 돌기

문제 04
주어진 경로로 주행하기

자동차 로봇을 만들어 봅시다.

❶ LDD 조립도 프로그램을 실행하여 아래와 같이 5개의 모듈을 만들어 놓습니다.

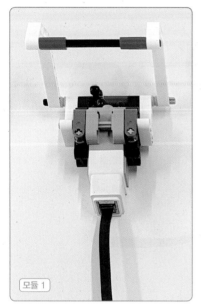

모듈 1

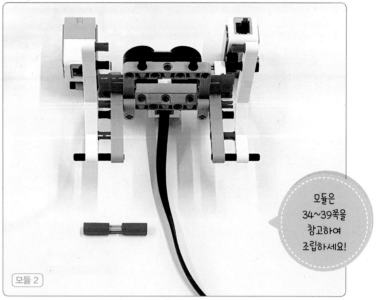

모듈 2

> 모듈은
> 34~39쪽을
> 참고하여
> 조립하세요!

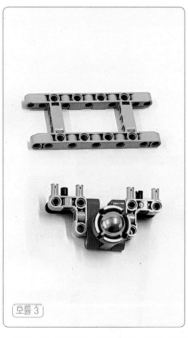

모듈 3

모듈 4

모듈 5

※ EV3 45544 세트에서 제공하는 조립도를 이용하여 자동차 로봇을 만듭니다. 이때 초음파 센서와 미디엄 서보 모터에는 연결을 쉽게 하기 위해 선을 연결한 상태로 조립하도록 합니다.

※ 제공한 [창작 조립도]-[PART_2] 폴더에서 '02_01_베이스로봇01.lxf'～'베이스로봇05.lxf' 조립도 파일을 하나씩 열어 모듈1 ～ 모듈5 까지 조립하여 나열하도록 합니다.

❷ 먼저 [모듈 2], [모듈 4], [모듈 5]를 준비합니다.

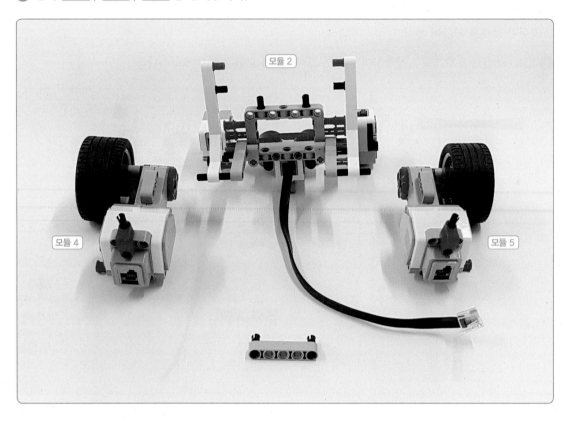

❸ [모듈 2]의 오른쪽에 [모듈 5]의 'ㄱ' 자 블록을 끼워 넣어 결합합니다.

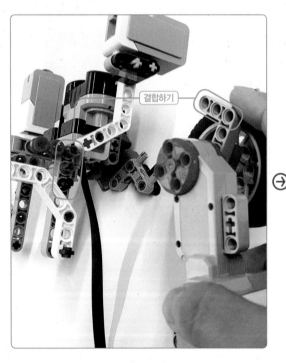

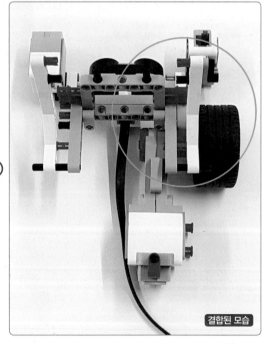

결합된 모습

④ 이번에는 모듈 2 의 왼쪽에 모듈 4 의 'ㄱ' 자 블록을 끼워 넣어 결합하고 일자 블록을 준비합니다.

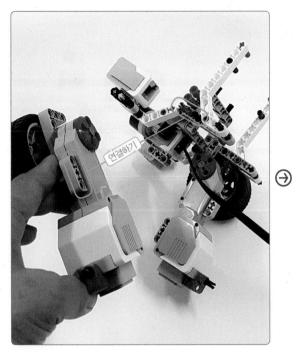

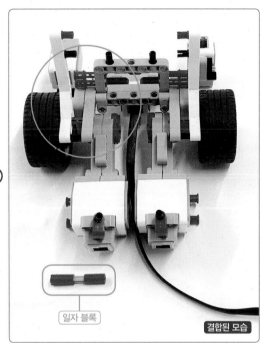

일자 블록

결합된 모습

⑤ 아래와 같이 일자 블록을 올려놓고, 좌우 막대를 밀어 고정합니다.

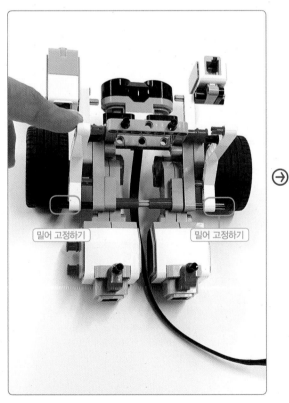

밀어 고정하기   밀어 고정하기

고정된 모습

6 남은 블록을 가져와 결합합니다.

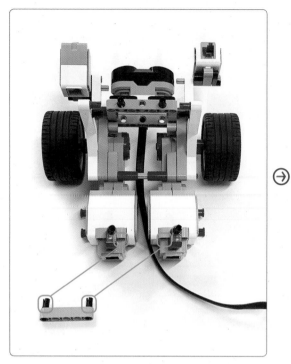 

결합된 모습

7 결합된 모듈과 모듈 3 을 준비합니다.

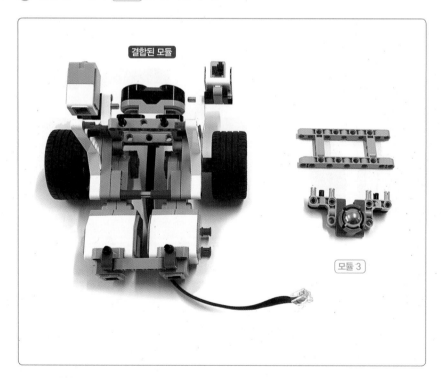

결합된 모듈

모듈 3

⑧ 먼저 결합된 모듈을 뒤집고, 'ㅍ' 자 블록을 준비합니다.

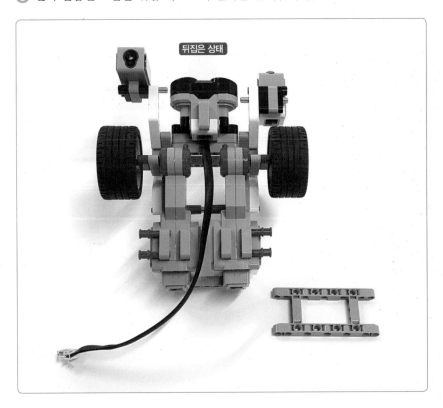

⑨ 'ㅍ' 자 블록을 올려놓은 후 고정합니다.

❷ 안으로 밀어
서 고정하기

❶ 'ㅍ'자 블록 올리기

결합된 모습

🔟 결합된 모듈에 모듈 3 의 구슬 바퀴를 고정합니다.

고정하기

고정된 모습

⓫ 결합된 모듈과 모듈 1 을 준비합니다.

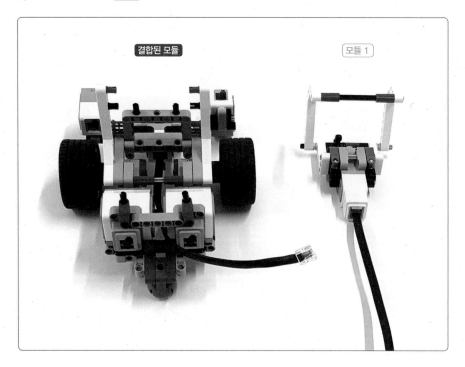

결합된 모듈

모듈 1

⓬ 모듈1을 결합된 모듈에 끼워 넣어 고정합니다.

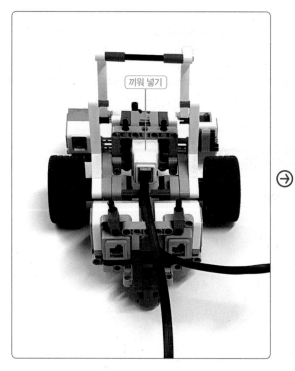

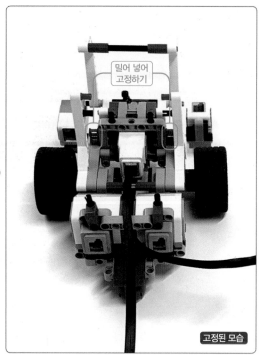

끼워 넣기

밀어 넣어 고정하기

고정된 모습

⓭ 결합된 모듈과 EV3 브릭을 준비한 후 EV3 브릭을 결합된 모듈 위에 올린 다음 고정합니다.

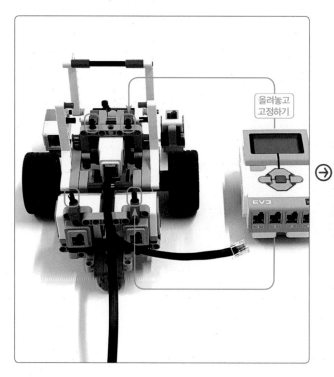

올려놓고 고정하기

고정하기

고정된 모습

⓮ 완성된 자동차 모습은 다음과 같습니다.

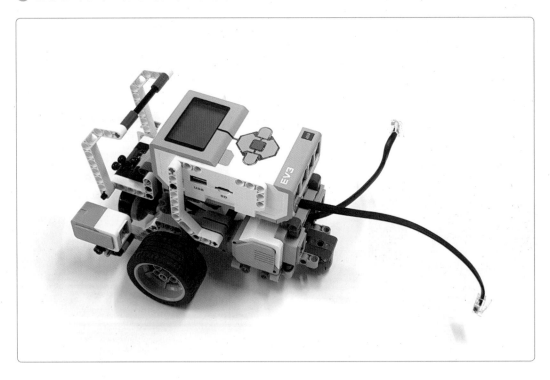

2 >> 모터와 센서 연결하기

조립한 자동차 로봇에 아래 모터와 센서들을 참고하여 브릭에 연결합니다.

서보 모터

- motorA: 미디엄 서보 모터 ← 물체 잡기
- motorB: 라지 서보 모터 ← 왼쪽 바퀴 연결
- motorC: 라지 서보 모터 ← 오른쪽 바퀴 연결
- motorD: −

오른쪽 라지 서보 모터 연결 왼쪽 라지 서보 모터 연결

미디엄 서보 모터 연결

◔ 출력 포트

센서 및 버튼

- Sensor1: 버튼 ← 시작 기능의 버튼
- Sensor2: −
- Sensor3: 컬러 센서 ← 라인 주행 및 컬러 감지
- Sensor4: 초음파 센서 ← 물체 감지

버튼(터치 센서) 연결 컬러 센서 연결

초음파 센서 연결

◔ 입력 포트

문제 | 01 자동차 로봇을 1초간 전진하고 정지해 봅시다.

1초간 전진 후 정지하기

TIP | 모터의 회전

로봇을 전진하기 위해서는 왼쪽 바퀴(B)와 오른쪽 바퀴(C)를 회전해야 합니다. 이때 모터의 회전 속도로는 −1000~1000 사이의 값을 입력할 수 있습니다. 값이 양수이면 시계 방향으로, 음수이면 반시계 방향으로 회전합니다.

문제 해결 전략 세우기

1단계 로봇의 왼쪽과 오른쪽 바퀴의 출력값을 300으로 지정하여 전진하기

2단계 1초 기다리기

3단계 로봇의 왼쪽과 오른쪽 바퀴의 출력값을 0으로 지정하여 정지하기

앞에서 설계한 문제 해결 방법대로 프로그래밍하여 미션을 해결합니다.

● 프로그래밍을 위한 사전 준비 ●

1. 모터 제어 함수

1 run 함수

[형식] run(출력값)
[예]   ml.run(500)   ← ml 모터를 500의 출력값으로 설정하기

2 run_time 함수

[형식] run_time(출력값, 시간, StopType, WaitType)
• 출력값: −1000~1000 사이의 수로 출력값을 지정
• 시간: 1000분의 1초 단위
• StopType: Stop.BRAKE   ← 모터 전원이 꺼졌다가 다시 들어옴.
            Stop.HOLD   ← 모터 전원이 꺼지지 않고 현재 위치 유지하기
            Stop.COAST   ← 모터의 전원이 제거되어 자연스럽게 멈추기
• WaitType: True   ← 현재 명령 실행이 완료된 후 다음 명령 줄로 이동하기
            False   ← 현재 명령을 실행하고 다음 명령 줄로 바로 이동하기
[예]   ml.run_time(500, 2000, Stop.BRAKE, True ← ml 모터를 500의 출력값으로 2초간 실행 후 다음 명령이 있는 행으로 이동하기

3 stop 함수

[형식] stop(StopType)
[예1] ml.stop(Stop.COAST)   ← ml 모터를 자연스럽게 정지하기
[예2] ml.stop( )   ← ml 모터를 자연스럽게 정지하기

2. sleep 함수

화면에 이미지나 사운드 등을 출력하고, 잠시 기다리기 위해 사용하는 함수입니다.

[형식] from time import sleep   ← sleep 함수를 사용하기 위해 필요한 명령
       sleep(시간)
[예1] sleep(0.5)   ← 0.5초간 기다리기
[예2] ml 모터와 mr 모터를 300의 출력값으로 회전하고, 1초간 기다리기
       ml.run(300)
       mr.run(300)
       sleep(1)

1단계 로봇의 왼쪽과 오른쪽 바퀴의 출력값을 300으로 지정하여 전진해 봅시다.

❶ sleep 함수를 사용하기 위해 가져오기를 추가한 후 포트 B는 왼쪽 바퀴 모터가 연결되어 있으므로

ml(motor left)로 제어하고, 포트 C는 오른쪽 바퀴 모터가 연결되어 있으므로 mr(motor right)로 제어하는 명령을 추가합니다.

프로그램

```
1   #!/usr/bin/env pybricks-micropython
2
3   from pybricks import ev3brick as brick
4   from pybricks.ev3devices import (Motor, TouchSensor, ColorSensor,
5                                     InfraredSensor, UltrasonicSensor, GyroSensor)
6   from pybricks.parameters import (Port, Stop, Direction, Button, Color,
7                                     SoundFile, ImageFile, Align)
8   from pybricks.tools import print, wait, StopWatch
9   from pybricks.robotics import DriveBase
10  from time import sleep
11
12  # Write your program here
13  ml = Motor(Port.B)
14  mr = Motor(Port.C)
```

3~9: EV3를 사용하기 위한 모든 public 속성/함수를 사용하기 위해 필요합니다.
10: sleep 함수를 사용하기 위해 추가합니다.
13: 포트 B에 연결된 모터를 ml이란 이름으로 제어합니다.
14: 포트 C에 연결된 모터를 mr이란 이름으로 제어합니다.

❷ 왼쪽과 오른쪽 바퀴를 300(출력값 0부터 100 사이 기준일 경우)으로 1초간 전진하는 명령을 추가합니다.

프로그램

```
12  # Write your program here
13  ml = Motor(Port.B)
14  mr = Motor(Port.C)
15
16  ml.run(300)          ← ml, 즉 왼쪽 바퀴 모터를 300의 출력값으로 회전합니다.
17  mr.run(300)          ← mr, 즉 오른쪽 바퀴 모터를 출력값 300의 출력값으로 회전합니다.
```

2단계 1초 기다리게 해 봅시다.

sleep 함수를 이용하여 모터를 회전하고, 1초 기다리게 하는 명령을 추가합니다.

프로그램

```
12  # Write your program here
13  ml = Motor(Port.B)
14  mr = Motor(Port.C)
15
16  ml.run(300)
17  mr.run(300)
18  sleep(1)          ← 1초간 기다립니다.
```

방법 1 stop 함수를 이용하여 모터의 출력을 정지하기

프로그램

```
12  # Write your program here
13  ml = Motor(Port.B)
14  mr = Motor(Port.C)
15
16  ml.run(300)
17  mr.run(300)
18  sleep(1)
19
20  ml.stop()          ← 왼쪽 바퀴 모터를 부드럽게 정지합니다.
21  mr.stop()          ← 오른쪽 바퀴 모터를 부드럽게 정지합니다.
```

방법 2 run_time 함수를 이용하여 모터의 출력을 정지하기

프로그램

```
12  # Write your program here
13  ml = Motor(Port.B)
14  mr = Motor(Port.C)
15
16  ml.run_time(300, 1000, Stop.BREAK, False)← 왼쪽 바퀴 모터를 300의 출력값으로 1초간 회전하고 멈춥니다.
17  mr.run_time(300, 1000, Stop.BREAK, True)  ← 오른쪽 바퀴 모터를 300의 출력값으로 1초간 회전하고 멈춥니다.
```

실행하기 원하는 대로 프로그램이 동작하는지 실행해 봅시다.

F5 키를 눌러 작성한 프로그램을 실행하여 정상적으로 동작하는지 확인합니다. 이때 반드시 EV3와 컴퓨터가 블루투스 또는 USB로 연결되어 있어야 정상적으로 동작합니다.

프로그램

```
OUTPUT   TERMINAL   DEBUG CONSOLE   PROBLEMS

Starting: brickrun --directory="/home/robot/ex01" "/home/robot/ex01/main.py"
Started.
----------
----------
Completed successfully.
```

위와 같이 프로그램이 정상적으로 실행되면 OUTPUT 창에 "Completed successfully." 메시지가 나타납니다.

❶ 1초간 전진하기

❷ 1초간 정지하기

❸ 1초간 후진하기

❹ 정지하기

문제 해결 전략 세우기

1단계 로봇의 양쪽 모터의 출력값을 300으로 지정하여 1초간 전진하기

2단계 로봇을 정지하고 1초 기다리기

3단계 로봇의 양쪽 모터 출력값을 −300으로 지정하여 1초간 후진하기

4단계 로봇을 정지하고 종료하기

파이썬으로 프로그래밍하기

앞에서 설계한 문제 해결 방법대로 프로그래밍하여 미션을 해결합니다.

1단계 로봇의 양쪽 모터의 출력값을 300으로 지정하여 1초간 전진해 봅시다.

ml을 포트 B에 연결하고 mr을 포트 C에 연결합니다. 그리고 ml 모터와 mr 모터를 300의 출력값으로 1초간 전진한 후 정지하는 프로그램을 작성합니다.

프로그램

```
11  # Write your program here
12  ml = Motor(Port.B)                              ← 포트 B에 연결된 모터를 ml이란 이름으로 제어합니다.
13  mr = Motor(Port.C)                              ← 포트 C에 연결된 모터를 mr이란 이름으로 제어합니다.
14
15  ml.run_time(300, 1000, Stop.BREAK, False)       ← 왼쪽 바퀴 모터를 300의 출력값으로 1초간 회전하고 멈춥니다.
16  mr.run_time(300, 1000, Stop.BREAK, True)        ← 오른쪽 바퀴 모터를 300의 출력값으로 1초간 회전하고 멈춥니다.
```

로봇을 정지하고 1초간 기다리게 해 봅시다.

ml 모터와 mr 모터를 1초간 정지하는 명령을 추가합니다.

```
프로그램
15  ml.run_time(300, 1000, Stop.BRAKE, False)
16  mr.run_time(300, 1000, Stop.BRAKE, True)
17
18  ml.run_time(0, 1000, Stop.BRAKE, False)  ← ml 모터를 정지하고 1초간 기다립니다.
19  mr.run_time(0, 1000, Stop.BRAKE, True)   ← mr 모터를 정지하고 1초간 기다립니다.
```

3단계 로봇의 양쪽 모터 출력값을 −300으로 지정하여 1초간 후진해 봅시다.

ml 모터와 mr 모터를 1초간 −300의 출력값으로 후진하는 명령을 추가합니다.

```
프로그램
18  ml.run_time(0, 1000, Stop.BRAKE, False)
19  mr.run_time(0, 1000, Stop.BRAKE, True)
20
21  ml.run_time(-300, 1000, Stop.BRAKE, False) ← ml 모터를 −300의 출력값으로 1초간 후진합니다.
22  mr.run_time(-300, 1000, Stop.BRAKE, True)  ← mr 모터를 출력값 −300의 출력값으로 1초간 후진합니다.
```

4단계 로봇을 정지하고 종료해 봅시다.

ml 모터와 mr 모터를 0.1초간 정지하는 명령을 추가합니다.

```
프로그램
21  ml.run_time(-300, 1000, Stop.BRAKE, False)
22  mr.run_time(-300, 1000, Stop.BRAKE, True)
23
24  ml.run_time(0, 100, Stop.BRAKE, False)  ← ml 모터를 정지하고 0.1초간 기다립니다.
25  mr.run_time(0, 100, Stop.BRAKE, True)   ← mr 모터를 정지하고 0.1초간 기다립니다.
```

실행하기 원하는 대로 프로그램이 동작하는지 실행해 봅시다.

프로그램 작성이 완료되면 F5 키를 눌러 프로그램을 실행하여 로봇이 제대로 동작하는지 확인합니다.

직진과 90도 우회전을 4번 반복하여 사각형으로 돌게 해 봅시다.

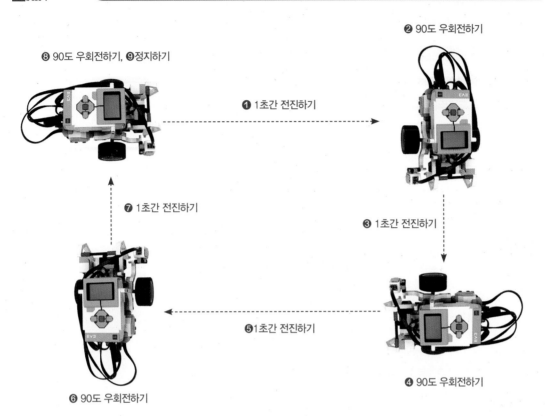

❷ 90도 우회전하기

❽ 90도 우회전하기, ❾정지하기

❶ 1초간 전진하기

❼ 1초간 전진하기

❸ 1초간 전진하기

❺ 1초간 전진하기

❹ 90도 우회전하기

❻ 90도 우회전하기

TIP | 회전하기

포인트 턴	스윙 턴	커브 턴
양쪽 모터의 출력값을 같은 크기의 양수와 음수값으로 지정합니다.	한쪽 바퀴의 모터 출력값만 양수, 다른 한쪽은 0으로 지정합니다.	한쪽 바퀴의 모터 출력값을 다른 쪽 바퀴의 모터 출력값보다 크게 지정합니다.

[예] 좌회전하기

구분	포인트 턴	스윙 턴	커브 턴
모터	왼쪽 출력값: -300 오른쪽 출력값: 300	왼쪽 출력값: 0 오른쪽 출력값: 300	왼쪽 출력값: 100 오른쪽 출력값: 300

문제 해결 전략 세우기

1초간 전진하기와 90도 우회전하기가 4번 반복되는 패턴을 파악하여 해결 전략을 세웁니다.

1단계 1초간 전진 후 정지하기

2단계 90도로 우회전하기

3단계 [1단계], [2단계]를 4번 반복하기

4단계 로봇을 정지하고 실행 종료하기

파이썬으로 프로그래밍하기

앞에서 설계한 문제 해결 방법대로 프로그래밍하여 미션을 해결합니다.

◉ 프로그래밍을 위한 사전 준비 ◉

1. run-angle 함수 이해하기

파이썬으로 EV3 모터를 원하는 각도만큼 회전하기 위해서는 run_angle 함수를 알아야 합니다.

> [형식] run_angle(출력값, 회전 각도, StopType, WaitType)
> • 출력값: −1000~1000 사이의 수로 출력값 지정하기
> • 회전 각도: 회전할 각도 지정하기
> • StopType: Stop.BRAKE   ← 모터 전원이 제거되었다가 다시 들어오기
>   Stop.HOLD   ← 모터 전원이 제거되지 않고, 현재 위치를 유지하기
>   Stop.COAST   ← 모터의 전원이 제거되어 자연스럽게 멈추기
> • WaitType
> − True: 현재 명령 실행이 완료된 후 다음 명령 줄로 이동하기
> − False: 현재 명령을 실행하고, 다음 명령 줄로 이동하기
> [예1] ml 모터를 500의 출력값으로 360도 회전하기
>   ml.run_angle(500, 360, Stop.BRAKE, True)
> [예2] ml 모터를 500의 출력값으로 후진으로 360도 회전하기
>   ml.run_angle(500, −360, Stop.BRAKE, True)

2. run_time과 run_angle 함수로 90도 우회전하는 프로그램 비교하기

| run_time 함수로 우회전하기 | ```
12  ml = Motor(Port.B)
13  mr = Motor(Port.C)
14
15  ml.run_time(300, 700, Stop.BRAKE, False)
16  mr.run_time(-300, 700, Stop.BRAKE, True)
``` |
|---|---|
| | 90도 회전 상태에 따라 700값을 조절합니다. |
| run_angle 함수로 우회전하기 | ```
12  ml = Motor(Port.B)
13  mr = Motor(Port.C)
14
15  ml.run_angle(300, 180, Stop.BRAKE, False)
16  mr.run_angle(-300, 180, Stop.BRAKE, True)
``` |
| | 90도 회전 상태에 따라 180값을 조절합니다. |

※ run_time 함수를 이용한 모터 회전은 배터리, 바닥 마찰 등 다양한 외부 요인에 따라 회전값이 바뀔 수 있습니다.

3. 변수와 반복문 이해하기

1 변수

• 자료를 저장하는 기억 공간을 변수라고 합니다.
• 기억 공간에 사용자 임의로 이름을 붙여 사용하는데, 이를 변수명 또는 변수 이름이라고 합니다.
• 변수에는 프로그램에서 숫자, 문자 등을 기억했다가 필요할 때마다 꺼내서 사용할 수 있습니다.

[예]   pi = 3.14   ← pi라는 변수를 만들고, 초깃값으로 실수형 3.14를 기억하기
         name1 = "김형기"   ← 변수명은 name1이고, "김형기"라는 문자열을 초깃값으로 지정하기

2 반복문

- 특정 범위의 명령들을 조건이 만족하는 동안 반복 수행할 때 사용합니다.
- 주로 for문과 while문을 많이 사용합니다.

(1) for문

for문은 정해진 횟수만큼 특정 범위의 명령을 반복할 때 사용합니다.

[형식1] for 변수 in range(종료값):
         반복할 문장   ← for문과 연관된 명령들은 들여쓰기로 지정
[종료값] for문은 0에서 '종료값-1'까지 1씩 증가하면서 반복 수행

[형식2] for 변수 in range(초깃값, 종료값, 증감값):
         반복할 문장   ← 들여쓰기로 지정
[종료값] for문은 초깃값부터 '종료값-1' 증감값만큼씩 변환하면서 반복 수행

[예]   "파이팅"을 5번 출력하기

for i in range(5):   for i in range(1, 6 , 1):
    pirnt("파이팅")   printf("파이팅")

[실행 결과]
파이팅
파이팅
파이팅
파이팅
파이팅

(2) while문

조건이 만족하면 while문 내의 명령을 반복 수행을 계속하고, 조건이 만족하지 않으면 반복 범위를 벗어납니다.

[형식1] while 조건:
         반복할 문장   ← 들여쓰기로 지정

[예] "파이팅"을 5번 출력하기	[실행 결과]
count = 1	파이팅
while count <= 5 :	파이팅
pirnt("파이팅")	파이팅
count = count + 1	파이팅
	파이팅

1단계 1초간 전진 후 정지해 봅시다.

ml을 포트 B에 연결하고 mr을 포트 C에 연결합니다. 그리고 ml과 mr 모터를 300의 출력값으로 1초간 전진하고, 정지하는 프로그램을 작성합니다.

프로그램

```
11    # Write your program here
12    ml = Motor(Port.B)                               ← 포트 B에 연결된 모터를 ml이란 이름으로 제어합니다.
13    mr = Motor(Port.C)                               ← 포트 C에 연결된 모터를 mr이란 이름으로 제어합니다.
14
15    ml.run_time(300, 1000, Stop.BRAKE, False)        ← 왼쪽 바퀴 모터를 300의 출력값으로 1초간 회전하고 멈춥니다.
16    mr.run_time(300, 1000, Stop.BRAKE, True)         ← 오른쪽 바퀴 모터를 300의 출력값으로 1초간 회전하고 멈춥니다.
```

2단계 90도로 우회전해 봅시다.

run_angle 함수를 이용하여 90도 우회전하는 명령을 추가합니다.

프로그램

```
15    ml.run_time(300, 1000, Stop.BRAKE, False)
16    mr.run_time(300, 1000, Stop.BRAKE, True)
17
18    ml.run_angle(300, 180, Stop.BRAKE, False)
19    mr.run_angle(-300, 180, Stop.BRAKE, True)
```

18: 왼쪽 바퀴 모터를 300의 출력값으로 180도 정방향 회전하고 멈춥니다.
19: 오른쪽 바퀴 모터를 −300의 출력값으로 180도 역방향 회전하고 멈춥니다.

3단계 [1단계], [2단계]를 4번 반복해 봅시다.

전진, 우회전을 4번 반복하기 위해 for문을 추가합니다.

프로그램

```
13    ml = Motor(Port.B)
14    mr = Motor(Port.C)
15
16    for count in range(1, 5):                        ← count 변수는 1부터 (5-1)까지 1씩 증가하면서 총 4번 17~21행을 반복합니다.
17        ml.run_time(300, 1000, Stop.BRAKE, False)
18        mr.run_time(300, 1000, Stop.BRAKE, True)
19                                                     ← Tab 키를 이용하여 for문 안에서 명령들이
20        ml.run_angle(300, 180, Stop.BRAKE, False)       반복 수행하도록 들여쓰기 합니다.
21        mr.run_angle(-300, 180, Stop.BRAKE, True)
```

4단계 로봇을 정지하고 실행을 종료해 봅시다.

로봇을 정지하고, 비프음을 울린 후 종료하는 명령을 추가합니다.

```
16  for count in range(1, 5):
17      ml.run_time(300, 1000, Stop.BRAKE, False)
18      mr.run_time(300, 1000, Stop.BRAKE, True)
19
20      ml.run_angle(300, 180, Stop.BRAKE, False)
21      mr.run_angle(-300, 180, Stop.BRAKE, True)
22
23  brick.sound.beep()  ← 비프음을 출력합니다.
```

실행하기 원하는 대로 프로그램이 동작하는지 실행해 봅시다.

프로그램 작성이 완료되면 F5 키를 눌러 프로그램을 실행하여 로봇이 제대로 동작하는지 확인합니다.

문제 | 04 주어진 경로로 주행해 봅시다.

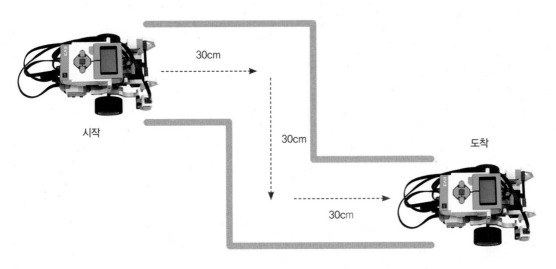

30cm

30cm

시작

30cm

도착

30cm

※ 30cm 직진하는 값을 조사해야 합니다.

문제 해결 전략 세우기

1단계 30cm 전진하기

2단계 90도로 우회전하기

3단계 30cm 전진하기

4단계 90도로 좌회전하기

5단계 30cm 전진하고 정지하기

파이썬으로 프로그래밍하기

앞에서 설계한 문제 해결 방법대로 프로그래밍하여 미션을 해결합니다.

● 프로그래밍을 위한 사전 준비 ●

1. 30cm 이동하는 angle값 찾기

프로그래밍을 위해서는 30cm 전진하는 값을 찾아야 합니다. 30cm 자를 이용하여 아래와 같이 프로그램을 작성하고, angle값을 수정하면서 30cm 전진 후 정지되는 값을 찾도록 합니다.

프로그램

```
13  ml = Motor(Port.B)
14  mr = Motor(Port.C)
15
16  ml.run_angle(300, 650, Stop.BRAKE, False)
17  mr.run_angle(300, 650, Stop.BRAKE, True)
```

2. 함수

- 특별한 기능을 수행하는 코드들의 묶음에 이름을 붙인 것을 함수라고 합니다.
- def 키워드를 이용하여 함수를 정의합니다.

함수 정의	함수 호출

def address( ):
    printf("서울특별시")
    printf("경기도")
    printf("인천광역시")
	address( )

1단계 30cm 전진해 봅시다.

❶ 30cm 전진할 go 함수를 만들고, go 함수 안에 30cm를 이동한 후 정지하는 명령을 추가합니다.

프로그램

```
13  def go():
14      ml.run_angle(300, 650, Stop.BRAKE, False)
15      mr.run_angle(300, 650, Stop.BRAKE, True)
```

❷ go 함수를 호출하여 30cm 전진 후 정지하도록 합니다.

프로그램

```
13  def go():
14      ml.run_angle(300, 650, Stop.BRAKE, False)
15      mr.run_angle(300, 650, Stop.BRAKE, True)
16
17  ml = Motor(Port.B)
18  mr = Motor(Port.C)
19  go()
```

2단계 90도로 우회전해 봅시다.

90도로 우회전하는 turn_right 함수를 만들고, turn_right 함수를 호출하여 30도 전진 후 90도로 우회전하도록 명령을 추가합니다.

프로그램
```
12  # Write your program here
13  def go():
14      ml.run_angle(300, 650, Stop.BRAKE, False)
15      mr.run_angle(300, 650, Stop.BRAKE, True)
16
17  def turn_right():
18      ml.run_angle(300, 175, Stop.BRAKE, False)
19      mr.run_angle(300, -175, Stop.BRAKE, True)
20
21  ml = Motor(Port.B)
22  mr = Motor(Port.C)
23  go()
24  turn_right()
```

3단계 30cm 전진해 봅시다.

이미 만들어 놓은 go 함수를 추가로 호출하여 30cm 전진하도록 합니다.

프로그램
```
21  ml = Motor(Port.B)
22  mr = Motor(Port.C)
23  go()
24  turn_right()
25  go()
```

4단계 90도로 좌회전해 봅시다.

90도로 좌회전하는 turn_left 함수를 만들고, turn_left 함수를 호출하여 90도로 좌회전합니다.

프로그램
```
12  # Write your program here
13  def go():
14      ml.run_angle(300, 650, Stop.BRAKE, False)
15      mr.run_angle(300, 650, Stop.BRAKE, True)
16
17  def turn_right():
18      ml.run_angle(300, 175, Stop.BRAKE, False)
19      mr.run_angle(300, -175, Stop.BRAKE, True)
20
21  def turn_left():
```

```
22      ml.run_angle(300, -175, Stop.BRAKE, False)
23      mr.run_angle(300, 175, Stop.BRAKE, True)
24
25  ml = Motor(Port.B)
26  mr = Motor(Port.C)
27  go()
28  turn_right()
29  go()
30  turn_left()
```

5단계 30cm 전진하고 정지해 봅시다.

go 함수를 호출하여 30cm 전진하는 명령을 추가합니다.

프로그램
```
25  ml = Motor(Port.B)
26  mr = Motor(Port.C)
27  go()
28  turn_right()
29  go()
30  turn_left()
31  go()
```

전체 완성 프로그램 확인하기

프로그램
```
1   #!/usr/bin/env pybricks-micropython
2
3   from pybricks import ev3brick as brick
4   from pybricks.ev3devices import (Motor, TouchSensor, ColorSensor,
5                                    InfraredSensor, UltrasonicSensor, GyroSensor)
6   from pybricks.parameters import (Port, Stop, Direction, Button, Color,
7                                    SoundFile, ImageFile, Align)
8   from pybricks.tools import print, wait, StopWatch
9   from pybricks.robotics import DriveBase
10
11
12  # Write your program here
13  def go():
14      ml.run_angle(300, 650, Stop.BRAKE, False)
15      mr.run_angle(300, 650, Stop.BRAKE, True)
16
17  def turn_right():
18      ml.run_angle(300, 175, Stop.BRAKE, False)
19      mr.run_angle(300, -175, Stop.BRAKE, True)
20
21  def turn_left():
```

```
22      ml.run_angle(300, -175, Stop.BRAKE, False)
23      mr.run_angle(300, 175, Stop.BRAKE, True)
24
25  ml = Motor(Port.B)
26  mr = Motor(Port.C)
27  go()
28  turn_right()
29  go()
30  turn_left()
31  go()
```

실행하기 원하는 대로 프로그램이 동작하는지 실행해 봅시다.

프로그램 작성이 완료되면 F5 키를 눌러 프로그램을 실행하여 로봇이 제대로 동작하는지 확인합니다.

C·H·A·P·T·E·R

02 버튼을 이용하여 로봇 제어하기

43쪽에서 조립한 자동차 로봇에 연결된 터치 센서를 이용하여 버튼을 누를 때마다 로봇을 제어해 봅시다.

완성된 로봇

※ **소스 파일**: [PART_2]-[02_버튼을 이용하여 로봇 제어하기] 폴더에서 단계별로 완성한 파일을 참고하세요.

해결할 문제

문제를 해결하면서 프로그래밍 방법을 익혀 봅시다.

문제 01	문제 02	문제 03	문제 04	문제 05	문제 06
로봇이 전진하다가 버튼이 눌리면 정지하기	버튼을 누르고 있을 때 전진하고, 누르지 않으면 정지하기	버튼을 누를 때마다 전진, 정지 동작 반복하기	버튼을 누를 때마다 전진, 정지, 후진, 정지 동작하기	EV3 브릭 버튼에 따라 움직이기	기억한 대로 움직이기

조립한 자동차 로봇에 다음과 같이 모터와 센서를 연결합니다.

서보 모터

- motorA: 미디엄 서보 모터 ← 물체 잡기
- motorB: 라지 서보 모터 ← 왼쪽 바퀴 연결
- motorC: 라지 서보 모터 ← 오른쪽 바퀴 연결
- motorD: –

🔺 출력 포트

센서 및 버튼

- Sensor1: 버튼 ← 시작 기능의 버튼
- Sensor2: –
- Sensor3: 컬러 센서 ← 라인 주행 및 컬러 감지
- Sensor4: 초음파 센서 ← 물체 감지

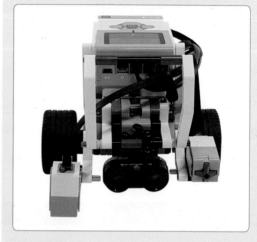

🔺 입력 포트

TIP | 연결된 센서값을 브릭에서 확인하기

연결된 센서들의 값을 프로그램이 아닌 EV3 본체 화면에서 직접 확인할 수 있습니다. 이는 센서들이 잘 연결되었는지를 확인할 수 있고, 컬러 센서로 컬러값이나 빛의 음영값을 측정하는 데도 사용합니다. 또한 초음파 센서로 물체와의 거리를 계산할 때 사용하면 좋습니다.

❶ 브릭 화면에서 [Device Browser]-[Sensors]를 차례대로 클릭합니다.

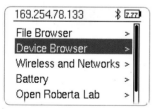 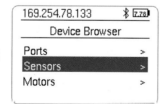

❷ 센서 포트에 연결된 센서들이 자동으로 나타납니다. 1번에 연결된 터치 센서값을 확인하기 위해 [lego-ev3-touch at ev3-ports:in1]을 클릭하고, 아래 버튼을 눌러 메뉴가 나오면 [Watch values]를 클릭합니다.

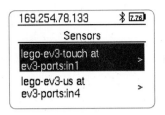 

❸ 1번에 연결된 터치 센서를 누르지 않으면 화면에 0이 출력되고, 터치 센서를 누르고 있으면 1이 출력
됨을 확인할 수 있습니다.

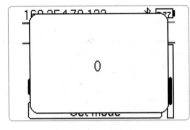 

🔺 터치 센서를 누르지 않을 때   🔺 터치 센서를 누르고 있을 때

문제|01   로봇이 전진하다가 버튼이 눌리면 정지해 봅시다.

프로그램을 실행하면 로봇이 계속 전진하다가 버튼이 눌리면 정지하도록 합니다.

벽

   전진하다가 터치 센서가 눌리면 정지하기 ------→

터치

문제 해결 전략 세우기

로봇을 계속 전진하다가 버튼이 눌리면 정지하고 종료하도록 합니다.

1단계 로봇이 계속 전진하기

2단계 터치 센서가 눌리면 정지하기

파이썬으로 프로그래밍하기

앞에서 설계한 문제 해결 방법대로 프로그래밍하여 미션을 해결합니다.

● 프로그래밍을 위한 사전 준비 ●

1. 터치 센서 선언 및 터치 센서를 눌렀는지 확인하기

터치 센서는 포트를 연결한 후 해당 센서가 눌렸는지 확인하는 함수를 사용해야 합니다.

[형식] ts = TouchSensor(Port.S1)   ← 포트 1에 연결된 터치 센서를 ts로 지정하여 사용
     ts.pressed( )   ← ts 이름의 터치 센서가 눌렸는지를 확인하는 것으로 센서를 누르면 'True', **누르지** 않으면
                'False' 값을 반환

2. EV3 브릭 화면에 출력하기

EV3 브릭의 화면에서 Display 창에 텍스트나
이미지 등을 출력할 수 있습니다.

[화면 영역]

```
                              x
(0, 0) ------------->
         |         |
   | |   |         |
 y | |   |  Hello  |
   | |   |  World  |
   v |   |         |
     |___|_____|(177, 127)
```

[형식] brick.display.clear( )   ← 화면 지우기
     brick.display.text(내용, 위치)
[예] brick.display.text("Hello")   ← 화면에 'Hello' 출력하기
     brick.display.text("Hello", (60, 50))   ← (60, 50) 좌표에 'Hello' 출력하기

[형식] brick.display.image(파일 이름, 정렬 위치, 좌표, 새로 그리기)
[예1] brick.display.image(ImageFile.UP)   ← 내장되어 있는 UP 이미지 출력하기
[예2] brick.display.image('pybricks.png')   ← 사용자가 준비한 이미지 출력하기
[예3] brick.display.image('arrow.png', Align.TOP_RIGHT, clear=False)   ← 사용자가 준비한 이미지를 오른쪽 상단에 출력하기

예제 | Up 이미지와 Down 이미지를 0.5초 간격으로 화면에 출력하기

프로그램	UP 이미지	DOWN 이미지
| ```
13  while(1):
14      brick.display.image(ImageFile.UP)
15      sleep(0.5)
16      brick.display.image(ImageFile.DOWN)
17      sleep(0.5)
``` | | |

[제공되는 이미지 파일들]

[Information] RIGHT FORWARD ACCEPT QUESTION_MARK STOP_1 LEFT DECLINE THUMBS_DOWN BACKWARD NO_
       GO WARNING STOP_2 THUMBS_UP LEGO EV3 EV3_ICON

[Objects] TARGET

[Eyes] BOTTOM_RIGHT BOTTOM_LEFT EVIL CRAZY_2 KNOCKED_OUT PINCHED_RIGHT WINKING DIZZY DOWN
    TIRED_MIDDLE MIDDLE_RIGHT SLEEPING MIDDLE_LEFT TIRED_RIGHT PINCHED_LEFT PINCHED_MIDDLE
    CRAZY_1 NEUTRAL AWAKE UP TIRED_LEFT ANGRY

CHAPTER 02 • 버튼을 이용하여 로봇 제어하기 • **69**
```

3. 조건문 이해하기

1 단순 if문

if문 다음의 조건이 참(만족)이면 '실행 영역'을 실행하고, 그렇지 않으면 if문 아래의 들여쓰기 된 명령들(실행 영역)을
실행하지 않고 if문을 벗어납니다.

[형식]
```
if (조건):
    실행 영역
```

[예] 1부터 100 사이의 수 중 홀수의 합 구하기
```
13  n = 1
14  nsum = 0
15  while(n <= 100):
16      if(n % 2 == 1):
17          nsum = nsum + n
18      n = n + 1
19  print(nsum)
```

2 if~else~문

if문 다음의 조건이 참(만족)이면 '실행 영역1', 거짓이면 else 다음의 '실행 영역2'를 실행합니다.

[형식]
```
if (조건):
    실행 영역1
else:
    실행 영역2
```

[예] 1부터 100 사이의 수 중 홀수의 합과 짝수의 합을 각각 구하기
```
13  n = 1
14  nsum1 = 0
15  nsum2 = 0
16  while(n <= 100):
17      if(n % 2 == 1):
18          nsum1 = nsum1 + n
19      else:
20          nsum2 = nsum2 + n
21      n = n + 1
22  print(nsum1, nsum2)
```

3 if~elif~else~문

• 다중 if문으로 조건의 만족 여부에 따라 실행할 영역이 3곳 이상 달라질 때 사용합니다.
• if문 다음의 조건 A를 만족하면 '실행 영역1'을 수행하고, 만족하지 않으면 elif 다음의 조건 B로 이동하여 만족 여부
에 따라 실행 영역2 또는 다음의 elif문 등으로 이동하여 조건에 맞는지를 묻게 됩니다. 위 조건이 모두 만족하지 않
을 경우에는 else 다음의 '실행 영역n'을 실행합니다. 경우에 따라 else문을 생략할 수 있습니다.

[형식]
```
if (조건 A):
    실행 영역1
elif (조건 B):
    실행 영역2
elif (조건 C):
    실행 영역3
    ⋮
else:
    실행 영역n
```

[예] 1부터 100 사이의 수 중 3의 배수와는 5의 배수의 개수 구하기
```
13  n = 1
14  cnt = 0
15  while(n <= 100):
16      if(n % 3 == 0):
17          cnt = cnt + 1
18      elif (n % 5 == 0)
19          cnt = cnt + 1
20
21      n = n + 1
22  print(cnt)
```

❶ sleep 함수의 사용을 위해 가져오기를 추가하고, 포트 B는 왼쪽 바퀴 모터가 연결되어 있으므로
ml(motor left)로 제어하고, 포트 C는 오른쪽 바퀴 모터가 연결되어 있으므로 mr(motor right)로
제어하는 명령을 추가합니다. 그리고 1번 포트에 연결된 터치 센서를 ts로 제어하는 명령도 추가합
니다.

프로그램

```
1   #!/usr/bin/env pybricks-micropython
2
3   from pybricks import ev3brick as brick
4   from pybricks.ev3devices import (Motor, TouchSensor, ColorSensor,
5                                    InfraredSensor, UltrasonicSensor, GyroSensor)
6   from pybricks.parameters import (Port, Stop, Direction, Button, Color,
7                                    SoundFile, ImageFile, Align)
8   from pybricks.tools import print, wait, StopWatch
9   from pybricks.robotics import DriveBase
10  from time import sleep
11
12  # Write your program here
13  ml = Motor(Port.B)
14  mr = Motor(Port.C)
15  ts = TouchSensor(Port.S1)
```

10: sleep 함수를 사용하기 위해 추가합니다.
13: 포트 B에 연결된 모터를 ml이란 이름으로 제어합니다.
14: 포트 C에 연결된 모터를 mr이란 이름으로 제어합니다.
15: 포트 1번에 연결된 터치 센서를 ts란 이름으로 제어합니다.

❷ 무한 반복을 위해 while(1)문을 사용하고 300의 출력값으로 로봇이 계속 전진하도록 합니다.

프로그램

```
12  # Write your program here
13  ml = Motor(Port.B)
14  mr = Motor(Port.C)
15  ts = TouchSensor(Port.S1)
16
17  while(1):
18      ml.run(300)
19      mr.run(300)
```

17: 18~19행을 무한 반복합니다.
18: 왼쪽 모터인 ml을 300의 출력값으로 회전합니다.
19: 오른쪽 모터인 mr을 300의 출력값으로 회전합니다.

2단계 터치 센서가 눌리면 정지하도록 해 봅시다.

ts 터치 센서가 눌리는지 계속 확인하다가 ts 터치 센서가 눌리면 ml 모터와 mr 모터를 정지하고, 무한 반복문을 종료하는 명령을 추가합니다.

프로그램

```
17   while(1):
18       ml.run(300)
19       mr.run(300)
20
21       if ts.pressed() == True:     ← ts 터치 센서가 눌리는지 확인하다가 눌리면 22~24행을 실행합니다.
22           ml.stop()               ← 왼쪽 모터인 ml을 정지합니다.
23           mr.stop()               ← 오른쪽 모터인 mr을 정지합니다.
24           break                   ← 무한 반복문을 벗어납니다.
```

※ stop 함수 안에 인자가 없으면 Stop.COAST가 적용되어 부드럽게 정지합니다.

실행하기 원하는 대로 프로그램이 동작하는지 실행해 봅시다.

프로그램 작성이 완료되면 F5 키를 눌러 프로그램을 실행하여 로봇이 제대로 동작하는지 확인합니다.

문제|02　버튼을 누르고 있을 때 전진하고, 누르지 않으면 정지해 봅시다.

버튼을 누르고 있으면 전진하기　- - - - - - - - - - - - - - ▶　버튼을 누르지 않으면 정지하기

터치

STOP

문제 해결 전략 세우기

　로봇이 계속 전진하다가 버튼을 누르지 않으면 정지하고 종료합니다.

1단계 버튼을 누르고 있으면 로봇 전진하기

2단계 버튼을 누르지 않으면 로봇 정지하기

파이썬으로 프로그래밍하기

앞에서 설계한 문제 해결 방법대로 프로그래밍하여 미션을 해결합니다.

1단계 버튼을 누르고 있으면 로봇이 전진하도록 해 봅시다.

❶ 포트 B는 왼쪽 바퀴 모터가 연결되어 있기에 ml(motor left)로 제어하고, 포트 C는 오른쪽 바퀴 모터
가 연결되어 있기에 mr(motor right)로 제어하는 명령을 추가합니다. 그리고 1번 포트에 연결된 터
치 센서를 ts로 제어하는 명령을 추가합니다.

프로그램
```
1   #!/usr/bin/env pybricks-micropython
2
3   from pybricks import ev3brick as brick
4   from pybricks.ev3devices import (Motor, TouchSensor, ColorSensor,
5                                    InfraredSensor, UltrasonicSensor, GyroSensor
6   from pybricks.parameters import (Port, Stop, Direction, Button, Color,
7                                    SoundFile, ImageFile, Align)
8   from pybricks.tools import print, wait, StopWatch
9   from pybricks.robotics import DriveBase
10
11  # Write your program here
12  ml = Motor(Port.B)
13  mr = Motor(Port.C)
14  ts = TouchSensor(Port.S1)
```

12~13: 왼쪽 모터를 ml에, 오른쪽 모터를 mr에 연결합니다.
14: 터치 센서를 ts에 연결합니다.

❷ 무한 반복을 위해 while(1)문과 조건문인 if문으로 버튼을 누르고 있으면 로봇이 300의 출력값으로
전진하도록 합니다.

프로그램
```
11  # Write your program here
12  ml = Motor(Port.B)
13  mr = Motor(Port.C)
14  ts = TouchSensor(Port.S1)
15
16  while(1):
17      if ts.pressed() == True :
18          ml.run(300)
19          mr.run(300)
```

16: 17~19행을 무한 반복합니다.
17: ts 터치 센서가 눌리는지 확인하다가 눌리면 18~19행을 실행합니다.
18: 왼쪽 모터인 ml을 300의 출력값으로 회전합니다.
19: 오른쪽 모터인 mr을 300의 출력값으로 회전합니다.

2단계 버튼을 누르지 않으면 로봇을 정지해 봅시다.

버튼이 눌리지 않았을 때의 처리를 위해 else문 다음에 로봇이 정지하는 명령을 추가합니다.

프로그램

```
16   while(1):
17       if ts.pressed() == True :
18           ml.run(300)
19           mr.run(300)
20       else :                        ← 17행의 조건이 만족하지 않으면 21~22행을 실행합니다.
21           ml.stop()                 ← 왼쪽 모터를 정지합니다.
22           mr.stop()                 ← 오른쪽 모터를 정지합니다.
```

실행하기 원하는 대로 프로그램이 동작하는지 실행해 봅시다.

프로그램 작성이 완료되면 **F5** 키를 눌러 프로그램을 실행하여 로봇이 제대로 동작하는지 확인합니다.

문제|03 버튼을 누를 때마다 전진, 정지를 반복해 봅시다.

버튼의 on/off 기능처럼 버튼을 누르면 전진하고, 다시 누르면 정지하기를 반복하도록 합니다.

 버튼을 한 번 누르면 전진하기

 다시 버튼을 누르면 정지하기

 다시 버튼을 누르면 전진하기

문제 해결 전략 세우기

현재 버튼의 상태를 1(전진 중) 또는 0(정지 중)으로 저장하고, 버튼을 누를 때마다 상태를 바꿔 가며 동작되도록 합니다.

1단계 버튼을 누르면 현재 상태 변경하기

2단계 현재 상태에 따라 로봇 전진 및 정지하기 앞에서 설계한 문제 해결 방법대로 프로그래밍하여 미션을 해결합니다.

1단계 버튼을 누르면 현재 상태를 변경해 봅시다.

❶ 포트 B, 포트 C, 터치 센서를 연결하고, 현재 상태를 저장할 변수 nstate를 선언 및 0으로 초기화합니다.

프로그램

```python
1  #!/usr/bin/env pybricks-micropython
2
3  from pybricks import ev3brick as brick
4  from pybricks.ev3devices import (Motor, TouchSensor, ColorSensor,
5                                   InfraredSensor, UltrasonicSensor, GyroSensor)
6  from pybricks.parameters import (Port, Stop, Direction, Button, Color,
7                                   SoundFile, ImageFile, Align)
8  from pybricks.tools import print, wait, StopWatch
9  from pybricks.robotics import DriveBase
10
11 # Write your program here
12 ml = Motor(Port.B)
13 mr = Motor(Port.C)
14 ts = TouchSensor(Port.S1)
15 nstate = 0
```

12~13: 왼쪽 모터를 ml, 오른쪽 모터를 mr에 연결합니다.
14: 터치 센서를 ts에 연결합니다.
15: 터치 센서를 누를 때마다 카운트할 nstate 변수를 생성하고, 0으로 초기화합니다.

❷ 버튼이 눌렸는지 확인한 후 버튼을 눌렀다 뗄 때까지 기다립니다. 그리고 nstate값이 0이면 1로 변경하고, 1이면 0으로 변경하는 명령을 추가합니다.

프로그램

```python
11 # Write your program here
12 ml = Motor(Port.B)
13 mr = Motor(Port.C)
14 ts = TouchSensor(Port.S1)
15 nstate = 0
16
17 while(1):
18     if ts.pressed() == True :
19         while (1) :
20             if ts.pressed() == False :
21                 break
22         if nstate == 0 :
23             nstate = 1
24         else :
25             nstate = 0
```

← 18~25행을 무한 반복합니다.
← 터치 센서가 눌리면 19~25행을 실행합니다.
← 터치 센서를 눌렀다 놓을 때까지 기다립니다.
← nstate값이 0이면 1로 변경합니다.
← nstate값이 0이 아니면(1이면) 0으로 변경합니다.

nstate값이 1이면 로봇을 300의 출력값으로 전진하고, nstate값이 0이면 로봇을 정지하는 명령을 추가합니다.

프로그램

```
17   while(1):
18       if ts.pressed() == True :
19           while (1) :
20               if ts.pressed() == False :
21                   break
22           if nstate == 0 :
23               nstate = 1
24               ml.run(300)          ← 23행에서 nstate값이 1이 되므로 로봇을 300의 출력값으로 전진합니다.
25               mr.run(300)
26           else :
27               nstate = 0
28               ml.stop()            ← 27행에서 nstate값이 0이 되므로 로봇을 정지합니다.
29               mr.stop()
```

실행하기 원하는 대로 프로그램이 동작하는지 실행해 봅시다.

프로그램 작성이 완료되면 F5키를 눌러 프로그램을 실행하여 로봇이 제대로 동작하는지 확인합니다.

한 개의 버튼을 이용하여 버튼을 누를 때마다 전진, 정지, 후진, 정지하는 동작을 반복하도록 합니다.

버튼을 누르면 전진하기

다시 버튼을 누르면 정지하기

다시 버튼을 누르면 후진하기

다시 버튼을 누르면 후진하기

다시 버튼을 누르면 전진하기

🔖 문제 해결 전략 세우기

4개의 기능이 번갈아 실행되므로 버튼을 누를 때마다 1씩 증가하고, 해당 변수의 값을 4로 나눈 나머지값(0, 1, 2, 3)에 따라 로봇이 동작할 수 있도록 프로그램을 작성합니다.

1단계 버튼을 누를 때마다 변수의 값을 1씩 증가하기

2단계 변수의 값에 따라 로봇 동작하기

파이썬으로 프로그래밍하기

앞에서 설계한 문제 해결 방법대로 프로그래밍하여 미션을 해결합니다.

1단계 버튼을 누를 때마다 변수의 값을 1씩 증가해 봅시다.

❶ 포트 B, 포트 C, 터치 센서를 연결하고, 버튼을 누를 때마다 1씩 증가하는 변수 count를 만들고, 0으로 초기화합니다.

프로그램

```
1    #!/usr/bin/env pybricks-micropython
2
3    from pybricks import ev3brick as brick
4    from pybricks.ev3devices import (Motor, TouchSensor, ColorSensor,
5                                    InfraredSensor, UltrasonicSensor, GyroSensor)
6    from pybricks.parameters import (Port, Stop, Direction, Button, Color,
7                                    SoundFile, ImageFile, Align)
8    from pybricks.tools import print, wait, StopWatch
9    from pybricks.robotics import DriveBase
10
11   # Write your program here
12   ml = Motor(Port.B)
13   mr = Motor(Port.C)
14   ts = TouchSensor(Port.S1)
15   count = 0
```

12~13: 왼쪽 모터는 ml, 오른쪽 모터는 mr에 연결합니다.
14: 터치 센서를 ts에 연결합니다.
15: 터치 센서를 누를 때마다 카운트를 할 count 변수를 생성하고, 0으로 초기화합니다.

❷ 버튼이 눌리는지 확인하고, 버튼이 눌릴 때마다 count 변수의 값을 1씩 증가합니다.

프로그램

```
11   # Write your program here
12   ml = Motor(Port.B)
13   mr = Motor(Port.C)
14   ts = TouchSensor(Port.S1)
15   count = 0
16
17   while(1):                              ← 18~22행을 무한 반복합니다.
18       if ts.pressed() == True :          ← 터치 센서가 눌리면 19~22행을 실행합니다.
19           while (1) :
20               if ts.pressed() == False :
21                   break                  ← 터치 센서를 눌렀다 놓을 때까지 기다립니다.
22           count = count + 1              ← count값을 1 증가합니다.
```

78 · **PART 2** 자동차 로봇 주행하기

count 변수의 값을 4로 나눈 나머지 값이 1일 때는 전진, 3일 때는 후진, 2와 0일 때는 정지하는 명령을 추가합니다. 이때 나눈 나머지 값을 구하는 연산자인 %를 이용합니다.

프로그램

```
17  while(1):
18      if ts.pressed() == True :
19          while (1) :
20              if ts.pressed() == False :
21                  break
22          count = count + 1
23
24      if count % 4 == 1 :
25          ml.run(300)
26          mr.run(300)
27      elif count % 4 == 3 :
28          ml.run(-300)
29          mr.run(-300)
30      else :
31          ml.stop()
32          mr.stop()
```

24~26: count 변수의 값을 4로 나눈 나머지 값이 1이면 로봇을 300의 출력값으로 전진합니다.
27~29: count 변수의 값을 4로 나눈 나머지 값이 3이면 로봇을 −300의 출력값으로 후진합니다.
30~32: count 변수의 값을 4로 나눈 나머지 값이 2 또는 0이면 로봇을 정지합니다.

실행하기 원하는 대로 프로그램이 동작하는지 실행해 봅시다.

프로그램 작성이 완료되면 F5 키를 눌러 프로그램을 실행하여 로봇이 제대로 동작하는지 확인합니다.

EV3 프로그램에서 사용할 수 있는 버튼이 하나일까요? 다행히 EV3 본체 브릭에는 5개의 버튼을 사용할 수 있습니다. 전후좌우 버튼 중 누르는 버튼에 따라 자동차 로봇이 움직이는 프로그램을 작성하도록 합니다.

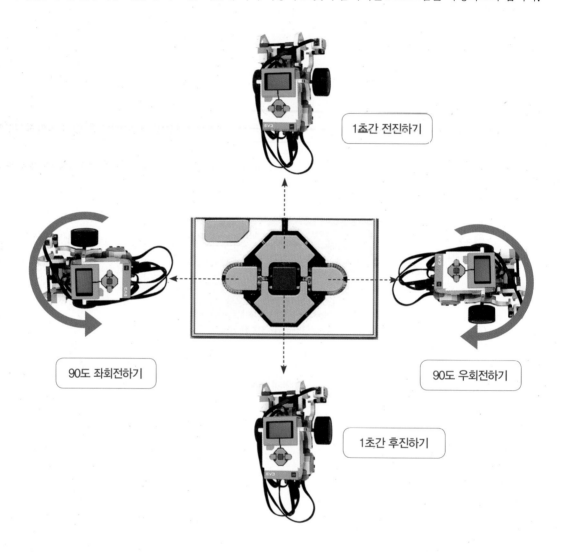

1초간 전진하기

90도 좌회전하기

90도 우회전하기

1초간 후진하기

🔖 문제 해결 전략 세우기

각 버튼에 해당하는 기능을 프로그램으로 작성합니다.

1단계 위쪽 버튼을 누르면 1초간 전진하기

2단계 아래쪽 버튼을 누르면 1초간 후진하기

3단계 왼쪽 버튼을 누르면 90도로 좌회전하고, 오른쪽 버튼을 누르면 90도로 우회전하기

파이썬으로 프로그래밍하기

앞에서 설계한 문제 해결 방법대로 프로그래밍하여 미션을 해결합니다.

● 프로그래밍을 위한 사전 준비 ●

브릭의 버튼을 사용하기 위해서는 Button 내장 함수를 이용해야 합니다.

[형식] if Button.LEFT in brick.buttons( ) :   ← 왼쪽 버튼을 눌렀는지 확인하기

[LEFT 대신 올 수 있는 버튼 함수]

LEFT_UP	UP/BEACON	RIGHT_UP
LEFT	CENTER	RIGHT
LEFT_DOWN	DOWN	RIGHT_DOWN

[예] **위쪽 버튼을 누르면 1초간 진진하기**
if Button.UP in brick.buttons( ) :
    ml.run(300)
    mr.run(300)
    sleep(1)

1단계 위쪽 버튼을 누르면 1초간 전진해 봅시다.

❶ sleep 함수를 사용하기 위해 가져오기를 추가하고, 왼쪽 바퀴는 ml, 오른쪽 바퀴는 mr에 연결합니다. 그리고 1번 포트에 연결된 터치 센서를 ts로 제어하는 명령을 추가합니다.

프로그램

```
1  #!/usr/bin/env pybricks-micropython
2
3  from pybricks import ev3brick as brick
4  from pybricks.ev3devices import (Motor, TouchSensor, ColorSensor,
5                                   InfraredSensor, UltrasonicSensor, GyroSensor)
6  from pybricks.parameters import (Port, Stop, Direction, Button, Color,
7                                   SoundFile, ImageFile, Align)
8  from pybricks.tools import print, wait, StopWatch
9  from pybricks.robotics import DriveBase
10 from time import sleep                    ← sleep 함수를 사용하기 위해 선언합니다.
11
12 # Write your program here
13 ml = Motor(Port.B)
14 mr = Motor(Port.C)        ← 모터 B는 ml, 모터 C는 mr, 터치 센서는 ts로 연결합니다.
15 ts = TouchSensor(Port.S1)
```

❷ 위쪽 버튼을 누르는지 확인하고, 버튼이 눌리면 1초간 300의 출력값으로 전진하는 명령을 추가합니다.

프로그램

```
17 while(1):
18     if Button.UP in brick.buttons():
19         ml.run(300)
20         mr.run(300)          ← 브릭의 위쪽 버튼을 누르면 1초간 300의 출력값으로 전진합니다.
21         sleep(1)
22     else:
23         ml.stop()            ← 버튼이 눌리지 않거나 눌려 처리가 끝난 후 정지합니다.
24         mr.stop()
```

if~else문 사이에 elif문을 추가하여 브릭의 아래 버튼을 누르는지 확인하고, 아래 버튼을 누르면 1초간 후진하는 명령을 추가합니다.

프로그램

```
17  while(1):
18      if Button.UP in brick.buttons():
19          ml.run(300)
20          mr.run(300)
21          sleep(1)
22      elif Button.DOWN in brick.buttons():
23          ml.run(-300)
24          mr.run(-300)
25          sleep(1)
26      else:
27          ml.stop()
28          mr.stop()
```

← 브릭의 아래쪽 버튼이 눌리면 1초간 −300의 출력값으로 후진합니다.

엔코더를 이용하여 왼쪽 버튼을 누르면 90도 좌회전하고, 오른쪽 버튼을 누르면 90도 우회전하는 명령들을 추가하여 프로그램을 완성합니다.

프로그램

```
17  while(1):
18      if Button.UP in brick.buttons():
19          ml.run(300)
20          mr.run(300)
21          sleep(1)
22      elif Button.DOWN in brick.buttons():
23          ml.run(-300)
24          mr.run(-300)
25          sleep(1)
26      elif Button.LEFT in brick.buttons():
27          ml.run_angle(300, -175, Stop.BRAKE, False)
28          mr.run_angle(300, 175, Stop.BRAKE, True)
29      elif Button.RIGHT in brick.buttons():
30          ml.run_angle(300, 175, Stop.BRAKE, False)
31          mr.run_angle(300, -175, Stop.BRAKE, True)
32      else:
33          ml.stop()
34          mr.stop()
```

← 브릭의 왼쪽 버튼이 눌리면 엔코더를 이용하여 90도 좌회전합니다.

← 브릭의 오른쪽 버튼이 눌리면 엔코더를 이용하여 90도 우회전합니다.

프로그램 작성이 완료되면 F5 키를 눌러 프로그램을 실행하여 로봇이 제대로 동작하는지 확인합니다.

EV3 브릭의 상하좌우 버튼을 10번 이내로 누른 동작을 순서대로 기억하고, 가운데 버튼을 누르면 기억한 순서대로 동작하는 프로그램을 작성하도록 합니다.

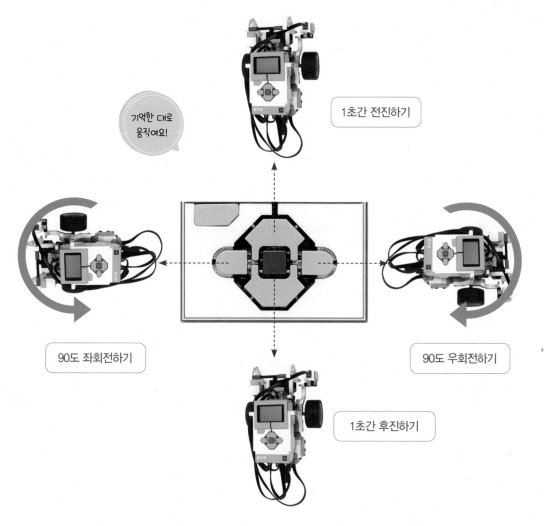

기억한 대로 움직여요!

1초간 전진하기

90도 좌회전하기

90도 우회전하기

1초간 후진하기

[예] 위쪽 버튼 – 위쪽 버튼 – 좌회전 버튼 – 위쪽 버튼 – 우회전 버튼 – 후진 버튼 – 가운데 버튼 → 2초간 전진 후, 90도 좌회전하기, 1초간 전진하기, 90도 우회전하기, 1초간 후진하기

문제 해결 전략 세우기

각 버튼에 해당하는 기능을 프로그램으로 작성합니다.

1단계 상하좌우 버튼을 누르면 각각 누른 횟수 기억하기

2단계 버튼을 10회 눌렀거나 가운데 버튼을 누르면 순서대로 동작하기

파이썬으로 프로그래밍하기

앞에서 설계한 문제 해결 방법대로 프로그래밍하여 미션을 해결합니다.

● 프로그래밍을 위한 사전 준비 ●

1. 리스트 이해하기

프로그램을 작성할 때 여러 개의 자료들을 모아서 하나의 묶음으로 저장할 수 있는데 파이썬에서는 리스트(list)를 사용합니다.

[예]	array = [10, 20, 30]	← array란 이름의 리스트를 생성하고, 초깃값으로 array[0]에는 10, array[1] = 20, array[2] = 30을 저장하기
	list = [ ]	← list란 이름의 리스트를 생성하기
	list.append(10)	← list[0]에 10을 저장하기
	list.append(20)	← list[1]에 20을 저장하기
	list.append(30)	← list[2]에 30을 저장하기

2. 상하좌우 버튼을 누른 값을 숫자로 기억하기

상하좌우 버튼을 누를 때마다 순차적으로 기억해 놓아야 하므로 아래와 같은 규칙을 정한 후, 프로그램을 작성할 때 사용합니다.

- 브릭의 위쪽 버튼을 누르면 1을 저장합니다.
- 브릭의 아래 버튼을 누르면 2를 저장합니다.
- 브릭의 왼쪽 버튼을 누르면 3을 저장합니다.
- 브릭의 오른쪽 버튼을 누르면 4를 저장합니다.

3. 논리 연산자 이해하기

- 논리 연산자의 종류에는 and, or, not이 있습니다.
- and: 여러 개의 조건이 모두 참인 경우에만 전체 결과도 참이 됩니다.

[예]   count 변수의 값이 3의 배수이면서 5의 배수를 찾고자 할 때
       if (count % 3 == 0 and count % 5 == 0) :

- or: 둘 중 하나 이상의 조건이 참이면 전체 결과도 참이 됩니다.

[예]   count 변수의 값이 3의 배수이거나 5의 배수를 찾고자 할 때
       if (count % 3 == 0 or count % 5 == 0) :

- not: 조건이 참이면 결과는 거짓, 조건이 거짓이면 결과는 참이 됩니다.

[예]   3의 배수가 아닌 값을 찾고자 할 때
       if not (count % 3 == 0) :

1단계 상하좌우 버튼을 누르면 각각 누른 횟수를 기억해 봅시다.

❶ sleep 함수를 사용하기 위해 가져오기를 추가하고, 왼쪽 바퀴는 ml, 오른쪽 바퀴는 mr에 연결합니다. 그리고 1번 포트에 연결된 터치 센서를 ts로 제어하는 명령을 추가합니다.

프로그램

```
1   #!/usr/bin/env pybricks-micropython
2
3   from pybricks import ev3brick as brick
4   from pybricks.ev3devices import (Motor, TouchSensor, ColorSensor,
5                                    InfraredSensor, UltrasonicSensor, GyroSensor)
6   from pybricks.parameters import (Port, Stop, Direction, Button, Color,
7                                    SoundFile, ImageFile, Align)
8   from pybricks.tools import print, wait, StopWatch
9   from pybricks.robotics import DriveBase
10  from time import sleep
11
12  # Write your program here
13  ml = Motor(Port.B)
14  mr = Motor(Port.C)
15  ts = TouchSensor(Port.S1)
```

10: sleep 함수를 사용하기 위해 선언합니다.
13~15: 모터 B는 ml, 모터 C는 mr, 터치 센서는 ts로 연결합니다.

❷ 상하좌우 버튼을 누른 횟수를 기억할 count 변수와 어느 버튼을 눌렀는지를 기억하기 위한 이름이 list인 리스트를 선언합니다.

프로그램

```
12  # Write your program here
13  ml = Motor(Port.B)
14  mr = Motor(Port.C)
15  ts = TouchSensor(Port.S1)
16  count = 0          ← 버튼을 누를 횟수를 기억하기 위해 count 변수를 선언하고, 0으로 초기화합니다.
17  list = []          ← 어느 버튼을 눌렀는지를 기억하기 위해 이름이 list인 리스트를 선언합니다.
```

❸ 브릭의 위쪽 버튼을 누르면 list에 1을 추가하고, count값을 1 증가합니다. 이때 diplay 함수를 이용하여 화면에 count값을 출력합니다.

프로그램

```
19  while(1).
20      brick.display.clear()          ← 브릭 화면을 지우고, count값을 출력합니다.
21      brick.display.text(count)
22      if Button.UP in brick.buttons():  ← 브릭의 위쪽 버튼을 누르면 list에 1을 추가합니다.
23          list.append(1)
24          count = count + 1          ← count 변수의 값을 1 증가합니다.
25          sleep(1)                   ← 버튼을 눌렀다 뗄 때까지 기다리기 위해 1초 기다립니다.
```

❹ 상하좌우 버튼을 눌렀을 때도 list에 각각 2, 3, 4를 저장하고, count 변수의 값을 1 증가하는 명령을 추가합니다.

프로그램

```
19   while(1):
20       brick.display.clear()
21       brick.display.text(count)
22       if Button.UP in brick.buttons():
23           list.append(1)
24           count = count + 1
25           sleep(1)
26       elif Button.DOWN in brick.buttons():
27           list.append(2)
28           count = count + 1
29           sleep(1)
30       elif Button.LEFT in brick.buttons():
31           list.append(3)
32           count = count + 1
33           sleep(1)
34       elif Button.RIGHT in brick.buttons():
35           list.append(4)
36           count = count + 1
37           sleep(1)
```

← 아래쪽 버튼을 누르면 list에 2를 저장하고, count 값을 1 증가합니다.

← 왼쪽 버튼을 누르면 list에 3을 저장하고, count값을 1 증가합니다.

← 오른쪽 버튼을 누르면 list에 4를 저장하고, count 값을 1 증가합니다.

2단계 버튼을 10회 눌렀거나 가운데 버튼을 누르면 순서대로 동작하도록 해 봅시다.

상하좌우 버튼을 누른 횟수인 count값이 10이 되거나 가운데 버튼을 누르면 list에 저장된 순서대로 동작하는 명령을 추가합니다.

❶ go 함수를 만들어 count값이 10이 되거나 가운데 버튼을 누르면 go 함수를 호출하여 순서대로 로봇이 동작하는 명령을 추가합니다.

프로그램

```
19   while(1):
20       brick.display.clear()
21       brick.display.text(count)
22       if Button.UP in brick.buttons():
23           list.append(1)
24           count = count + 1
25           sleep(1)
26       elif Button.DOWN in brick.buttons():
27           list.append(2)
28           count = count + 1
29           sleep(1)
30       elif Button.LEFT in brick.buttons():
31           list.append(3)
32           count = count + 1
33           sleep(1)
```

```
34        elif Button.RIGHT in brick.buttons():
35            list.append(4)
36            count = count + 1
37            sleep(1)
38
39        if (count == 10 or Button.CENTER in brick.buttons()) :
40            go()    ← go 함수를 호출하는데 아직 go 함수가 만들어지지 않아 오류가 발생합니다.
41            break   ← go 함수가 끝나면 break 명령으로 현재 무한 반복문을 벗어납니다.
```

← count값이 10 이거나 브릭의 가운데 버튼을 눌렀는지 확인합니다.

❷ go 함수를 선언하고 변수 n을 0부터 count값이 될 때까지 1씩 증가하면서 list의 [0]번지부터 하나씩 확인합니다. 만일 1이면 1초간 전진, 2이면 1초간 후진, 3이면 90도 좌회전, 4이면 90도 우회전하는 명령을 추가합니다.

프로그램

```
12  # Write your program here
13  def go():                              ← count값이 10 이거나 브릭의 가운데 버튼을 눌렀는지 확인합니다.
14      for n in range(count) :            ← n이 0부터 count−1까지 1씩 증가하면서 15~30행을 반복합니다.
15          brick.display.clear()
16          brick.display.text("No = " + str(n))  ← 브릭 화면을 지우고, 현재 동작 중인 위치 n을 화면에 출력합니다.
17          if list[n] == 1 :
18              ml.run(300)
19              mr.run(300)                ← list의 n 위치 값이 1이면 1초간 전진합니다.
20              sleep(1)
21          elif list[n] == 2 :
22              ml.run(-300)
23              mr.run(-300)               ← list의 n 위치 값이 2이면 1초간 후진합니다.
24              sleep(1)
25          elif list[n] == 3 :
26              ml.run_angle(300, 180, Stop.BRAKE, False)   ← list의 n 위치 값이 3이면 90도 좌
27              mr.run_angle(-300, 180, Stop.BRAKE, True)       회전합니다.
28          elif list[n] == 4 :
29              ml.run_angle(-300, 180, Stop.BRAKE, False)  ← list의 n 위치 값이 4이면 90도 우
30              mr.run_angle(300, 180, Stop.BRAKE, True)        회전합니다.
31      ml.stop()
32      mr.stop()                          ← 반복문을 마치고 로봇을 정지합니다.
```

※ 사용자가 만든 함수는 먼저 선언이 되어야 호출할 수 있으므로 호출 전에 함수를 만들어야 합니다.

실행하기 원하는 대로 프로그램이 동작하는지 실행해 봅시다.

프로그램 작성이 완료되면 F5 키를 눌러 프로그램을 실행하여 로봇이 제대로 동작하는지 확인합니다.

C·H·A·P·T·E·R 03 초음파 센서를 이용하여 장애물 피하기

초음파 센서를 이용하여 물체를 감지하고, 로봇을 제어하는 방법에 대하여 학습합니다. 앞에서 조립한 로봇 자동차를 활용합니다.

완성된 로봇

※ **소스 파일:** [PART_2]-[03_초음파 센서를 이용하여 장애물 피하기] 폴더에서 단계별로 완성한 파일을 참고하세요.

해결할 문제

문제를 해결하면서 프로그래밍 방법을 익혀 봅시다.

문제 01	문제 02	문제 03	문제 04	문제 05
전진하다가 물체를 감지하면 정지하기	초음파 센서로 밀당 로봇 만들기	제자리에서 좌회전하다가 물체가 감지되는 위치로 움직이기	물체가 있는 곳까지 전진하다가 물체를 가지고 돌아오기	초음파 센서로 거리에 따라 지정한 음계로 연주하기

>> 모터와 센서 연결하기

조립한 자동차 로봇에 다음과 같이 모터와 센서를 연결합니다.

서보 모터

- motorA: 미디엄 서보 모터 ← 물체 잡기
- motorB: 라지 서보 모터 ← 왼쪽 바퀴 연결
- motorC: 라지 서보 모터 ← 오른쪽 바퀴 연결
- motorD: –

◔ 출력 포트

센서 및 버튼

- Sensor1: 버튼 ← 시작 기능의 버튼
- Sensor2: –
- Sensor3: 컬러 센서 ← 라인 주행 및 컬러 감지
- Sensor4: 초음파 센서 ← 물체 감지

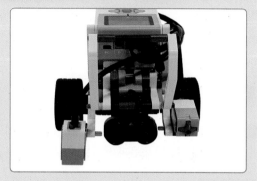

◔ 입력 포트

문제|01 전진하다가 물체를 감지하면 정지하도록 해 봅시다.

프로그램을 실행하면 자동차 로봇이 계속 전진하다가 물체를 감지하면(10cm 미만) 정지하도록 합니다.

전진하다가 10cm 미만 물체가 감지되면 정지하기

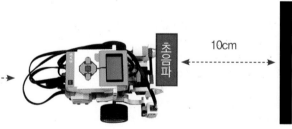

문제 해결 전략 세우기

로봇이 계속 전진하다가 물체를 감지하면 정지한 후 종료합니다.

1단계 계속 전진하기

2단계 초음파 센서 감지값이 10cm 미만이면 정지하기

파이썬으로 프로그래밍하기

앞에서 설계한 문제 해결 방법대로 프로그래밍하여 미션을 해결합니다.

● 프로그래밍을 위한 사전 준비 ●

초음파 센서 선언 및 초음파 센서값 읽어 오기

초음파 센서는 포트를 연결한 후 초음파 센서값을 읽어 오는 함수를 사용해야 합니다.

[형식] us = UltrasonicSensor(Port.S4)   ← 포트 4에 연결된 초음파 센서를 us란 이름으로 사용하기
      dis = us.distance( )   ← us 이름의 초음파 센서에 감지된 물체와의 거리를 측정해서 mm 단위의 값을
                                     dis 변수에 저장하기

1단계 로봇을 계속 전진해 봅시다.

❶ sleep 함수를 사용하기 위해 가져오기를 추가하고, 왼쪽 바퀴는 ml, 오른쪽 바퀴는 mr에 연결합니다. 4
번 포트에 연결된 초음파 센서를 us로 제어하는 명령을 추가합니다.

프로그램

```
1   #!/usr/bin/env pybricks-micropython
2
3   from pybricks import ev3brick as brick
4   from pybricks.ev3devices import (Motor, TouchSensor, ColorSensor,
5                                    InfraredSensor, UltrasonicSensor, GyroSensor)
6   from pybricks.parameters import (Port, Stop, Direction, Button, Color,
7                                    SoundFile, ImageFile, Align)
8   from pybricks.tools import print, wait, StopWatch
9   from pybricks.robotics import DriveBase
10  from time import sleep
11
12  # Write your program here
13  ml = Motor(Port.B)
14  mr = Motor(Port.C)
15  us = UltrasonicSensor(Port.S4)
```

10: sleep 함수를 사용하기 위해 추가합니다.
13: 포트 B에 연결된 모터를 ml이란 이름으로 제어합니다.
14: 포트 C에 연결된 모터를 mr이란 이름으로 제어합니다.
15: 포트 4번에 연결된 초음파 센서를 us란 이름으로 제어합니다.

❷ 무한 반복문인 while(1)문을 이용하여 로봇이 300의 출력값으로 계속 전진하는 명령을 추가합니다.

프로그램

```
12   # Write your program here
13   ml = Motor(Port.B)
14   mr = Motor(Port.C)
15   us = UltrasonicSensor(Port.S4)
16
17   while(1):
18       ml.run(300)
19       mr.run(300)
```

17~19: ml 모터와 mr 모터를 300의 출력값으로 계속 전진하도록 합니다.

2단계 초음파 센서의 감지값이 10cm 미만이면 정지하도록 해 봅시다.

distance 함수를 이용하여 us 이름으로 연결된 초음파 센서의 센서값을 가져옵니다. 만약 읽은 센서값이 100mm보다 작거나 같으면 모터를 정지하고, 프로그램을 종료합니다.

프로그램

```
12   # Write your program here
13   ml = Motor(Port.B)
14   mr = Motor(Port.C)
15   us = UltrasonicSensor(Port.S4)
16
17   while(1):
18       ml.run(300)
19       mr.run(300)
20       if us.distance() <= 100 :
21           ml.stop()
22           mr.stop()
23           break
```

20~23: us 이름의 초음파 센서값이 100mm보다 작거나 같으면 ml과 mr 모터를 정지하고, 현재 반복문을 벗어납니다.

실행하기 원하는 대로 프로그램이 동작하는지 실행해 봅시다.

프로그램 작성이 완료되면 F5 키를 눌러 프로그램을 실행하여 로봇이 제대로 동작하는지 확인합니다.

로봇 가까이 손을 대면 뒤로 물러나고, 손을 멀리하면 앞으로 전진하는 물체와 밀당하는 프로그램을 작성합니다.

손이 멀어지면 앞으로 이동하기
손이 가까이 가면 뒤로 후진하기

문제 해결 전략 세우기

초음파 센서값을 3개의 영역으로 나눠 20cm 이상의 값인 경우 물체가 멀리 있다고 판단하여 로봇이 앞으로 전진하고, 10cm 이하의 값인 경우 후진하고, 10cm보다 크면서 20cm 미만인 경우의 값일 때는 움직이지 않도록 합니다.

1단계 초음파 센서의 감지값이 20cm 이상이면 전진하기

2단계 초음파 센서의 감지값이 10cm 이하이면 후진하기

3단계 초음파 센서의 감지값이 10cm보다 크면서 20cm 미만이면 정지하기

파이썬으로 프로그래밍하기

앞에서 설계한 문제 해결 방법대로 프로그래밍하여 미션을 해결합니다.

1단계 초음파 센서의 감지값이 20cm 이상이면 전진해 봅시다.

❶ sleep 함수를 사용하기 위해 가져오기를 추가하고 왼쪽 바퀴는 ml, 오른쪽 바퀴는 mr에 연결합니다. 4번 포트에 연결된 초음파 센서를 us로 제어하는 명령을 추가합니다.

프로그램

```
 1   #!/usr/bin/env pybricks-micropython
 2
 3   from pybricks import ev3brick as brick
 4   from pybricks.ev3devices import (Motor, TouchSensor, ColorSensor,
 5                                    InfraredSensor, UltrasonicSensor, GyroSensor)
 6   from pybricks.parameters import (Port, Stop, Direction, Button, Color,
 7                                    SoundFile, ImageFile, Align)
 8   from pybricks.tools import print, wait, StopWatch
 9   from pybricks.robotics import DriveBase
10   from time import sleep
11
12   # Write your program here
13   ml = Motor(Port.B)
14   mr = Motor(Port.C)
15   us = UltrasonicSensor(Port.S4)
```

10: sleep 함수를 사용하기 위해 선언합니다.
13~15: 모터 B는 ml, 모터 C는 mr, 초음파 센서는 us로 연결합니다.

❷ us 이름의 초음파 센서값이 200mm 이상이면, 양쪽 바퀴 모터는 300의 출력값으로 전진하는 명령을 추가합니다.

프로그램

```
12   # Write your program here
13   ml = Motor(Port.B)
14   mr = Motor(Port.C)
15   us = UltrasonicSensor(Port.S4)
16
17   while(1):
18       if us.distance() >= 200 :
19           ml.run(300)
20           mr.run(300)
```

18: us 초음파 센서값이 200mm 이상이면 19~20행을 실행합니다.
19~20: 양쪽 바퀴 모터는 300의 출력값으로 전진합니다.

sleep 함수를 사용하기 위해 가져오기를 추가하고, us 이름의 초음파 센서값이 100mm 이하이면 로봇이 후진하는 명령을 추가합니다.

프로그램

```
12   # Write your program here
13   ml = Motor(Port.B)
14   mr = Motor(Port.C)
15   us = UltrasonicSensor(Port.S4)
16
17   while(1):
18       if us.distance() >= 200 :
19           ml.run(300)
20           mr.run(300)
21       elif us.distance() <= 100 :       ← us 초음파 센서값이 100mm 이하이면 22~23행을 실행합니다.
22           ml.run(-300)
23           mr.run(-300)                  }← 양쪽 바퀴 모터는 −300의 출력값으로 후진합니다.
```

초음파 센서값이 100mm를 초과하면서 200mm 미만이면 로봇을 정지하는 명령을 추가합니다.

프로그램

```
12   # Write your program here
13   ml = Motor(Port.B)
14   mr = Motor(Port.C)
15   us = UltrasonicSensor(Port.S4)
16
17   while(1):
18       if us.distance() >= 200 :
19           ml.run(300)
20           mr.run(300)
21       elif us.distance() <= 100 :
22           ml.run(-300)
23           mr.run(-300)
24       else :                            ← 초음파 센서값이 100보다 크면서 200 미만일 경우, 25~26행을 실행합니다.
25           ml.stop()
26           mr.stop()                     }← 양쪽 바퀴 모터를 정지합니다.
```

프로그램 작성이 완료되면 F5 키를 눌러 프로그램을 실행하여 로봇이 제대로 동작하는지 확인합니다.

로봇이 천천히 제자리에서 좌회전하고 있다가 물체가 감지되는 위치로 이동하는 씨름 로봇 프로그램을 작성하도록 합니다.

물체를 감지하면 앞으로 이동하기

제자리에서 회전 중

 문제 해결 전략 세우기

로봇이 제자리에서 좌회전하면서 물체를 20cm 이내에서 감지하면 감지된 위치로 이동하도록 합니다.

1단계 로봇이 제자리에서 좌회전하기

2단계 물체가 감지되면 그곳으로 이동하기

파이썬으로 프로그래밍하기

앞에서 설계한 문제 해결 방법대로 프로그래밍하여 미션을 해결합니다.

1단계 로봇을 제자리에서 좌회전해 봅시다.

❶ sleep 함수를 사용하기 위해 가져오기를 추가하고, 왼쪽 바퀴는 ml, 오른쪽 바퀴는 mr에 연결합니다. 4번 포트에 연결된 초음파 센서를 us로 제어하는 명령을 추가합니다.

프로그램

```
1   #!/usr/bin/env pybricks-micropython
2
3   from pybricks import ev3brick as brick
4   from pybricks.ev3devices import (Motor, TouchSensor, ColorSensor,
5                                    InfraredSensor, UltrasonicSensor, GyroSensor)
6   from pybricks.parameters import (Port, Stop, Direction, Button, Color,
7                                    SoundFile, ImageFile, Align)
8   from pybricks.tools import print, wait, StopWatch
9   from pybricks.robotics import DriveBase
10  from time import sleep
11
12  # Write your program here
13  ml = Motor(Port.B)
14  mr = Motor(Port.C)
15  us = UltrasonicSensor(Port.S4)
```

10: sleep 함수를 사용하기 위해 선언합니다.
13~15: 모터 B는 ml, 모터 C는 mr, 초음파 센서는 us로 연결합니다.

❷ 로봇이 제자리에서 200의 출력값으로 좌회전하는 동작을 반복하는 명령을 추가합니다.

프로그램

```
12  # Write your program here
13  ml = Motor(Port.B)
14  mr = Motor(Port.C)
15  us = UltrasonicSensor(Port.S4)
16
17  while(1):
18      ml.run(-200)
19      mr.run(200)
```

17~19: ml 모터를 −200의 출력값으로 후진하고, mr 모터를 200의 출력값으로 전진하도록 하여 계속 좌회전하도록 합니다.

if~else문을 이용하여 4번에 연결된 us 초음파 센서값이 200mm 이하일 경우 200mm보다 클 때까지 300의 출력값으로 전진하는 명령을 추가합니다. 이때 초음파 센서값이 200mm 이상일 때 좌회전하도록 [1단계] ❷에서 작성한 제자리에서 좌회전하는 명령들은 else 다음으로 이동합니다.

프로그램

```
12  # Write your program here
13  ml = Motor(Port.B)
14  mr = Motor(Port.C)
15  us = UltrasonicSensor(Port.S4)
16
17  while(1):
18      if us.distance() <= 200 :
19          ml.run(300)
20          mr.run(300)
21      else :
22          ml.run(-200)
23          mr.run(200)
```

18~20: us 초음파 센서값이 200mm 이하이면 300의 출력값으로 전진합니다.
21~23: us 초음파 센서값이 200mm 초과이면 제자리에서 좌회전합니다.

실행하기 원하는 대로 프로그램이 동작하는지 실행해 봅시다.

프로그램 작성이 완료되면 F5 키를 눌러 프로그램을 실행하여 로봇이 제대로 동작하는지 확인합니다.

문제|04 물체가 있는 곳까지 전진하다가 물체를 가지고 돌아오도록 해 봅시다.

프로그램을 실행하면 계속 전진하다가 물체를 감지(5cm 미만)했을 경우, 정지하고 중간의 'mc' 미디엄 모터를 내려 물체를 잡고 되돌아오도록 합니다.

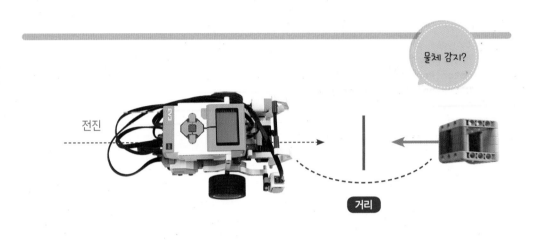

🔖 문제 해결 전략 세우기

로봇이 물체를 감지할 때까지 전진하다가 물체를 감지하면 정지합니다. 이때 전진했던 시간을 기록해야 합니다. 물체를 감지하면 mc 모터를 내려 물체를 잡고, 기록된 시간만큼 후진하여 처음의 자리로 돌아가도록 합니다.

1단계 로봇이 전진하다가 물체를 감지하면 정지하기

2단계 로봇이 물체를 잡기

3단계 로봇이 처음 위치로 돌아오기

파이썬으로 프로그래밍하기

앞에서 설계한 문제 해결 방법대로 프로그래밍하여 미션을 해결합니다.

● 프로그래밍을 위한 사전 준비 ●

time 함수 이해하기

시간을 체크하기 위해서는 time 함수를 사용합니다.

[형식] from time import time ← time 함수를 사용하기 위해 추가하기

[예]　st = time( )　　　　　← 현재 시간을 st에 저장하기
　　　sleep(1)　　　　　　← 1초 기다리기
　　　et = time( )　　　　　← 현재 시간을 et에 저장하기
　　　print(et − st)　　　← et 시간에서 st를 뺀 시간, 즉 1.000000을 출력하기

[1단계] 로봇이 전진하다가 물체를 감지하면 정지해 봅시다.

❶ sleep과 time 함수를 사용하기 위해 가져오기를 추가하고, 왼쪽 바퀴는 ml, 오른쪽 바퀴는 mr, 가운데 미디엄 모터를 mc에 연결합니다. 그리고 4번 포트에 연결된 초음파 센서를 us로 제어하는 명령을 추가합니다.

프로그램

```
1   #!/usr/bin/env pybricks-micropython
2
3   from pybricks import ev3brick as brick
4   from pybricks.ev3devices import (Motor, TouchSensor, ColorSensor,
5                                    InfraredSensor, UltrasonicSensor, GyroSensor)
6   from pybricks.parameters import (Port, Stop, Direction, Button, Color,
7                                    SoundFile, ImageFile, Align)
8   from pybricks.tools import print, wait, StopWatch
9   from pybricks.robotics import DriveBase
10  from time import sleep
11  from time import time
12
13  # Write your program here
14  mc = Motor(Port.A)
15  ml = Motor(Port.B)
16  mr = Motor(Port.C)
17  us = UltrasonicSensor(Port.S4)
```

10: sleep 함수를 사용하기 위해 선언합니다.
11: time 함수를 사용하기 위해 선언합니다.
14~17: 모터 A는 mc, 모터 B는 ml, 모터 C는 mr, 초음파 센서는 us로 연결합니다.

CHAPTER 03 • 초음파 센서를 이용하여 장애물 피하기 • **99**

❷ time 함수를 이용하여 타이머를 시작하고, us 초음파 센서값이 30mm 이하일 경우 타이머를 기록한 후 로봇을 정지하는 명령을 추가합니다.

프로그램

```
19  st = time()                              ← 현재 시간을 st에 저장합니다.
20  while(1):
21      ml.run(300)
22      mr.run(300)                          ⎫ ← ml 모터와 mr 모터를 300의 출력값으로 전진합니다.
23      if us.distance() <= 30 :            ← us 초음파 센서값이 30mm 이하이면 24~28행을 실행합니다.
24          ml.stop()
25          mr.stop()                        ⎫ ← 양쪽 바퀴 모터를 정지합니다.
26          et = time()                      ← 현재 시간을 et에 저장합니다.
27          brick.display.text(et - st)      ← et 시간에서 st 시간을 뺀 이동할 때 걸린 시간을 브릭 화면에 출력합니다.
28          sleep(1)                         ← 1초간 기다립니다.
```

2단계 로봇이 물체를 잡도록 해 봅시다.

mc 이름의 미디엄 모터를 −300의 출력값으로 1초간 내리고, 정지하여 물체를 잡는 명령을 추가합니다.

프로그램

```
19  st = time()
20  while(1):
21      ml.run(300)
22      mr.run(300)
23      if us.distance() <= 30 :
24          ml.stop()
25          mr.stop()
26          et = time()
27          brick.display.text(et - st)
28          sleep(1)
29
30          mc.run(-300)
31          sleep(1)                         ⎫ ← mc 미디엄 모터의 출력값을 −300으로 1초간 내린 후 정지하여 물체를 잡습니다.
32          mc.stop()
```

3단계 로봇이 처음 위치로 돌아오게 해 봅시다.

현재 시간에 이동한 시간을 추가하여 lt에 저장한 후, 현재 시간부터 lt 시간까지 후진합니다. 로봇이 처음 있던 곳으로 돌아오면 로봇의 움직임을 정지하고 mc 미디엄 모터를 올린 후 프로그램을 종료합니다.

프로그램

```
30          mc.run(-300)
31          sleep(1)
32          mc.stop()
33
34          lt = time() + et - st            ← 현재 시간에 이동한 시간을 추가하여 lt에 저장합니다.
```

```
35      while (time() < lt) :          ┐
36          ml.run(-300)               ├ ← 현재 시간이 lt가 될 때까지 후진합니다.
37          mr.run(-300)               ┘
38      ml.stop()                      ┐
39      mr.stop()                      ┘ ← 양쪽 모터를 정지합니다.
40      mc.run(300)                    ┐
41      sleep(1)                       ├ ← mc 모터를 1초간 올리고, 정지합니다.
42      mc.stop()                      ┘
43      break                          ← 현재 반복문을 벗어납니다.
```

실행하기 원하는 대로 프로그램이 동작하는지 실행해 봅시다.

프로그램 작성이 완료되면 F5 키를 눌러 프로그램을 실행하여 로봇이 제대로 동작하는지 확인합니다.

문제 | 05   초음파 센서로 거리에 따라 지정한 음계로 연주해 봅시다.

초음파 센서로 버튼을 누르면 거리에 따라 다른 음계를 출력하는 프로그램을 작성합니다.

※ 로봇을 기타로 만들면, 다음과 같이 연주하는 기타 로봇이 됩니다.

🔖 문제 해결 전략 세우기

　　물체와의 거리와 옥타브를 올리고 내리고에 따른 버튼을 누를 때마다 음계가 출력되도록 합니다.

1단계 물체와의 거리에 따라 음계 결정하기

2단계 옥타브 올리고 내리기

3단계 음계와 옥타브에 따라 음계 출력하기

파이썬으로 프로그래밍하기

앞에서 설계한 문제 해결 방법대로 프로그래밍하여 미션을 해결합니다.

● 프로그래밍을 위한 사전 준비 ●

1. 음계 이해하기

• 옥타브에 따른 음계표를 보고 주파수 값을 입력하여 해당 음을 연주할 수 있습니다.

음계\옥타브	도(C)	도#(C#)/레♭(D♭)	레(D)	미♭(E♭)/레#(D#)	미(E)	파(F)	파#(F#)/솔♭(G♭)	솔(G)	라♭(A♭)/솔#(G#)	라(A)	시♭(B♭)/라#(A#)	시(B)
0	16	17	18	19	21	22	23	25	26	28	29	31
1	33	35	37	39	41	44	46	49	52	55	58	62
2	65	69	73	78	82	87	92	98	104	110	117	123
3	131	139	147	156	165	175	185	196	208	220	233	247
4	262	277	294	311	330	349	370	392	415	440	466	494
5	523	554	587	622	659	698	740	784	831	880	932	988
6	1047	1109	1175	1245	1319	1397	1480	1568	1661	1760	1865	1976
7	2093	2218	2349	2489	2637	2794	2960	3136	3322	3520	3729	3951
8	4186	4435	4699	4978	5274	5588	5920	6272	6645	7040	7459	7902
9	8372	8870	9397	9956	10548	11175	11840	12544	13290	14080	14917	15804
10	16744	17740	18795	19912	21096	22351	23680	25088	26580	28160	29835	31609

⬥ 옥타브에 따른 음계표(주파수)

• sound.beep 함수는 해당 주파수를 지속 시간만큼 출력하는 함수입니다.

[형식]	[예] 도레미 음계 연주하기
sound.beep ← 주파수, 지속 시간(10ms 단위), 볼륨(기본 30) [예] brick.sound.beep(1500, 1000, 50) 　　　←1500hz를 1초간 50의 크기로 출력하기	brick.sound.beep(262, 170) sleep(0.5) brick.sound.beep(294, 170) sleep(0.5) brick.sound.beep(330, 170) sleep(0.5)

• 지속 시간은 다음과 같이 음표에 따라 다릅니다. 지속 시간이 10ms 단위이므로 '시간(ms)/10'으로 입력해야 합니다.

음표	이름	박자	지속 시간(ms)	음표	이름	박자	지속 시간(ms)
𝅝	온음표	4박자	682	♩	4분음표	1박자	170
♩.	점2분음표	3박자	511	♪.	점8분음표	반박자 반	126
♩	2분음표	2박자	341	♪	8분음표	반박자	85
♩.	점4분음표	1박자 반	255	♬	16분음표	반의 반박자	43

2. 스레드(thread)

파이썬으로 프로그램을 작성할 때 동시에 여러 개의 함수가 동작할 수 있는 멀티 태스크 기능을 제공합니다.

[형식] t = threading.Thread(target = 함수 이름)
　　　 t.start( )

[예]　 전진과 후진을 2초 간격으로 계속 반복하면서 가운데 모터를 내렸다 올리기 반복하기
　　　 ※ [ex03] 폴더에 저장되어 있습니다.

```
21   def goback():
22       while(1):
23           ml.run(300)
24           mr.run(300)
25           sleep(2)
26           ml.run(-300)
27           mr.run(-300)
28           sleep(2)
29
30   t = threading.Thread(target=goback)
31   t.start()
32   while(1):
33       mc.run(300)
34       sleep(0.5)
35       mc.run(-300)
36       sleep(0.5)
```

3. 함수 안에서 전역 변수 사용하기

함수 안에서 전역 변수로 선언된 값을 변경하려면 'global 전역 변수명'을 선언한 후 사용하도록 합니다.

[예]　 전역 변수로 선언된 count값을 1초마다 1씩 증가할 경우
```
def countdown( ) :
      global count          ← 전역 변수 count값을 countdown 함수에서 사용하기
      while 1 :
              count = count + 1
              sleep(1)
count = 0                   ← 전역 변수 count 선언 및 0으로 초기화하기
countdown( )                ← countdown 함수를 호출하기
```

1단계 물체와의 거리에 따라 음계를 결정해 봅시다.

'ult' 초음파 센서값을 읽어와 거리에 따라 해당 음을 결정하고, 화면에 해당 음계를 출력합니다.

❶ 초음파 거리에 따라 해당 음을 아래와 같이 결정합니다.

초음파 거리(cm)	~ 6	~ 9	~ 12	~ 15	~ 18	~ 21	~ 24	~ 27	~ 30	30 ~
음계	도	레	미	파	솔	라	시	도	레	미

❷ sleep 함수와 스레드를 사용하기 위해 가져오기를 추가하고, 4번 포트에 연결된 초음파 센서를 us로 제어하는 명령을 추가합니다. 그리고 fre3 리스트에 3옥타브의 음계 '도~시'와 4옥타브의 음계 '도레미'를 저장합니다. 같은 방법으로 fre4, fre5, fre6 리스트에 해당 옥타브의 주파수 값을 저장합니다.

프로그램

```
1   #!/usr/bin/env pybricks-micropython
2
3   from pybricks import ev3brick as brick
4   from pybricks.ev3devices import (Motor, TouchSensor, ColorSensor,
5                                    InfraredSensor, UltrasonicSensor, GyroSensor)
6   from pybricks.parameters import (Port, Stop, Direction, Button, Color,
7                                    SoundFile, ImageFile, Align)
8   from pybricks.tools import print, wait, StopWatch
9   from pybricks.robotics import DriveBase
10  from time import sleep
11  import threading
12
13  # Write your program here
14  us = UltrasonicSensor(Port.S4)
15
16  fre3 = [131, 147, 165, 175, 196, 220, 247, 262, 294, 330]
17  fre4 = [262, 294, 330, 349, 392, 440, 494, 523, 587, 659]
18  fre5 = [523, 587, 659, 698, 784, 880, 988,1047,1175,1319]
19  fre6 = [1047,1175,1319,1397,1568,1760,1976,2093,2349,2637]
```

14: 포트 4에 연결된 초음파 센서를 us란 이름으로 사용합니다.
16: 3옥타브의 음계 '도~시', 4옥타브의 음계 '도레미' 값에 해당하는 주파수를 fre3 리스트에 저장합니다.
17: 4옥타브의 음계 '도~시', 5옥타브의 음계 '도레미' 값에 해당하는 주파수를 fre4 리스트에 저장합니다.
18: 5옥타브의 음계 '도~시', 6옥타브의 음계 '도레미' 값에 해당하는 주파수를 fre5 리스트에 저장합니다.
19: 6옥타브의 음계 '도~시', 7옥타브의 음계 '도레미' 값에 해당하는 주파수를 fre6 리스트에 저장합니다.

❸ us 초음파 센서값을 읽어 거리에 따라 음계를 결정합니다. ntone 변수를 만들고, us 초음파 센서값을 읽어 거리에 따라 ntone의 값을 0부터 9까지 결정하는 명령을 추가합니다.

프로그램

```python
13   # Write your program here
14   us = UltrasonicSensor(Port.S4)
15
16   fre3 = [131, 147, 165, 175, 196, 220, 247, 262, 294, 330]
17   fre4 = [262, 294, 330, 349, 392, 440, 494, 523, 587, 659]
18   fre5 = [523, 587, 659, 698, 784, 880, 988,1047,1175,1319]
19   fre6 = [1047,1175,1319,1397,1568,1760,1976,2093,2349,2637]
20
21   while (1) :
22       dis = us.distance()
23       if dis <= 60 :
24           ntone = 0
25       elif dis <= 90 :
26           ntone = 1
27       elif dis <= 120 :
28           ntone = 2
29       elif dis <= 150 :
30           ntone = 3
31       elif dis <= 180 :
32           ntone = 4
33       elif dis <= 210 :
34           ntone = 5
35       elif dis <= 240 :
36           ntone = 6
37       elif dis <= 270 :
38           ntone = 7
39       elif dis <= 300 :
40           ntone = 8
41       else :
42           ntone = 9
```

21: 22~42행을 무한 반복합니다.
22: 초음파 센서로 측정한 거리를 읽어 dis 변수에 저장합니다.
23~24: 거리, 즉 dis의 값이 60 이하이면 ntone값을 0으로 지정합니다.
25~26: dis의 값이 90 이하이면 ntone값을 1로 지정합니다.
27~28: dis의 값이 120 이하이면 ntone값을 2로 지정합니다.
29~30: dis의 값이 150 이하이면 ntone값을 3으로 지정합니다.
31~32: dis의 값이 180 이하이면 ntone값을 4로 지정합니다.
33~34: dis의 값이 210 이하이면 ntone값을 5로 지정합니다.
35~36: dis의 값이 240 이하이면 ntone값을 6으로 지정합니다.
37~38: dis의 값이 270 이하이면 ntone값을 7로 지정합니다.
39~40: dis의 값이 300 이하이면 ntone값을 8로 지정합니다.
41~42: dis의 값이 300보다 크면 ntone값을 9로 지정합니다.

❹ 화면에 음계를 출력하기 위해 display 함수를 만들고, ntone값에 따라 화면에 'do'에서 높은 'mi'까지
출력하는 명령들을 추가합니다.

프로그램

```
14  def display():
15      global ntone
16      brick.display.clear()
17      while(1) :
18          if ntone == 0 :
19              brick.display.text("do")
20          elif ntone == 1 :
21              brick.display.text("re")
22          elif ntone == 2 :
23              brick.display.text("mi")
24          elif ntone == 3 :
25              brick.display.text("fa")
26          elif ntone == 4 :
27              brick.display.text("sol")
28          elif ntone == 5 :
29              brick.display.text("ra")
30          elif ntone == 6 :
31              brick.display.text("si")
32          elif ntone == 7 :
33              brick.display.text("do")
34          elif ntone == 8 :
35              brick.display.text("re")
36          else :
37              brick.display.text("mi")
38
39          sleep(0.05)
```

14: display 이름의 함수를 선언합니다.
15: 전역 변수 ntone을 사용합니다.
16: 브릭 화면을 지웁니다.
18~19: ntone값이 0이면(도이면) 브릭 화면에 'do'를 출력합니다.
20~21: ntone값이 1이면(레이면) 브릭 화면에 're'를 출력합니다.
22~23: ntone값이 2이면(미이면) 브릭 화면에 'mi'를 출력합니다.
24~25: ntone값이 3이면(파이면) 브릭 화면에 'fa'를 출력합니다.
26~27: ntone값이 4이면(솔이면) 브릭 화면에 'sol'를 출력합니다.
28~29: ntone값이 5이면(라이면) 브릭 화면에 'ra'를 출력합니다.
30~31: ntone값이 6이면(시이면) 브릭 화면에 'si'를 출력합니다.
32~33: ntone값이 7이면(도이면) 브릭 화면에 'do'를 출력합니다.
34~35: ntone값이 8이면(레이면) 브릭 화면에 're'를 출력합니다.
36~37: ntone값이 9이면(미이면) 브릭 화면에 'mi'를 출력합니다.
39: 0.05초 단위로 ntone값을 새롭게 확인합니다.

❺ display 함수를 스레드로 호출하는 명령을 추가합니다.

프로그램
```
41  us = UltrasonicSensor(Port.S4)
42
43  fre3 = [131, 147, 165, 175, 196, 220, 247, 262, 294, 330]
44  fre4 = [262, 294, 330, 349, 392, 440, 494, 523, 587, 659]
45  fre5 = [523, 587, 659, 698, 784, 880, 988,1047,1175,1319]
46  fre6 = [1047,1175,1319,1397,1568,1760,1976,2093,2349,2637]
47
48  t1 = threading.Thread(target=display)
49  t1.start()
```

48: display 함수를 스레드로 정하고, t1에 연결합니다.
49: t1 스레드를 시작합니다.

2단계 옥타브를 올리고 내리기를 해 봅시다.

❶ nType 변수를 만들고, nType값의 범위는 1부터 4까지로 정합니다. 이때 1이면 3옥타브, 즉 fre3 리스트의 주파수 값을 사용하고, 4이면 fre6 리스트의 주파수 값을 사용합니다.

프로그램
```
47  t1 = threading.Thread(target=display)
48  t1.start()
49  nType = 1                           ← nType 변수를 만들고 초깃값을 1로 지정합니다.
```

❷ display 함수 밑에 change라는 함수를 만들고, 브릭의 위쪽 버튼을 누르면 nType값을 1 증가(최대 4)합니다. 그리고 아래 버튼을 누르면 nType값을 1 감소(최소 1)하는 명령을 추가합니다.

프로그램
```
41  def change() :                              ← change 함수를 선언합니다.
42      global nType                            ← 전역 변수 nType을 사용합니다.
43      while 1:
44          if Button.UP in brick.buttons() :   ← 브릭의 위쪽 버튼을 누르면 45~48행을 실행합니다.
45              nType = nType + 1               ← nType값을 1 증가합니다.
46              if nType > 4 :                  ┐
47                  nType = 4                   ┘← nType값이 4보다 크면 4로 정합니다.
48              sleep(0.5)                      ← 버튼을 눌렀다 놓을 때까지 0.5초 기다립니다.
49          elif Button.DOWN in brick.buttons() :  ← 브릭의 아래 버튼을 누르면 50~53행을 실행합니다.
50              nType = nType - 1               ← nType값을 1 감소합니다.
51              if nType < 1 :                  ┐
52                  nType = 1                   ┘← nType값이 1보다 작으면 1로 지정합니다.
53              sleep(0.5)                      ← 버튼을 눌렀다 놓을 때까지 0.5초 기다립니다.
```

❸ change 함수를 호출하는 명령을 추가합니다.

```
62  t1 = threading.Thread(target=display)
63  t1.start()
64  nType = 1
65  t2 = threading.Thread(target=change)
66  t2.start()
```

65: change 함수를 스레드로 정하고, t2에 연결합니다.
49: t2 스레드를 시작합니다.

3단계 음계와 옥타브에 따라 음계를 출력해 봅시다.

❶ 포트 1번의 터치 센서를 ts로 연결합니다.

```
55  us = UltrasonicSensor(Port.S4)
56  ts = TouchSensor(Port.S1)
```

56: 포트 1번의 터치 센서를 ts에 연결합니다.

❷ 터치 센서를 누르면 nType과 ntone값에 따라 해당 음을 연주하는 명령을 추가합니다.

```
69  while (1) :
70      dis = us.distance()
71      if dis <= 60 :
72          ntone = 0
73      elif dis <= 90 :
74          ntone = 1
75      elif dis <= 120 :
76          ntone = 2
77      elif dis <= 150 :
78          ntone = 3
79      elif dis <= 180 :
80          ntone = 4
81      elif dis <= 210 :
82          ntone = 5
83      elif dis <= 240 :
84          ntone = 6
85      elif dis <= 270 :
86          ntone = 7
87      elif dis <= 300 :
88          ntone = 8
89      else :
90          ntone = 9
91
```

```
 92      if ts.pressed() == True :
 93          if nType == 1 :
 94              brick.sound.beep(fre3[ntone], 170)
 95              sleep(0.5)
 96          elif nType == 2 :
 97              brick.sound.beep(fre4[ntone], 170)
 98              sleep(0.5)
 99          elif nType == 3 :
100              brick.sound.beep(fre5[ntone], 170)
101              sleep(0.5)
102          else :
103              brick.sound.beep(fre6[ntone], 170)
104              sleep(0.5)
```

92: ts 터치 버튼을 누르면 93~104행을 실행합니다.
93~95: nType값이 1이면 fre3 리스트의 ntone 위치의 음을 출력합니다.
93~95: nType값이 2이면 fre4 리스트의 ntone 위치의 음을 출력합니다.
93~95: nType값이 3이면 fre5 리스트의 ntone 위치의 음을 출력합니다.
93~95: nType값이 4이면 fre6 리스트의 ntone 위치의 음을 출력합니다.

실행하기 원하는 대로 프로그램이 동작하는지 실행해 봅시다.

프로그램 작성이 완료되면 F5 키를 눌러 프로그램을 실행하여 로봇이 제대로 동작하는지 확인합니다.

CHAPTER 04

컬러 센서를 이용하여 라인 트레이싱하기

로봇이 컬러 센서를 이용하여 선을 따라 움직이면서 미션을 수행하는 방법에 대해 학습합니다. 앞에서 조립한 로봇 자동차를 활용합니다.

완성된 로봇

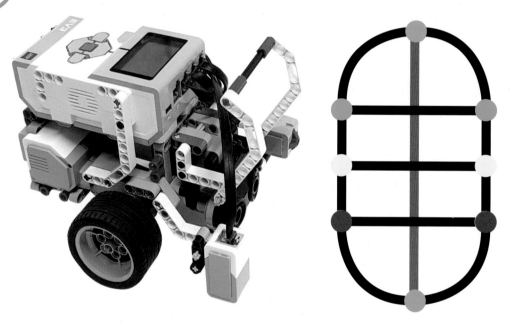

○ **도로 주행 맵**: 부록을 활용하세요.

> ※ **소스 파일**: [PART_2]-[04_컬러 센서를 이용하여 라인 트레이싱하기] 폴더에서 단계별로 완성한 파일을 참고하세요.

해결할 문제

문제를 해결하면서 프로그래밍 방법을 익혀 봅시다.

문제 01
컬러 센서값에 따라 지정 소리와 LED 색으로 알려 주기

문제 02
로봇이 전진하다가 검은색 선을 만나면 정지하기

문제 03
로봇이 세 번째 검은색 선에서 정지하기

문제 04
로봇이 회색 선을 따라 이동하다가 세 번째 검은색 선에서 정지하기

문제 05
로봇이 검은색 선을 따라 이동하다가 노란색을 만나면 정지하기

조립한 자동차 로봇에 다음과 같이 모터와 센서를 연결합니다.

서보 모터

- motorA: 미디엄 서보 모터 ← 물체 잡기
- motorB: 라지 서보 모터 ← 왼쪽 바퀴 연결
- motorC: 라지 서보 모터 ← 오른쪽 바퀴 연결
- motorD: –

△ 출력 포트

센서 및 버튼

- Sensor1: 버튼 ← 시작 기능의 버튼
- Sensor2: –
- Sensor3: 컬러 센서 ← 라인 주행 및 컬러 감지
- Sensor4: 초음파 센서 ← 물체 감지

△ 입력 포트

문제|01 컬러 센서값에 따라 지정 소리와 LED 색으로 알려 주도록 해 봅시다.

컬러 센서값을 읽어서 해당 컬러의 LED 색과 관련된 컬러 소리를 출력하는 프로그램을 작성하도록 합니다.

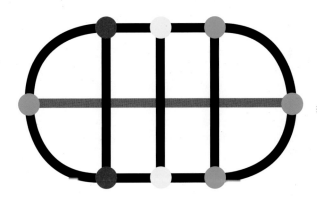

※ 컬러 센서를 주행 맵의 컬러에 가져다 대면 그에 해당하는 LED 색과 소리를 출력합니다. 단, ROBOTC에서 LED 색은 주황, 초록, 빨강만 있으므로 다른 컬러에서는 LED를 출력하지 않습니다.

 문제 해결 전략 세우기

1단계 컬러 센서로 컬러값 읽어 오기

2단계 컬러 센서값에 따라 지정한 LED 색과 소리를 출력하기

파이썬으로 프로그래밍하기

앞에서 설계한 문제 해결 방법대로 프로그래밍하여 미션을 해결합니다.

● 프로그래밍을 위한 사전 준비 ●

1. 컬러 모드에 따라 값 읽어 오기

컬러 센서의 모드를 ColorSensor 함수를 사용하여 변경할 수 있습니다.

> **[형식]** cs = ColorSensor(Port.S3)   ← 포트 3에 연결된 컬러 센서를 cs란 이름으로 사용하기

• cs.color( ) ← color 센서를 컬러 모드로 사용 및 컬러 센서를 통해 측정한 센서값을 반환합니다. 이때 리턴값은 0부터 7 사이의 값을 반환합니다.

숫자	색상	숫자	색상	숫자	색상
0	None	1	Blue	2	Green
4	Yellow	5	White	6	Brown

• cs.reflection( ) ← color 센서를 반사광 모드로 사용 및 현재 측정하고 있는 표면이 빛에 반사되는 정도를 감지하여 0(어두움)~100(밝음) 사이의 값을 반환합니다.

• cs.ambient( ) ← color 센서를 주변광 모드로 사용 및 현재 측정하고 있는 컬러 센서 주변의 빛의 양의 감지하여 0(어두움) ~100(밝음) 사이의 값을 반환합니다.

2. 브릭에 저장된 소리 파일 출력하기

브릭에서는 다양한 소리 파일을 제공합니다.

> **[형식]** sound.file(file_name, volume = 100)

> **[예]**   brick.sound.file(SoundFile.HELLO) ← 저장되어 있는 HELLO 소리 출력하기

[제공되는 소리 파일들]

[Expressions] SHOUTING CHEERING CRYING OUCH LAUGHING_2 SNEEZING SMACK BOING BOO UH_OH SNORING KUNG_FU FANFARE CRUNCHING MAGIC_WAND LAUGHING_1

[Information] LEFT BACKWARDS RIGHT OBJECT COLOR FLASHING ERROR ERROR_ALARM DOWN FORWARD ACTIVATE SEARCHING TOUCH UP ANALYZE STOP DETECTED TURN START

[Communication] MORNING EV3 GO GOOD_JOB OKEY_DOKEY GOOD NO THANK_YOU YES GAME_OVER OKAY SORRY BRAVO GOODBYE HI HELLO MINDSTORMS LEGO FANTASTIC Movements SPEED_IDLE SPEED_DOWN SPEED_UP

[Color] BROWN GREEN BLACK WHITE RED BLUE YELLOW

[Mechanical] TICK_TACK HORN_1 BACKING_ALERT MOTOR_IDLE AIR_RELEASE AIRBRAKE RATCHET MOTOR_STOP HORN_2 LASER SONAR MOTOR_START

[Animals] INSECT_BUZZ_2 ELEPHANT_CALL SNAKE_HISS DOG_BARK_2 DOG_WHINE INSECT_BUZZ_1 DOG_SNIFF T_REX_ROAR INSECT_CHIRP DOG_GROWL SNAKE_RATTLE DOG_BARK_1 CAT_PURR

[Numbers] ZERO ONE TWO THREE FOUR FIVE SIX SEVEN EIGHT NINE TEN

[System] READY CONFIRM GENERAL_ALERT CLICK OVERPOWER

3. 브릭 LED 색 출력하기

브릭에서 제공하는 특정 LED 색을 출력하기 위해 Light 함수를 사용합니다.

[형식] light(컬러색)   ← 컬러색으로는 GREEN, RED, ORANGE가 있음.

[예]   brick.light(Color,RED)   ← 브릭의 빨간색 LED 켜기
             brick.light(Color,None)   ← 브릭의 LED 끄기

1단계 컬러 센서로 컬러값을 읽어 와 봅시다.

❶ sleep 함수를 사용하기 위해 가져오기를 추가한 후 3번 포트의 컬러 센서를 cs로 연결하고, 컬러 센서를 color 모드로 사용할 수 있도록 명령을 추가합니다.

프로그램
```
1  #!/usr/bin/env pybricks-micropython
2
3  from pybricks import ev3brick as brick
4  from pybricks.ev3devices import (Motor, TouchSensor, ColorSensor,
5                                   InfraredSensor, UltrasonicSensor, GyroSensor)
6  from pybricks.parameters import (Port, Stop, Direction, Button, Color,
7                                   SoundFile, ImageFile, Align)
8  from pybricks.tools import print, wait, StopWatch
9  from pybricks.robotics import DriveBase
10 from time import sleep            ← sleep 함수를 사용하기 위해 선언합니다.
11
12 # Write your program here
13 cs = ColorSensor(Port.S3)        ← 컬러 센서를 cs로 연결합니다.
14 cs.color()                       ← 컬러 센서를 color 모드로 사용합니다.
15 sleep(0.3)                       ← 컬러 모드가 변경될 동안 0.3초 기다립니다.
```

❷ 컬러 센서값을 계속 읽어 ncol 변수에 저장하는 명령을 추가합니다.

프로그램
```
12 # Write your program here
13 cs = ColorSensor(Port.S3)
14 cs.color()
15 sleep(0.3)
16
17 while 1:
18     ncol = cs.color()            ← cs 컬러 센서의 컬러값을 읽어 ncol에 저장합니다.
19     brick.display.text(ncol)     ← 브릭 화면에 ncol값을 출력합니다.
```

ncol값에 따라 해당되는 컬러 소리와 출력 가능한 LED 색이 있으면 출력하는 명령을 추가합니다.

프로그램

```
17   while 1:
18       ncol = cs.color()
19       brick.display.text(ncol)
20
21       if ncol == 1:
22           brick.light(None)
23           brick.sound.file(SoundFile.BLACK)
24           sleep(0.5)
25       elif ncol == 2:
26           brick.light(None)
27           brick.sound.file(SoundFile.BLUE)
28           sleep(0.5)
29       elif ncol == 3:
30           brick.light(Color.GREEN)
31           brick.sound.file(SoundFile.GREEN)
32           sleep(0.5)
33       elif ncol == 4:
34           brick.light(None)
35           brick.sound.file(SoundFile.YELLOW)
36           sleep(0.5)
37       elif ncol == 5:
38           brick.light(Color.RED)
39           brick.sound.file(SoundFile.RED)
40           sleep(0.5)
41       elif ncol == 6:
42           brick.light(None)
43           brick.sound.file(SoundFile.WHITE)
44           sleep(0.5)
45       else:
46           brick.light(None)
```

21~24: 컬러값이 1(검정)이면 LED를 끄고, Black 소리 파일을 출력합니다.
25~28: 컬러값이 2(파랑)이면 LED를 끄고, Blue 소리 파일을 출력합니다.
29~32: 컬러값이 3(초록)이면 LED를 Green으로 정하고, Green 소리 파일을 출력합니다.
33~36: 컬러값이 4(노랑)이면 LED를 끄고, Yellow 소리 파일을 출력합니다.
37~40: 컬러값이 5(빨강)이면 LED를 Red로 정하고, Red 소리 파일을 출력합니다.
41~44: 컬러값이 6(흰색)이면 LED를 끄고, White 소리 파일을 출력합니다.
45~46: 컬러값이 1~6이 아니면 LED를 끕니다.

실행하기 원하는 대로 프로그램이 동작하는지 실행해 봅시다.

프로그램 작성이 완료되면 F5 키를 눌러 프로그램을 실행하여 로봇이 제대로 동작하는지 확인합니다.

컬러 센서의 반사값(REFLECT) 모드를 이용하여 도로를 전진하다가 검은색 선을 만나면 정지하는 프로그램을 작성하도록 합니다.

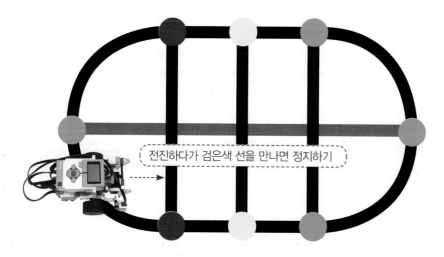

전진하다가 검은색 선을 만나면 정지하기

 문제 해결 전략 세우기

1단계 반사값 모드로 변경하기

2단계 전진하다가 검은색 선이 감지되면 로봇 정지하기

파이썬으로 프로그래밍하기

앞에서 설계한 문제 해결 방법대로 프로그래밍하여 미션을 해결합니다.

• 프로그래밍을 위한 사전 준비 •

브릭의 컬러 센서 모드를 반사값(REFLECT) 모드로 변경하고, 검은색 선일 때와 흰색 선일 때의 값을 측정하여 검은색 선을 감지할 경우의 기준값을 정해 놓도록 합니다.

• [Robot] – [Motors and Sensors Setup] 메뉴를 선택하여 다음과 같은 작업을 진행합니다.

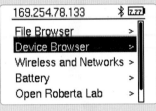
❶ 브릭 메뉴에서 [Device Brower] 선택

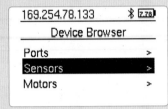
❷ [Sensors] 선택

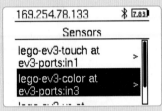
❸ [lego-ev3-color at ev3-ports:in3] 선택

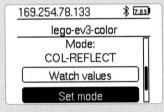
❹ 아래 [Set mode] 선택

❺ [COL-REFLECT] 선택

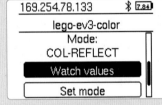
❻ [Watch values] 선택

❼ 흰색 부분의 컬러 반사값을 확인합니다. [예] 85
❽ 검은색 부분의 컬러 반사값을 확인합니다. [예] 15
❾ 기준값 정하기: 일반적으로 계산식 (검은색 감지값 + 흰색 감지값)/2를 적용합니다. [예] (85+15)/2 = 50
　 따라서 정한 기준값은 50입니다.

1단계 반사값 모드로 변경해 봅시다.

　포트 3번의 컬러 센서를 cs에 연결하고, cs 컬러 센서를 반사값 모드로 설정합니다. 앞에서 설정한 50을 경계값 변수 ngp에 저장합니다.

프로그램

```
1  #!/usr/bin/env pybricks-micropython
2
3  from pybricks import ev3brick as brick
4  from pybricks.ev3devices import (Motor, TouchSensor, ColorSensor,
5                                   InfraredSensor, UltrasonicSensor, GyroSensor)
6  from pybricks.parameters import (Port, Stop, Direction, Button, Color,
7                                   SoundFile, ImageFile, Align)
```

```
 8  from pybricks.tools import print, wait, StopWatch
 9  from pybricks.robotics import DriveBase
10  from time import sleep
11
12  # Write your program here
13  ml = Motor(Port.B)
14  mr = Motor(Port.C)
15  cs = ColorSensor(Port.S3)
16  cs.reflection()
17  sleep(0.3)
18  ngp = 50
```

15: 포트 3번의 컬러 센서를 cs에 연결합니다.
16~17: cs 컬러 센서를 반사값 모드로 변경하고, 0.3초 기다립니다.
18: 앞에서 설정한 흰색과 검은색의 경계값인 50을 ngp 변수에 저장합니다.

2단계 전진하다가 검은색 선이 감지되면 로봇의 움직임을 정지해 봅시다.

cs 컬러 센서값을 계속 확인하면서 경계값인 50보다 작으면 양쪽 모터를 정지하는 명령을 추가합니다.

프로그램

```
12  # Write your program here
13  ml = Motor(Port.B)
14  mr = Motor(Port.C)
15  cs = ColorSensor(Port.S3)
16  cs.reflection()
17  sleep(0.3)
18  ngp = 50
19
20  while 1:
21      if cs.reflection() <= ngp:
22          ml.stop()
23          mr.stop()
24      else :
25          ml.run(150)
26          mr.run(150)
```

21~23: cs 컬러 센서의 반사값이 ngp값(50) 이하이면 ml 모터와 mr 모터를 정지합니다.
24~26: cs 컬러 센서의 반사값이 ngp값(50)보다 크면 양쪽 모터를 150의 출력값으로 전진합니다.

실행하기 원하는 대로 프로그램이 동작하는지 실행해 봅시다.

프로그램 작성이 완료되면 F5 키를 눌러 프로그램을 실행하여 로봇이 제대로 동작하는지 확인합니다.

문제 03 로봇이 세 번째 검은색 선에서 정지해 봅시다.

컬러 센서의 반사값(REFLECT) 모드를 이용하여 전진하다가 세 번째 검은색 선을 만나면 정지하는 프로그램을 작성하도록 합니다.

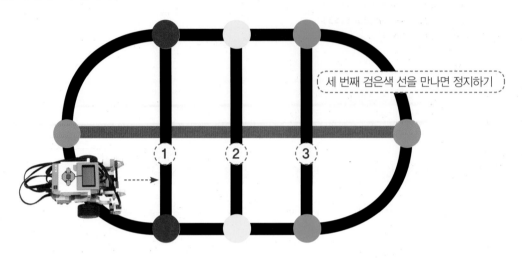

세 번째 검은색 선을 만나면 정지하기

문제 해결 전략 세우기

1단계 전진하다가 검은색 선이 감지되면 로봇 정지하기

2단계 세 번째 검은색 선이면 정지하고, 아니면 [1단계]를 반복하기

파이썬으로 프로그래밍하기

앞에서 설계한 문제 해결 방법대로 프로그래밍하여 미션을 해결합니다.

1단계 전진하다가 검은색 선이 감지되면 로봇의 움직임을 정지해 봅시다.

❶ 포트 3번의 컬러 센서를 cs에 연결하고, cs 컬러 센서를 반사값 모드로 설정합니다. 그리고 앞에서 설정한 50을 경계값 변수 ngp에 저장합니다.

프로그램

```
1   #!/usr/bin/env pybricks-micropython
2
3   from pybricks import ev3brick as brick
4   from pybricks.ev3devices import (Motor, TouchSensor, ColorSensor,
5                                    InfraredSensor, UltrasonicSensor, GyroSensor)
6   from pybricks.parameters import (Port, Stop, Direction, Button, Color,
7                                    SoundFile, ImageFile, Align)
8   from pybricks.tools import print, wait, StopWatch
9   from pybricks.robotics import DriveBase
10  from time import sleep
11
12  # Write your program here
13  ml = Motor(Port.B)
14  mr = Motor(Port.C)
15  cs = ColorSensor(Port.S3)
16  cs.reflection()
17  sleep(0.3)
18  ngp = 50
19  count = 0
```

16~17 ← cs 컬러 센서를 반사값 모드로 변경하고, 0.3초 기다립니다.

18 ← 앞에서 설정한 흰색과 검은색의 경계값 50을 ngp 변수에 저장합니다.

19 ← 라인을 카운트할 count 변수를 선언하고, 0으로 초기화합니다.

❷ cs 컬러 센서값을 계속 확인하면서 경계값인 50보다 작으면 양쪽 모터를 정지하는 명령을 추가합니다. 이때 검은색 선을 만나면 검은색 선을 빠져 나가서 정지하는 명령을 추가합니다.

프로그램

```
12  # Write your program here
13  ml = Motor(Port.B)
14  mr = Motor(Port.C)
15  cs = ColorSensor(Port.S3)
16  cs.reflection()
17  sleep(0.3)
18  ngp = 50
19  count = 0
20
21  while 1:
22      if cs.reflection() <= ngp:
23          while 1:
24              if cs.reflection() > ngp:
25                  break
```

```
26          ml.stop()
27          mr.stop()
28      else :
29          ml.run(150)
30          mr.run(150)
```

22: 만약 cs 컬러 센서의 반사값이 ngp값(50) 이하이면 23~27행을 실행합니다.
23~25: cs 컬러 센서의 반사값이 ngp값(50)보다 커질 때까지 반복문을 이용하여 기다립니다.
26~27: 양쪽 모터를 정지합니다.
28~30: cs 컬러 센서의 반사값이 ngp값(50)보다 크면 양쪽 모터를 150의 출력값으로 전진합니다.

2단계 세 번째 검은색 선이면 정지하고, 아니면 [1단계]를 반복해 봅시다.

count값을 이용하여 검은색 선을 만날 때마다 count값을 1 증가하고, count값이 3이 되면 반복문을 종료하는 명령을 추가합니다.

프로그램
```
21   while 1:
22       if cs.reflection() <= ngp:
23           while 1:
24               if cs.reflection() > ngp:
25                   break
26           ml.stop()
27           mr.stop()
28
29           count = count +1
30           if count == 3:
31               break
32       else :
33           ml.run(150)
34           mr.run(150)
```

29: count값을 1 증가합니다.
30~31: count값이 3이면 검은색 선을 세 번 만난 것이므로 반복문을 종료합니다.

실행하기 원하는 대로 프로그램이 동작하는지 실행해 봅시다.

프로그램 작성이 완료되면 F5 키를 눌러 프로그램을 실행하여 로봇이 제대로 동작하는지 확인합니다.

컬러 센서의 반사값(REFLECT) 모드를 이용하여 회색 선을 따라 이동하다가 세 번째 검은색 선을 만나면 정지하는 프로그램을 작성하도록 합니다.

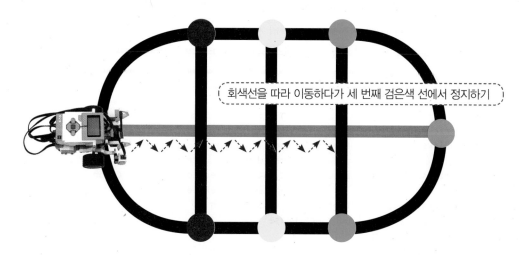

회색선을 따라 이동하다가 세 번째 검은색 선에서 정지하기

 문제 해결 전략 세우기

1단계 로봇이 회색 선을 따라 이동하기

2단계 로봇이 세 번째 검은색 선을 만나면 정지하기

● 프로그래밍을 위한 사전 준비(공통) ●

로봇이 한 개의 컬러 센서로 선을 따라 이동하기 위해서는 지그재그 방식을 가장 많이 사용합니다. 선을 감지하면 선 바깥쪽으로 회전하고, 선을 감지하지 않으면 선 안쪽으로 회전을 반복하면서 선을 따라 움직이게 됩니다.

브릭이 컬러 센서 모드를 반사값 모드로 변경하고 회색 선의 값을 측정하여 기준값을 정합니다. 회색 선, 검은색 선, 흰색 영역의 기준을 지정하도록 합니다.

회색 선의 컬러 반사값 확인	**[예]** 40
회색 선 기준값	**[예]** 50(회색 선과 흰색의 경계)
검은색 선의 기준값	**[예]** 20(검은색 선과 회색 선의 경계)

앞에서 설계한 문제 해결 방법대로 프로그래밍하여 미션을 해결합니다.

1단계 로봇이 회색 선을 따라 이동해 봅시다.

❶ 포트 3번의 컬러 센서를 cs에 연결하고, cs 컬러 센서를 반사값 모드로 설정합니다. 그리고 검은색 선의 경계값 ngpb와 회색 선의 경계값 ngpg 변수들을 만들고, 초깃값을 20과 50으로 각각 설정합니다.

프로그램
```
1   #!/usr/bin/env pybricks-micropython
2
3   from pybricks import ev3brick as brick
4   from pybricks.ev3devices import (Motor, TouchSensor, ColorSensor,
5                                    InfraredSensor, UltrasonicSensor, GyroSensor)
6   from pybricks.parameters import (Port, Stop, Direction, Button, Color,
7                                    SoundFile, ImageFile, Align)
8   from pybricks.tools import print, wait, StopWatch
9   from pybricks.robotics import DriveBase
10  from time import sleep
11  import threading                    ← 스레드를 사용하기 위해 선언합니다.
12
13  # Write your program here
14  ml = Motor(Port.B)
15  mr = Motor(Port.C)
16  cs = ColorSensor(Port.S3)
17  ncol = cs.reflection()              ← cs 컬러 센서를 반사값 모드로 변경하고 0.3초 기다립니다.
18  sleep(0.3)
19  ngpb = 20                           ← 앞에서 설정한 검은색 선의 경계값인 20을 ngpb 변수에 저장합니다.
20  ngpg = 40                           ← 앞에서 설정한 회색 선의 경계값인 40을 ngpg 변수에 저장합니다.
21  count = 0                           ← 검은색 라인을 카운트할 count 변수를 선언하고 0으로 초기화합니다.
```

❷ cs 컬러 센서의 반사값을 ncol 전역 변수에 계속 저장하는 color_result 함수를 만듭니다.

프로그램
```
13  # Write your program here
14  def color_result():                 ← cs 컬러 센서의 반사값을 ncol에 계속 저장하는 color_result 함수를 만듭니다.
15      global ncol                     ← ncol을 전역 변수로 사용합니다.
16      while 1:
17          ncol = cs.reflection()      ← cs 컬러 센서의 반사값을 ncol에 계속 저장합니다.
18
19  ml = Motor(Port.B)
20  mr = Motor(Port.C)
21  cs = ColorSensor(Port.S3)
22  ncol = cs.reflection()
23  sleep(0.3)
24  ngpb = 20
25  ngpg = 40
26  count = 0
```

❸ line_go 함수를 만들고 컬러 센서의 반사값이 40보다 크면 좌회전 후 전진, 아니면 우회전 후 전진하
는 명령을 추가합니다. 그리고 스레드로 ling_go 함수를 호출하는 명령도 추가합니다.

```
13   # Write your program here
14   def color_result():
15       global ncol
16       while 1:
17           ncol = cs.reflection()
18
19   def line_go():
20       while 1:
21           if ncol >= ngpg:
22               ml.run(100)
23               mr.run(200)
24           else:
25               ml.run(200)
26               mr.run(100)
```

19: line_go 함수를 선언합니다.
21~26: cs 컬러 센서의 반사값이 회색 선 경계값인 ngpg(40) 이상이면 좌회전하고 아니면 우회전합니다.

❹ 스레드로 color_result 함수와 line_go 함수를 호출하는 명령을 추가합니다.

프로그램

```
28   ml = Motor(Port.B)
29   mr = Motor(Port.C)
30   cs = ColorSensor(Port.S3)
31   ncol = cs.reflection()
32   sleep(0.3)
33   ngpb = 20
34   ngpg = 40
35   count = 0
36
37   t1 = threading.Thread(target=color_result)
38   t1.start()
39   t2 = threading.Thread(target=line_go)
40   t2.start()
```

37~38: color_result 함수 스레드로 시작합니다.
39~40: line_go 함수 스레드로 시작합니다.

cs 컬러 센서값이 20보다 작으면 검은색 선을 만난 것이므로 count값을 1 증가하고, count값이 3이 되면 스레드를 종료하고, 로봇도 정지한 후 프로그램을 종료하는 명령을 추가합니다.

프로그램

```
37   t1 = threading.Thread(target=color_result)
38   t1.start()
39   t2 = threading.Thread(target=line_go)
40   t2.start()
41
42   while 1:
43       if ncol <= ngpb:
44           while 1:
45               if ncol > ngpb:
46                   break
47           count = count + 1
48           if count == 3:
49               t1.stop()
50               t2.stop()
51               ml = stop()
52               mr = stop()
53               break
```

43~46: ncol값이 ngpb 이하이면 로봇이 검은색 선에 닿은 것이므로 검은색 선을 벗어날 때까지 기다립니다.
47: 검은색 선을 만나면 count값을 1 증가합니다.
48~53: count값이 3이면 스레드 t1과 t2를 종료하고, 양쪽 모터를 정지한 후 반복문을 벗어납니다.

실행하기 원하는 대로 프로그램이 동작하는지 실행해 봅시다.

프로그램 작성이 완료되면 F5 키를 눌러 프로그램을 실행하여 로봇이 제대로 동작하는지 확인합니다.

컬러 센서의 컬러 모드를 이용하여 검은색 선을 따라 이동하다가 노란색을 감지하면 정지하는 프로그램을 작성하도록 합니다.

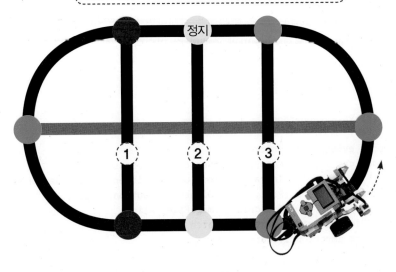

검은색 선을 따라 이동하다가 노란색을 만나면 정지하기

정지

① ② ③

문제 해결 전략 세우기

1단계 로봇이 검은색 선을 따라 이동하기(흰색으로 구분하기)

2단계 로봇이 노란색을 만나면 정지하기

앞에서 설계한 문제 해결 방법대로 프로그래밍하여 미션을 해결합니다.

1단계 **로봇이 검은색 선을 따라 이동하도록 해 봅시다.**

컬러 센서를 컬러 모드로 설정하면 검은색 선을 따라 이동할 수 있습니다. 하지만 선에 다른 색들이 걸쳐 있으므로 잘못하면 선을 이탈할 수 있습니다. 이에 흰색을 감지하면 왼쪽으로 전진하고, 아니면 오른쪽으로 전진하도록 하면 더 안전하게 검은색 선을 따라 주행할 수 있습니다. 흰색을 기준으로 선을 이동하는 프로그램을 작성합니다.

프로그램

```
1   #!/usr/bin/env pybricks-micropython
2
3   from pybricks import ev3brick as brick
4   from pybricks.ev3devices import (Motor, TouchSensor, ColorSensor,
5                                    InfraredSensor, UltrasonicSensor, GyroSensor)
6   from pybricks.parameters import (Port, Stop, Direction, Button, Color,
7                                    SoundFile, ImageFile, Align)
8   from pybricks.tools import print, wait, StopWatch
9   from pybricks.robotics import DriveBase
10  from time import sleep
11
12  # Write your program here
13  ml = Motor(Port.B)
14  mr = Motor(Port.C)
15  cs = ColorSensor(Port.S3)
16  cs.color()
17  sleep(0.3)
18
19  while 1:
20      if cs.color() == 6:
21          ml.run(0)
22          mr.run(300)
23      else:
24          ml.run(300)
25          mr.run(0)
```

16~17: cs 컬러 센서를 컬러 모드로 사용합니다.
20~22: 컬러값이 6(흰색)이면 좌측으로 전진합니다.
23~25: 컬러값이 6(흰색)이 아니면 우측으로 전진합니다.

2단계 로봇이 노란색을 만나면 정지하도록 해 봅시다.

노란색의 컬러값이 4이므로 만약 컬러값이 4이면 로봇의 움직임을 정지하고, 종료하는 명령을 추가합니다.

프로그램

```
12   # Write your program here
13   ml = Motor(Port.B)
14   mr = Motor(Port.C)
15   cs = ColorSensor(Port.S3)
16   cs.color()
17   sleep(0.3)
18
19   while 1:
20       if cs.color() == 4:
21           ml.stop(0)
22           mr.stop(0)
23           break
24       if cs.color() == 6:
25           ml.run(0)
26           mr.run(300)
27       else:
28           ml.run(300)
29           mr.run(0)
```

20~23: 컬러값이 4(노란색)이면 정지하고, 반복문을 벗어납니다.

실행하기 원하는 대로 프로그램이 동작하는지 실행해 봅시다.

프로그램 작성이 완료되면 F5 키를 눌러 프로그램을 실행하여 로봇이 제대로 동작하는지 확인합니다.

이번 단원에서는 무엇을 배우나요?

EV3 기본 코어 세트(45544)를 이용하여 7개의 다양한 하드웨어를 만들고, 프로그래밍을 통해 각 로봇이 주어진 문제를 해결하는 방법에 대해 알아봅니다.

준비 도구

| EV3 45544 세트 |

| 파이썬 프로그램 |

| Visual Studio Code 프로그램 |

| LDD 프로그램 |

➡ 파이썬 소스 파일 및 조립도, 동영상 파일 제공: 삼양미디어 홈페이지(http://www.samyangm.com)의 [고객센터] – [자료실]에 올린 파일을 내려받아서 사용하세요.

C·H·A·P·T·E·R

01

프로젝트 ★ 1

줄넘기 로봇 만들기

시작 버튼을 누르면 모터를 이용하여 줄이 돌아가고, 점프 버튼을 누르면 로봇이 줄을 넘는 동작을 하는 줄넘기 로봇을 만들어 봅시다.

완성된 로봇

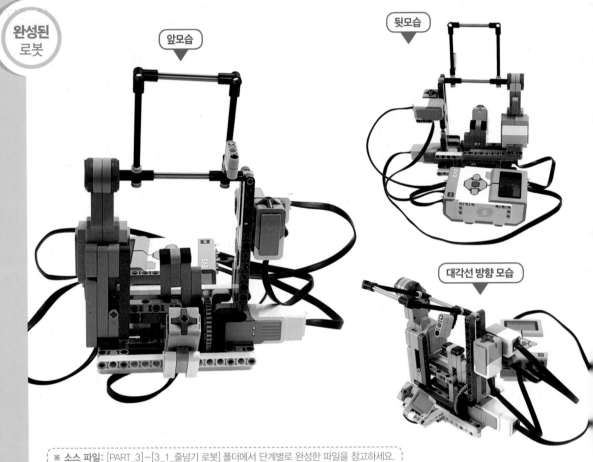

앞모습

뒷모습

대각선 방향 모습

※ **소스 파일:** [PART_3]-[3_1_줄넘기 로봇] 폴더에서 단계별로 완성한 파일을 참고하세요.

해결할 문제

작은 문제로 나누어서 해결합니다.

문제 01	문제 02	문제 03	문제 04	문제 05
점프하기	줄 돌리기	줄 넘은 횟수 세기	줄 걸림 확인하기	줄 돌림 난이도 조절하기

줄넘기 로봇을 조립해 봅시다.

❶ 먼저 LDD 조립도 프로그램을 실행하여 다음과 같이 7개의 모듈을 만들어 놓습니다.

모듈 1

모듈 2

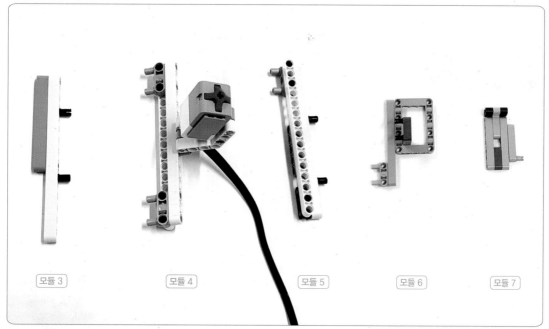
모듈 3 모듈 4 모듈 5 모듈 6 모듈 7

※ 모듈1 : 축 길이에는 7칸 2개, 10칸 2개 블록을 사용합니다.

※ 제공한 [창작 조립도]–[PART_3] 폴더에서 '03_01_미니 줄넘기01.lxf' ∼ '03_01_미니 줄넘기07.lxf' 조립도 파일을 하나씩 열어 모듈1 ∼ 모듈7 까지 조립하여 나열하도록 합니다.

❷ 먼저 모듈2 와 모듈7 을 가져온 후 두 모듈을 결합합니다. 이때 모듈7 은 뒤집어서 사용합니다.

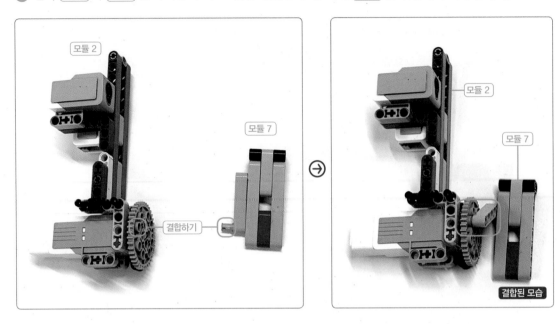

❸ 모듈1 을 가져와 ❷에서 조립한 모듈에 결합합니다. 이때 모듈과 모듈 사이에 공백이 생기지 않도록 붙여 놓도록 합니다.

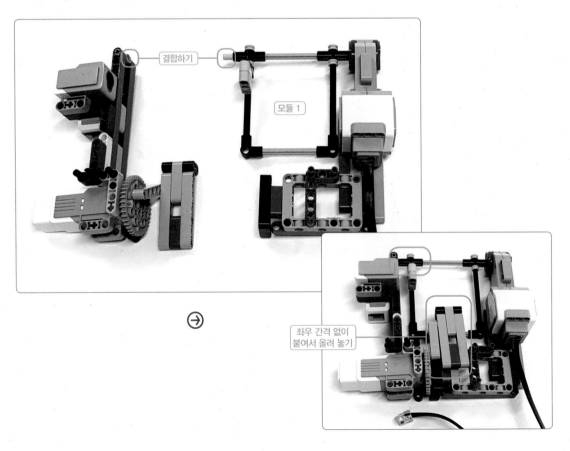

④ 이번에는 모듈3 을 가져와 다음과 같이 표시된 부분에 모듈을 결합합니다.

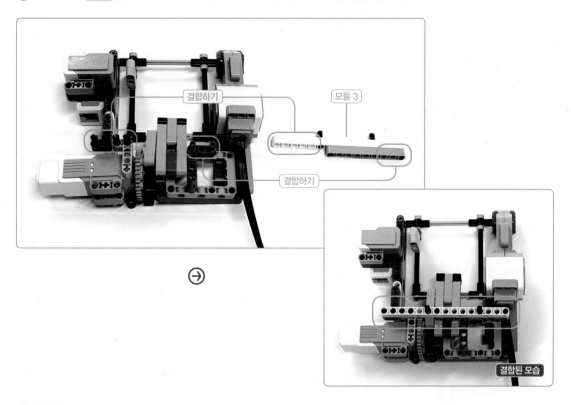

결합하기

모듈 3

결합하기

결합된 모습

⑤ 모듈5 를 가져와 다음과 같이 세워서 결합합니다.

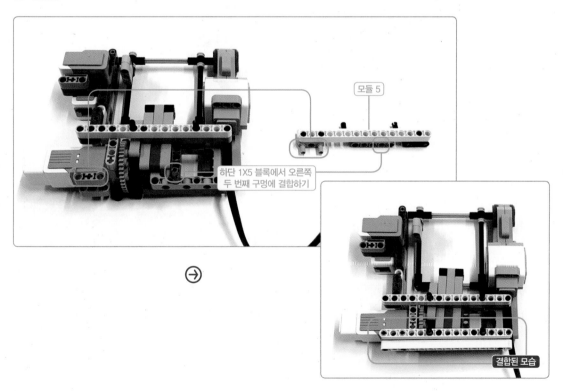

모듈 5

하단 1X5 블록에서 오른쪽
두 번째 구멍에 결합하기

결합된 모습

❻ 모듈6 을 가져온 후 다음과 같이 분리합니다.

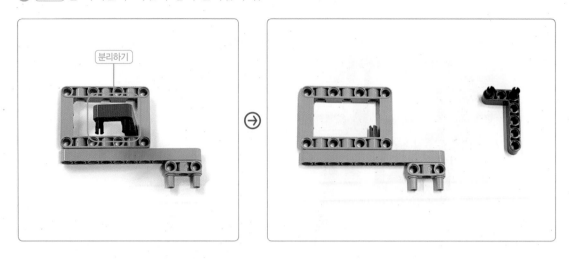

❼ ❺에서 조립한 모듈과 ❻에서 분리한 사각형 블록을 가져와 결합합니다.

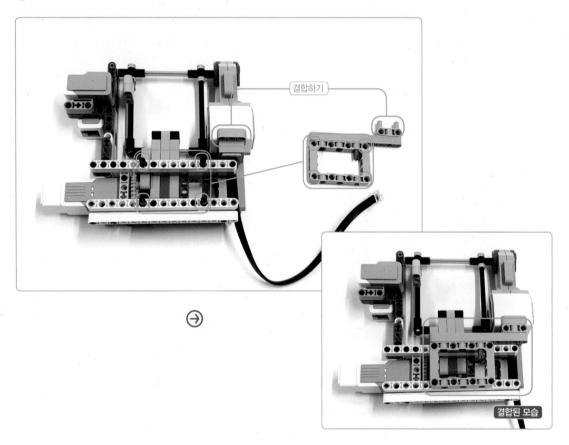

❽ 이번에는 'ㄱ'자 블록을 뒤집은 후 아랫부분을 세워서 다음과 같이 결합합니다.

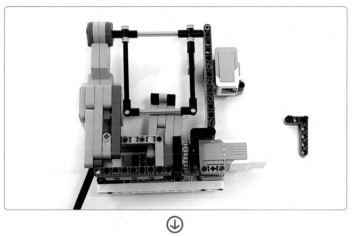

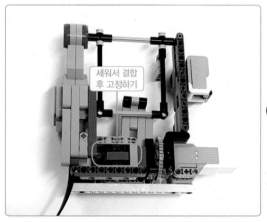

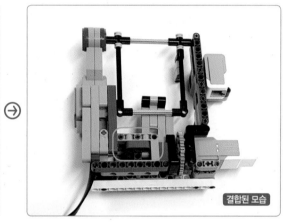

결합된 모습

9 **8**에서 조립한 모듈에 모듈4 를 가져와 다음과 같이 결합합니다.

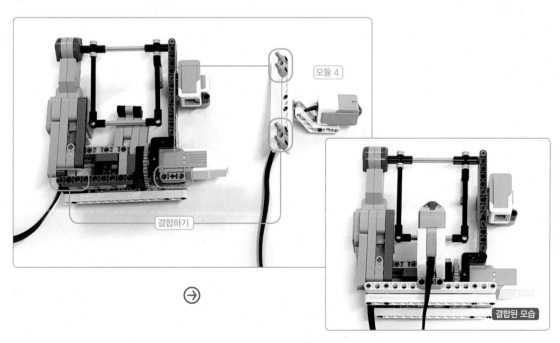

모듈 4

결합하기

결합된 모습

⑩ 완성된 모습은 다음과 같습니다.

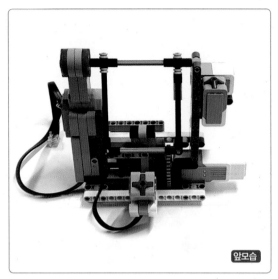

앞모습

대각선 방향 모습

2 >> 모터와 센서 연결하기

다음을 참고하여 선으로 모터와 센서를 연결합니다.

서보 모터

- motor A: 라지 서보 모터   ← 줄을 돌리는 부분의 라지 서보 모터
- motor B: 미디엄 서보 모터   ← 점프 기능의 레버를 올렸 다 내렸다 하는 미디엄 서보 모터
- motor C: –
- motor D: –

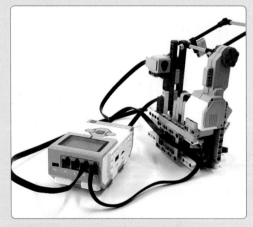

🔺 출력 포트

센서 및 버튼

- Sensor 1: –
- Sensor 2: 버튼   ← 시작 기능의 버튼
- Sensor 3: 컬러 센서   ← 줄 넘은 횟수 확인용 센서
- Sensor 4: 버튼   ← 점프 기능의 버튼

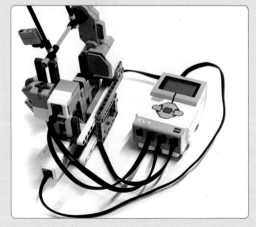

🔺 입력 포트

3 >> 문제 분석 및 문제 나누기

문제를 분석하여 아래와 같이 작은 문제로 나누어 봅니다.

1단계	2단계	3단계	4단계	5단계
점프하기	줄 돌리기	줄 넘은 횟수 세기	줄 걸림 확인하기	줄 돌림 난이도 조절하기

4 >> 작은 문제별 해결 전략 세우기

나눈 작은 문제들을 해결하려면 어떤 일을 해야 할지 아래와 같이 단계별로 해결 전략을 세웁니다.

1단계 점프하기
- 프로그램이 실행되면 레버 기능의 모터를 이용하여 레버가 올라간 상태로 시작합니다.
- 점프 버튼을 누르면 레버 기능의 모터를 내렸다가 올려 줄이 지나가도록 합니다.

2단계 줄 돌리기
시작 버튼을 누르면 줄넘기 줄이 뒤로 잠시 이동하여 시작을 알리고, 계속 줄을 앞으로 돌리도록 합니다.

3단계 줄 넘은 횟수 세기
컬러 센서(Sensor3)로 줄이 지나감을 감지하여 줄이 지나갈 때마다 줄 넘은 횟수를 1씩 더합니다.

4단계 줄 걸림 확인하기
- 컬러 센서(Sensor3)는 줄이 일정 시간 이상 계속 감지되면 걸린 것이라 판단하고 게임을 종료합니다.
- 현재 줄 넘은 횟수를 알려 주고, 현재 횟수가 가장 많이 넘은 횟수보다 더 크면 최곳값으로 변경합니다.

5단계 줄 돌림 난이도 조절하기
줄 넘은 횟수에 따라 줄을 돌리는 속도를 다음과 같이 지정합니다.
- 줄 넘은 횟수가 5번까지일 때: 속도를 200으로 적용하기
- 줄 넘은 횟수가 10번까지일 때: 속도를 250으로 적용하기
- 줄 넘은 횟수가 15번까지일 때: 속도를 300으로 적용하기
- 줄 넘은 횟수가 15번을 초과할 때: 속도를 랜덤으로 200~400 사이의 수로 변환하기

파이썬으로 프로그래밍하기

앞에서 설계한 문제 해결 방법대로 프로그래밍하여 미션을 해결합니다.

● 프로그래밍을 위한 사전 준비 ●

1. 센서와 모터 등의 이름 정하기

sleep과 스레드를 사용하기 위해 가져오기를 추가하고, 각 포트를 다음과 같이 연결합니다.
• 포트 A: 줄을 돌리는 모터이므로 'mRope'에 연결합니다.
• 포트 B: 점프하는 데 사용하는 모터이므로 'mJump'에 연결합니다.
• 포트 2: 시작 버튼으로 사용하기에 'bStart'에 연결합니다.
• 포트 3: 줄을 감지하는 컬러 센서로 'cCheck'에 연결합니다.
• 포트 4: 점프 버튼으로 'bJump'에 연결합니다.
아울러 현재 개수, 종료 확인, 최대 개수 변수를 추가합니다.

프로그램

```
1    #!/usr/bin/env pybricks-micropython
2
3    from pybricks import ev3brick as brick
4    from pybricks.ev3devices import (Motor, TouchSensor, ColorSensor,
5                                     InfraredSensor, UltrasonicSensor, GyroSensor)
6    from pybricks.parameters import (Port, Stop, Direction, Button, Color,
7                                     SoundFile, ImageFile, Align)
8    from pybricks.tools import print, wait, StopWatch
9    from pybricks.robotics import DriveBase
10   from time import sleep
11   import threading
12
13   # Write your program here
14   mRope = Motor(Port.A)
15   mJump = Motor(Port.B)
16   bStart = TouchSensor(Port.S2)
17   cCheck = ColorSensor(Port.S3)
18   bJump = TouchSensor(Port.S4)
19
20   cCheck.reflection()
21   sleep(0.3)
22   nCnt = 0
23   nEnd = 0
24   nMax = 0
```

9~10: sleep 함수와 time 함수를 사용하기 위해 추가합니다.
11: 스레드를 사용하기 위해 추가합니다.
14: 포트 A는 줄을 돌리는 모터로 mRope에 연결합니다.
15: 포트 B는 점프하는 모터로 mJump에 연결합니다.
16: 포트 2는 시작 버튼으로 bStart에 연결합니다.
17: 포트 3은 줄을 감지하는 컬러 센서로 cCheck에 연결합니다.
18: 포트 4는 점프 버튼으로 bJump에 연결합니다.
20~21: cCheck 컬러 센서를 반사값 모드로 사용합니다.
22: 현재 개수를 카운트할 nCnt 변수를 만들고, 0으로 초기화합니다.
23: 줄이 걸려 게임이 끝났는지 확인을 위한 nEnd 변수를 만들고, 0으로 초기화합니다.
24: 줄 돌린 최대 개수를 저장할 nMax 변수를 만들고, 0으로 초기화합니다.

2. 줄 넘는 컬러 센서값 확인하기

① 브릭에서 컬러 센서값 확인하기

브릭의 컬러 센서 모드를 반사값(REFLECT) 모드로 변경하고, 컬러 센서가 줄을 감지했을 때와 감지하지 못했을 때의 값을 확인합니다.

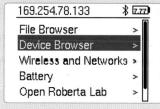

❶ 브릭 메뉴에서 [Device Browser] 선택

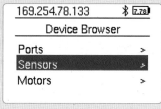
❷ [Sensors] 선택

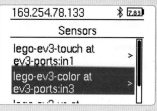
❸ [lego-ev3-color at ev3-ports:in3] 선택

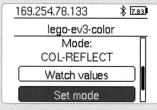
❹ [Set mode] 선택

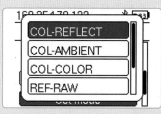
❺ [COL-REFLECT] 선택

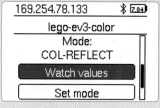
❻ [Watch values] 선택

❼ 흰색 부분의 컬러 반사값을 확인합니다. [예] 85
❽ 검은색 부분의 컬러 반사값을 확인합니다. [예] 15
❾ 기준값 정하기: 일반적으로 계산식 '(검은색 감지값 + 흰색 감지값)/2'를 적용합니다.
  [예] (85+15)/2 = 50 따라서 정한 기준값은 50입니다.

② 프로그램으로 컬러 센서값 확인하기

아래와 같이 프로그램을 작성하고, 화면에 출력되는 컬러 센서의 반사값을 확인합니다.

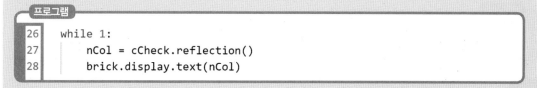

```
26    while 1:
27        nCol = cCheck.reflection()
28        brick.display.text(nCol)
```

[실행 결과 예]

줄을 감지하지 못했을 경우	줄을 감지했을 경우
0	6~24

※ 컬러 센서의 반사값이 0보다 큰 값을 인식했을 경우에는 줄을 감지했다고 판단합니다.

프로그램 실행 시 레버 기능의 모터를 이용하여 레버가 올라간 상태로 시작하고, 점프 버튼을 누르면 레버 기능의 모터를 내렸다가 올려 줄이 지나가도록 합니다.

> **해결 절차**
>
> **절차1** Jump 함수를 만들고, 점프 버튼(bJump)을 누르면 점프 모터(mJump)를 아래로 내렸다 올립니다.
>
> **절차2** 프로그램이 시작되면 점프 모터(mJump)를 위로 올립니다.
>
> **절차3** 시작 버튼(bStart)을 누르면 jump 함수를 스레드로 만들고 호출합니다.

절차1

❶ jump 함수를 만들고, 점프 버튼(bJump)이 눌리는지 계속 확인합니다. 만약 점프 버튼(bJump)이 눌리면 점프 모터(mJump)를 아래로 0.6초 동안 내렸다가 다시 올립니다.

프로그램

```
26    def jump():                              ← jump 함수를 정의합니다.
27        while 1:
28            if bJump.pressed() == True :
29                mJump.run(-800)              ← 점프 모터(mJump)를 −800의 출력값으로 0.6초간 내립니다.
30                sleep(0.6)
31                mJump.run(800)               ← 점프 모터(mJump)를 800의 출력값으로 0.6초간 올립니다.
32                sleep(0.6)
```

절차2

❷ 프로그램이 시작되면 점프 모터(mJump)를 800의 출력값으로 0.275초간 회전하여 위로 올린 상태로 시작합니다.

프로그램

```
34    mJump.run(800)
35    sleep(0.275)
```

절차3

❸ 시작 버튼(bStart)이 눌리는지 계속 확인하다가 시작 버튼(bStart)이 눌리면 "GO" 소리를 1초간 출력한 후 jump 함수를 스레드로 호출합니다.

프로그램

```
37    while 1:
38        if bStart.pressed() == True:          ← bStart 버튼이 눌리면 39~42행을 실행합니다.
39            brick.sound.file(SoundFile.GO)
40            sleep(1)                          ← "GO" 소리를 1초간 출력합니다.
41            t1 = threading.Thread(target=jump)
42            t1.start()                        ← jump 함수를 스레드로 호출합니다.
```

시작 버튼을 누르면 줄넘기 줄이 뒤로 잠시 이동하여 시작을 알리고, 계속 줄을 앞으로 돌립니다.

🏷 **해결 절차**

> **절차1** roping 함수를 만들고 줄을 잠시 뒤로 돌린 후, 200의 출력값으로 줄을 계속 회전합니다.

> **절차2** roping 함수를 스레드로 만들고 호출합니다.

절차1

❶ roping 함수를 만들고 함수가 시작되면 줄을 돌리는 모터(mRope)를 −600의 출력값으로 0.7초간 회전하여 뒤로 돌린 후, 계속 200의 출력값으로 회전하여 줄을 돌리는 명령을 추가합니다.

프로그램

```
26    def roping():          ← roping 함수를 정의합니다.
27        mRope.run(-600)     ⎫← 줄을 돌리는 모터(mRope)를 −600의 출력값으로 0.7초간 뒤로 회전합니다.
28        sleep(0.7)          ⎭
29        while 1:            ⎫← 줄을 돌리는 모터(mRope)를 200의 출력값으로 하여 앞으로 계속 회전합니다.
30            mRope.run(200)  ⎭
```

절차2

❷ roping 함수를 스레드로 만들고, roping 함수를 호출합니다.

프로그램

```
43    while 1:
44        if bStart.pressed() == True:
45            brick.sound.file(SoundFile.GO)
46            sleep(1)
47            t1 = threading.Thread(target=jump)
48            t1.start()
49            t2 = threading.Thread(target=roping)  ⎫←roping 함수를 스레드로 호출합니다.
50            t2.start()                             ⎭
```

컬러 센서(Sensor3)를 이용하여 줄이 지나감을 감지하고, 줄이 지나갈 때마다 줄을 넘은 횟수를 1씩 증가합니다.

🏷 **해결 절차**

> **절차1** count 함수를 만들고, 줄을 넘을 때마다 줄을 넘은 횟수(nCnt)를 1씩 증가합니다.

> **절차2** count 함수를 스레드로 만들고 호출한 후 줄을 넘은 횟수(nCnt)를 화면에 보여 줍니다.

❶ count 함수를 만들고 cCheck 컬러 센서에 줄이 감지되는지 계속 확인하여 줄이 감지되면 nCnt값을 1 증가하고, "BRAVO" 소리를 출력하는 명령을 추가합니다.

프로그램

```
26    def count():                              ← count 함수를 정의합니다.
27        global nCnt                           ← 전역 변수 nCnt를 선언합니다.
28        sleep(1.2)                            ← 처음 줄이 감지되지 않기 위해 1.2초간 기다립니다.
29        while 1:
30            if cCheck.reflection() > 0:       ← cCheck 컬러 센서에 줄이 감지되면 31~33행을 실행합니다.
31                nCnt = nCnt + 1               ← nCnt값을 1 증가합니다.
32                brick.sound.file(SoundFile.BRAVO) ┐
33                sleep(0.3)                        ┘ ← "BRAVO" 소리를 0.3초간 출력합니다.
```

절차2

❷ count 함수를 스레드로 만들고 count 함수를 호출한 후 브릭 화면에 현재 줄을 넘은 횟수(nCnt)를 출력하는 명령을 추가합니다.

프로그램

```
52    while 1:
53        if bStart.pressed() == True:
54            brick.sound.file(SoundFile.GO)
55            sleep(1)
56            t1 = threading.Thread(target=jump)
57            t1.start()
58            t2 = threading.Thread(target=roping)
59            t2.start()
60            t3 = threading.Thread(target=count)
61            t3.start()
62            while 1:
63                brick.display.clear()
64                brick.display.text("Count = " + str(nCnt), (10, 10))
```

60~61: count 함수를 스레드로 호출합니다.
63: 브릭 화면을 지웁니다.
64: 브릭 화면 (10, 10) 위치에 현재 줄을 넘은 횟수인 nCnt값을 출력합니다.

4단계 줄이 걸렸는지 확인해 봅시다.

컬러 센서(Sensor3)에 의해 줄이 일정 시간 이상 계속 감지되면 줄이 걸린 것으로 판단하고, 게임을 종료합니다. 이때 현재 줄을 넘은 횟수를 알려 주고, 이번에 넘은 횟수가 가장 많이 넘은 횟수보다 크면 최곳값을 이번 횟수로 변경합니다.

🔖 해결 절차

절차1 count 함수에서 컬러 센서로 줄이 계속 감지되면 줄 걸림을 알립니다.

절차2 줄 걸림을 알려 주면 현재 줄을 넘은 횟수를 기록합니다.

❶ 기존 count 함수에서 cCheck 컬러 센서에 줄이 계속 감지되면 줄 걸림을 알리는 nEnd 변수에 1을
   저장하고, count 함수를 종료합니다.

프로그램

```
26    def count():
27        global nCnt
28        global nEnd
29        nEndCnt = 0
30        sleep(1.2)
31        while 1:
32            if cCheck.reflection() > 0:
33                nEndCnt = 0
34                while cCheck.reflection() > 0:
35                    nEndCnt = nEndCnt + 1
36                    if nEndCnt > 50:
37                        nEnd = 1
38                        return
39
40            nCnt = nCnt + 1
41            brick.sound.file(SoundFile.BRAVO)
42            sleep(0.3)
```

28: 줄 걸림을 알려 줄 전역 변수 nEnd를 사용합니다.
29: 줄 걸림을 확인할 nEndCnt 변수를 선언하고 0으로 초기화합니다.
33: nEndCnt값을 0으로 초기화합니다.
34~35: cCheck 컬러 센서에 줄 걸림이 계속 감지되면 nEndCnt값을 1씩 증가합니다.
36~38: 줄이 계속 걸려 nEndCnt값이 50보다 크면 줄이 걸렸다고 판단하여 nEnd값을 1로 변경하고, count 함수를 종료합니다.

❷ roping 함수에서도 nEnd값이 1이면 함수를 종료하는 명령을 추가합니다.

프로그램

```
44    def roping():
45        mRope.run(-600)
46        sleep(0.7)
47        while 1:
48            if nEnd == 1 :
49                return
50            mRope.run(200)
```

← nEnd값이 1이면 roping 함수를 종료합니다.

❸ jump 함수에서도 nEnd값이 1이면 해당 함수를 종료하는 명령을 추가합니다.

프로그램

```
52    def jump():
53        while 1:
54            if nEnd == 1 :
55                return          ← nEnd값이 1이면 jump 함수를 종료합니다.
56            if bJump.pressed() == True :
57                mJump.run(-800)
58                sleep(0.6)
59                mJump.run(800)
60                sleep(0.6)
```

절차2

❹ 만약 nEnd값이 1이 되어 줄 걸림이 확인되면, 현재 nCnt값이 nMax값보다 더 큰지 확인하여 nCnt 값이 더 크면 nMax값을 nCnt값으로 변경합니다. 그리고 브릭 화면에 nCnt값과 nMax값을 출력하고, "GAME_OVER" 소리를 2초간 출력합니다. 게임이 다시 시작될 수 있도록 nCnt값과 nEnd값을 0으로 초기화하고, 반복문을 종료합니다.

프로그램

```
75            while 1:
76                brick.display.clear()
77                brick.display.text("Count = " + str(nCnt), (10, 10))
78                brick.display.text("Max = "+ str(nMax), (10, 30))
79                if nEnd == 1:
80                    if nCnt > nMax:
81                        nMax = nCnt
82                    brick.display.clear()
83                    brick.display.text("Count = " + str(nCnt), (10, 10))
84                    brick.display.text("Max = "+ str(nMax), (10, 30))
85                    sleep(0.3)
86                    brick.sound.file(SoundFile.GAME_OVER)
87                    sleep(2)
88                    nCnt = 0
89                    nEnd = 0
90                    break
```

78: 브릭 화면에서 (10, 30) 위치에 nMax값을 출력합니다.
80~81: nCnt값이 nMax값보다 크면 nMax값을 nCnt값으로 변경합니다.
82~84: 브릭 화면을 지우고 (10,10) 위치에 nCnt값을, (10, 30) 위치에 nMax값을 출력합니다.
86~87: "GAME_OVER" 소리를 2초간 출력합니다.
88~89: 게임을 다시 시작하기 위해 nCnt값과 nEnd값을 0으로 초기화합니다.

줄을 넘은 횟수에 따라 줄을 돌리는 속도를 다음과 같이 조정합니다. 줄을 넘은 횟수가 5번까지는 속도를 200, 10번까지는 250, 15번까지는 300을 적용합니다. 그리고 15번을 초과하면 줄의 속도를 랜덤, 즉 임의의 값(200~400 사이의 수)으로 변경합니다.

❶ 기존 roping 함수에서 nCnt값이 5 이하이면 mRope를 200, 10 이하이면 250, 15 이하이면 300의 출력값으로 모터를 회전합니다.

프로그램

```
44    def roping():
45        mRope.run(-600)
46        sleep(0.7)
47        while 1:
48            if nEnd == 1 :
49                return
50            if nCnt <= 5 :        ← nCnt값이 5 이하이면 mRope를 200의 출력값으로 회전합니다.
51                mRope.run(200)
52            elif nCnt <= 10 :     ← nCnt값이 10 이하이면 mRope를 250의 출력값으로 회전합니다.
53                mRope.run(250)
54            elif nCnt <= 15 :     ← nCnt값이 15 이하이면 mRope를 300의 출력값으로 회전합니다.
55                mRope.run(300)
```

❷ 줄을 넘은 횟수인 nCnt값이 15를 넘으면 mRope 모터의 출력값을 임의의 수, 즉 200~400 사이의 수를 랜덤으로 생성하여 줄을 돌리는 속도를 1초 간격으로 변경합니다.

프로그램

```
44    def roping():
45        mRope.run(-600)
46        sleep(0.7)
47        while 1:
48            if nEnd == 1 :
49                return
50            if nCnt <= 5 :
51                mRope.run(200)
52            elif nCnt <= 10 :
53                mRope.run(250)
54            elif nCnt <= 15 :
55                mRope.run(300)
56            else :                        ← nCnt값이 15보다 크면 mRope 모터의 출력
57                mRope.run(200+random(200))     값을 200부터 400 사이의 수 중 하나를 랜덤
58                sleep(1)                       으로 생성하여 1초 간격으로 회전합니다.
```

```
1    #!/usr/bin/env pybricks-micropython
2
3    from pybricks import ev3brick as brick
4    from pybricks.ev3devices import (Motor, TouchSensor, ColorSensor,
5                                     InfraredSensor, UltrasonicSensor, GyroSensor)
6    from pybricks.parameters import (Port, Stop, Direction, Button, Color,
7                                     SoundFile, ImageFile, Align)
8    from pybricks.tools import print, wait, StopWatch
9    from pybricks.robotics import DriveBase
10   from time import sleep
11   import threading
12
13   # Write your program here
14   mRope = Motor(Port.A)
15   mJump = Motor(Port.B)
16   bStart = TouchSensor(Port.S2)
17   cCheck = ColorSensor(Port.S3)
18   bJump = TouchSensor(Port.S4)
19
20   cCheck.reflection()
21   sleep(0.3)
22   nCnt = 0
23   nEnd = 0
24   nMax = 0
25
26   def count():
27       global nCnt
28       global nEnd
29       nEndCnt = 0
30       sleep(1.2)
31       while 1:
32           if cCheck.reflection() > 0:
33               nEndCnt = 0
34               while cCheck.reflection() > 0:
35                   nEndCnt = nEndCnt + 1
36                   if nEndCnt > 50:
37                       nEnd = 1
38                       return
39
40               nCnt = nCnt + 1
41               brick.sound.file(SoundFile.BRAVO)
42               sleep(0.3)
43
44   def roping():
45       mRope.run(-600)
46       sleep(0.7)
47       while 1:
48           if nEnd == 1 :
49               return
50           if nCnt <= 5 :
51               mRope.run(200)
```

```
52          elif nCnt <= 10 :
53              mRope.run(250)
54          elif nCnt <= 15 :
55              mRope.run(300)
56          else :
57              mRope.run(200+random(200))
58              sleep(1)
59
60  def jump():
61      while 1:
62          if nEnd == 1 :
63              return
64          if bJump.pressed() == True :
65              mJump.run(-800)
66              sleep(0.6)
67              mJump.run(800)
68              sleep(0.6)
69
70  mJump.run(800)
71  sleep(0.275)
72
73  while 1:
74      if bStart.pressed() == True:
75          brick.sound.file(SoundFile.GO)
76          sleep(1)
77          t1 = threading.Thread(target=jump)
78          t1.start()
79          t2 = threading.Thread(target=roping)
80          t2.start()
81          t3 = threading.Thread(target=count)
82          t3.start()
83          while 1:
84              brick.display.clear()
85              brick.display.text("Count = " + str(nCnt), (10, 10))
86              brick.display.text("Max = "+ str(nMax), (10, 30))
87              if nEnd == 1:
88                  if nCnt > nMax:
89                      nMax = nCnt
90                  brick.display.clear()
91                  brick.display.text("Count = " + str(nCnt), (10, 10))
92                  brick.display.text("Max = "+ str(nMax), (10, 30))
93                  sleep(0.3)
94                  brick.sound.file(SoundFile.GAME_OVER)
95                  sleep(2)
96                  nCnt = 0
97                  nEnd = 0
98                  break
```

실행하기 원하는 대로 프로그램이 동작하는지 실행해 봅시다.

프로그램 작성이 완료되면 F5 키를 눌러 프로그램을 실행하여 로봇이 제대로 동작하는지 확인합니다.

프로젝트 ★ 2

02 움직이는 과녁판 로봇 만들기

C·H·A·P·T·E·R

움직이는 과녁판 로봇을 만들어 로봇이 넘어지면 점수가 올라가고 다시 자동으로 세웁니다.
또한 2단계로 과녁판이 좌우로 움직이도록 해 봅시다.

완성된 로봇

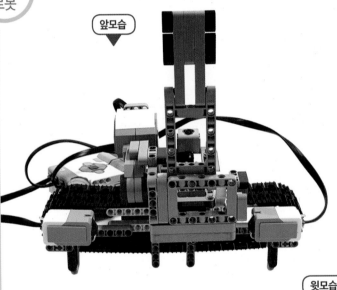

앞모습

뒷모습

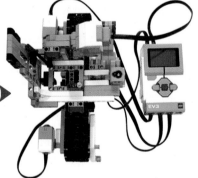

윗모습

※ **소스 파일**: [PART_3]-[3_2_움직이는 과녁판 로봇]에서 단계별
로 완성한 파일을 참고하세요.

해결할 문제

프로그램이 실행되면 [시간 모드]와 [점수 모드] 중 하나를 선택하여 실행합니다.

[시간 모드]를 선택한 경우

❶ 1, 2단계 시간을 버튼(한 번에 10초)으로 입력받기

❷ 1단계가 시작되고 정해진 시간 동안 과녁판이 넘어
질 때마다 점수를 1점 추가한 후 과녁판 올리기

❸ 2단계가 시작되고 정해진 시간 동안 과녁판이 좌우
로 움직이다 넘어지면 점수를 2점 추가하는 작업
반복하기

[점수 모드]를 선택한 경우

❶ 1단계에서 2단계로 이동하는 개수(과녁판을 넘어 트린 개수)를 버
튼으로 입력받기

❷ 1단계가 시작되고 과녁판이 넘어지면 점수를 1점 추가하고 과녁판
을 세우는 작업을 반복하다가 단계 점수가 되면 1단계를 종료하기

❸ 2단계가 시작되고 과녁판이 좌우로 움직이며, 과녁판을 넘어트릴
때마다 점수를 2점 추가하는 작업 반복하기

움직이는 과녁판 로봇을 만들어 봅시다.

❶ LDD 조립도 프로그램을 실행하여 아래와 같이 3개의 모듈을 만들어 놓습니다.

모듈 1

모듈 2

모듈 3

※ 모듈 1 : 12칸 1개, 9칸 1개, 모듈 2 : 9칸 1개, 모듈 3 : 10칸 1개, 3칸 1개를 사용합니다.

※ 제공한 [창작 조립도]─[PART_3] 폴더에서 '03_02_움직이는 과녁판01.lxf'∼'03_02_움직이는 과녁판03.lxf' 조립도 파일을 하나씩 열어 모듈 1 ∼ 모듈 3 까지 조립하여 나열하도록 합니다.

❷ 먼저 모듈 2 와 모듈 3 을 가져온 후, 양쪽에 표시된 부분을 서로 결합합니다.

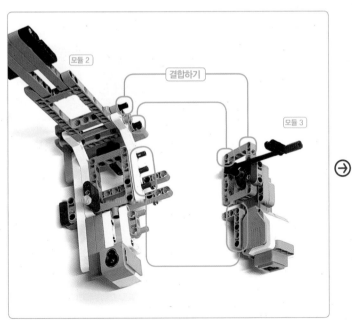

모듈 2

결합하기

모듈 3

결합된 모습

❸ 모듈1 과 ❷에서 결합한 모듈을 준비합니다.

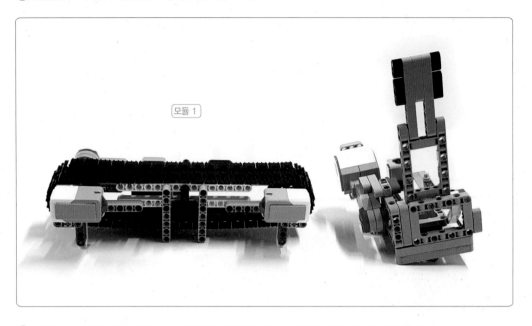

모듈1

❹ 결합된 모듈을 뒤집어서 바닥 부분을 확인한 후 모듈1 의 체인 위에 결합합니다.

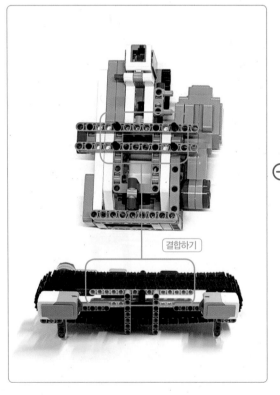

결합하기

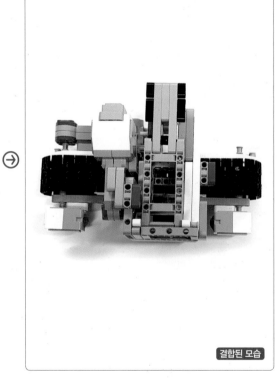

결합된 모습

⑤ 완성된 움직이는 과녁판 로봇을 바로 세웁니다.

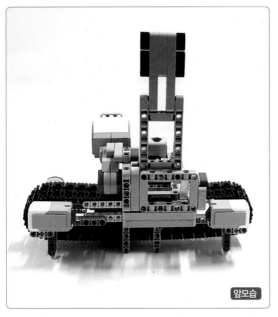

앞모습

뒷모습

2 >> 모터와 센서 연결하기

브릭에 다음과 같이 모터와 센서를 연결해 봅시다.

서보 모터

- motorA: 라지 서보 모터   ← 체인을 움직이는 서보 모터
- motorB: 라지 서보 모터   ← 과녁판을 올려 주는 서보 모터

- motorC: −
- motorD: −

센서 및 버튼

- Sensor1: 버튼   ← 왼쪽 눌림 버튼
- Sensor2: 버튼   ← 오른쪽 눌림 버튼
- Sensor3: 컬러 센서   ← 과녁판이 넘어졌는지 확인 하는 센서(반사값으로 사용)

- Sensor4: −

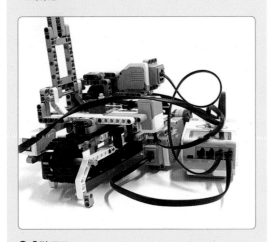

🔺 출력 포트

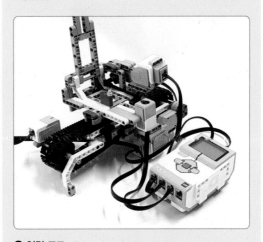

🔺 입력 포트

3 >> 문제 분석 및 문제 나누기

문제를 분석하여 아래와 같이 작은 문제로 나누어 봅니다.

1단계	**2단계**	**3단계**	**4단계**
모드(시간/점수) 선택하기	시간/점수 입력받기	시간/점수 동안 1단계 실행하기	시간/점수 동안 2단계 실행하기

4 >> 작은 문제별 해결 전략 세우기

나눈 작은 문제들을 어떻게 해결해야 할지 아래와 같이 단계별로 해결 전략을 세웁니다.

1단계
모드(시간/점수) 선택하기

프로그램이 실행되면 사용자에게 시간 또는 점수 중 무엇으로 1, 2단계를 진행할지의 여부를 좌우 버튼으로 입력받습니다. 이때 정해진 시간 동안 1, 2단계를 진행하려면 1번 시간 모드인 왼쪽 버튼을 누르고, 점수에 도달하면 다음 단계로 이동하기 위해 2번 점수 모드인 오른쪽 버튼을 누릅니다.

2단계
시간/점수 입력받기

[시간 모드]를 선택한 경우
- 왼쪽 버튼을 눌러 단계별 지속할 시간을 결정합니다.
- 처음 10초를 기본으로 왼쪽 버튼을 한 번 누를 때마다 10초씩 증가하고, 오른쪽 버튼을 누르면 시간 설정을 완료합니다.

[점수 모드]를 선택한 경우
- 왼쪽 버튼을 눌러 다음 단계로 넘어갈 점수를 결정합니다.
- 처음 1점을 기본으로 왼쪽 버튼을 누를 때마다 1점씩 올라가며, 오른쪽 버튼을 누르면 점수 설정을 완료합니다.

3단계
시간/점수 동안 1단계 실행하기

[시간 모드]를 선택한 경우
- 시간 측정을 시작하고 화면에 현재 점수, 진행 시간, 종료 시간을 보여 줍니다.
- 컬러 센서의 반사값을 이용하여 과녁판이 넘어지는지 확인하면서 정해진 시간 동안 과녁판이 넘어질 때마다 점수를 1점 증가하고 과녁판을 다시 올립니다.

[점수 모드]를 선택한 경우
- 시간 측정을 시작하고 화면에 현재 점수, 종료 점수, 진행 시간을 보여 줍니다.
- 컬러 센서의 반사값을 이용하여 과녁판이 넘어지는지 확인하면서 종료 점수가 되는 동안 과녁판이 넘어질 때마다 점수를 1점 증가하고 과녁판을 다시 올립니다.

4단계
시간/점수 동안 2단계 실행하기

[시간 모드]를 선택한 경우
- 2단계가 시작되면 정해진 시간 동안 과녁판은 좌우로 움직임을 반복합니다.
- 새롭게 시간 측정을 시작하고 화면에 현재 점수, 진행 시간, 종료 시간을 보여 줍니다.
- 컬러 센서의 반사값을 이용하여 과녁판이 넘어지는지 확인하면서 정해진 시간 동안 과녁판이 넘어지면 점수를 2점 증가하고 과녁판은 다시 올라오는 작업을 반복합니다.

[점수 모드]를 선택한 경우
- 2단계가 시작되면 종료 점수가 될 때까지 과녁판은 좌우로 움직임을 반복합니다.
- 화면에 현재 점수, 종료 점수, 진행 시간을 보여 주며 컬러 센서의 반사값을 이용하여 과녁판이 넘어지는지 확인하면서 종료 점수가 될 때까지 과녁판이 넘어지면 점수를 2점 증가하고 과녁판은 다시 올라오는 작업을 반복합니다.

파이썬으로 프로그래밍하기

앞에서 설계한 문제 해결 방법대로 프로그래밍하여 미션을 해결합니다.

● 프로그래밍을 위한 사전 준비 ●

1. 센서와 모터 등의 이름 정하기

sleep과 스레드를 사용하기 위해 가져오기를 추가하고, 각 포트를 다음과 같이 연결합니다.

- 포트 A: 체인을 돌리는 모터이므로 'move'에 연결합니다.
- 포트 B: 과녁판을 올리는 데 사용하는 모터이므로 'up'에 연결합니다.
- 포트 1: 왼쪽 감지용 버튼으로 'bl'에 연결합니다.
- 포트 2: 오른쪽 감지용 버튼으로 'br'에 연결합니다.
- 포트 3: 과녁판이 넘어짐을 감지하는 컬러 센서로 'cdown'에 연결합니다.

그리고 현재 모드를 저장할 select 변수를 추가합니다.

프로그램

```
1    #!/usr/bin/env pybricks-micropython
2
3    from pybricks import ev3brick as brick
4    from pybricks.ev3devices import (Motor, TouchSensor, ColorSensor,
5                                     InfraredSensor, UltrasonicSensor, GyroSensor)
6    from pybricks.parameters import (Port, Stop, Direction, Button, Color,
7                                     SoundFile, ImageFile, Align)
8    from pybricks.tools import print, wait, StopWatch
9    from pybricks.robotics import DriveBase
10   from time import sleep
11   from time import time
12   import threading
13
14   # Write your program here
15   move = Motor(Port.A)
16   up = Motor(Port.B)
17   bl = TouchSensor(Port.S1)
18   br = TouchSensor(Port.S2)
19   cdown = ColorSensor(Port.S3)
20
21   cdown.reflection()
22   sleep(0.3)
23
24   select = 1
```

10~11: sleep 함수와 time 함수의 사용을 위해 추가합니다.

12: 스레드 사용을 위해 추가합니다.

15~19: 포트 A와 B, 포트 1~3까지를 각각의 모터에 연결합니다.

21~22: cdown 컬러 센서를 반사값 모드로 사용합니다.

24: 현재 모드를 저장할 select 변수를 만들고, 1로 초기화합니다. (1 또는 2 저장)

2. 과녁판이 넘어졌는지를 확인하는 컬러 센서값 확인하기

브릭에서 컬러 센서값 확인하기

브릭의 컬러 센서 모드를 반사값(REFLECT) 모드로 변경하고, 과녁판이 서 있을 때와 넘어졌을 때의 값을 확인합니다.

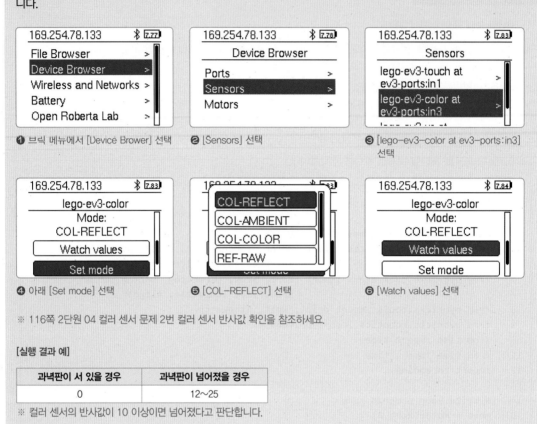

❶ 브릭 메뉴에서 [Device Brower] 선택

❷ [Sensors] 선택

❸ [lego-ev3-color at ev3-ports:in3] 선택

❹ 아래 [Set mode] 선택

❺ [COL-REFLECT] 선택

❻ [Watch values] 선택

※ 116쪽 2단원 04 컬러 센서 문제 2번 컬러 센서 반사값 확인을 참조하세요.

[실행 결과 예]

과녁판이 서 있을 경우	과녁판이 넘어졌을 경우
0	12~25

※ 컬러 센서의 반사값이 10 이상이면 넘어졌다고 판단합니다.

1단계 모드(시간, 점수)를 선택해 봅시다.

프로그램이 실행되면 사용자에게 시간 또는 점수 중 무엇으로 1, 2단계를 진행할지 좌우 버튼으로 입력받습니다. 정해진 시간 동안 1, 2단계를 진행하려면 1번 시간 모드인 왼쪽 버튼을 누르는 작업을 반복하다가 점수에 도달하면 다음 단계로 이동하기 위해 2번 점수 모드인 오른쪽 버튼을 누릅니다.

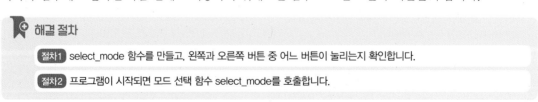

🔖 해결 절차

절차1 select_mode 함수를 만들고, 왼쪽과 오른쪽 버튼 중 어느 버튼이 눌리는지 확인합니다.

절차2 프로그램이 시작되면 모드 선택 함수 select_mode를 호출합니다.

❶ select_mode 함수를 만들고 왼쪽 버튼이 눌리면 select에 1을 저장하고, "ONE" 소리를 출력하는 명령을 추가합니다.

프로그램

```
26   def select_mode():
27       global select
28       while 1:
29           brick.display.text("1:time    2:count", (10, 60))
30           if bl.pressed() == True :
31               select = 1
32               brick.sound.file(SoundFile.ONE)
33               sleep(1)
34               break
```

26: select_mode 함수를 정의합니다.
27: select를 전역 변수로 사용합니다.
29: 브릭 화면 (10, 60) 위치에 '1:time 2:count'라는 메시지를 출력합니다.
30: 왼쪽 버튼인 bl이 눌리면 31~34행을 실행합니다.
31: select 변수에 1을 저장합니다.
32~33: "ONE" 소리를 1초간 출력합니다.

❷ 오른쪽 버튼이 눌리면 select에 2를 저장하고, "TWO" 소리를 출력하는 명령을 추가합니다.

프로그램

```
26   def select_mode():
27       global select
28       while 1:
29           brick.display.text("1:time    2:count", (10, 60))
30           if bl.pressed() == True :
31               select = 1
32               brick.sound.file(SoundFile.ONE)
33               sleep(1)
34               break
35           elif br.pressed() == True :
36               select = 2
37               brick.sound.file(SoundFile.TWO)
38               sleep(1)
39               break
```

35: 오른쪽 버튼인 br이 눌리면 36~39행을 실행합니다.
36: select 변수에 2를 저장합니다.
37~38: "TWO" 소리를 1초간 출력합니다.

❸ 프로그램이 시작되면 모드 선택 함수 select_mode를 호출합니다.

```
프로그램
26    def select_mode():
27        global select
28        while 1:
29            brick.display.text("1:time    2:count", (10, 60))
30            if bl.pressed() == True :
31                select = 1
32                brick.sound.file(SoundFile.ONE)
33                sleep(1)
34                break
35            elif br.pressed() == True :
36                select = 2
37                brick.sound.file(SoundFile.TWO)
38                sleep(1)
39                break
40
41    select_mode()              ← select_mode 함수를 호출합니다.
```

2단계 시간/점수를 입력받아 봅시다.

[시간 모드]를 선택한 경우	• 왼쪽 버튼을 이용하여 단계별 지속할 시간을 결정합니다. • 처음 10초를 기본으로 왼쪽 버튼을 한 번 누를 때마다 10초씩 증가하고, 오른쪽 버튼을 누르면 시간 설정을 완료합니다.
[점수 모드]를 선택한 경우	• 왼쪽 버튼을 이용하여 다음 단계로 넘어갈 점수를 결정합니다. • 처음 1점을 기본으로 왼쪽 버튼을 누를 때마다 1점씩 올라가고, 오른쪽 버튼을 누르면 점수 설정을 완료합니다.

🔖 해결 절차

절차1 input_count 함수를 만들고, 화면에 왼쪽 버튼과 오른쪽 버튼에 대하여 안내합니다.

절차2 왼쪽 버튼을 누르면 count값을 1 증가하고, 오른쪽 버튼을 누르면 input_count 함수를 종료합니다.

절차3 시간/점수를 입력받는 함수 input_count를 호출합니다.

절차1

❶ 왼쪽 버튼을 누른 횟수를 저장할 count 전역 변수를 만들고, 1로 초기화합니다.

```
프로그램
24    select = 1
25    count = 1        ← 왼쪽 버튼을 누른 횟수를 저장할 전역 변수 count를 선언하고, 1로 초기화합니다.
```

❷ input_count 함수를 만들고, 함수가 시작되면 브릭 화면 (10, 30) 위치에 select값이 1이면 "왼쪽 버튼을 누를 때마다 10초씩 증가합니다"란 의미의 메시지를 출력합니다. 만약 select값이 2이면 "왼쪽 버튼을 누를 때마다 목표 점수가 1점 증가합니다"란 의미를 출력합니다.

❸ 브릭 화면 (10, 50) 위치에 왼쪽 버튼은 count값이 증가함을 알려 주고, 브릭 화면 (10, 70) 위치에 오른쪽 버튼을 누르면 시작을 알려 줍니다. 그리고 브릭 화면 (10, 90) 위치에는 현재 count값을 출력하는 명령을 추가합니다.

프로그램

```
27    def input_count():
28        global count
29        brick.display.clear()
30        while 1:
31            if select == 1:
32                brick.display.text("1: 10 * count", (10, 30))
33            else:
34                brick.display.text("1: next count", (10, 30))
35
36            brick.display.text("left count add", (10, 50))
37            brick.display.text("right start", (10, 70))
38            brick.display.text("count = " + str(count), (10, 90))
```

27: input_count 함수를 정의합니다.
28: count를 전역 변수로 사용합니다.
29: 브릭 화면을 지웁니다.
31~32: select값이 1이면 브릭 화면 (10, 30) 위치에 "1: 10 * count"를 출력합니다.
33~34: select값이 2이면 브릭 화면 (10, 30) 위치에 "1: next count"를 출력합니다.
36: 브릭 화면 (10, 50) 위치에 "left count add"를 출력합니다.
37: 브릭 화면 (10, 70) 위치에 "right start"를 출력합니다.
38: 브릭 화면 (10, 90) 위치에 현재 count값 "count = ?" 형태로 출력합니다.

절차2

❹ 왼쪽 버튼을 누르면 "BRAVO" 소리를 출력하고, count값을 1 증가합니다. 오른쪽 버튼을 누르면 "READY" 소리를 출력하고, input_count 함수를 종료하는 명령을 추가합니다.

프로그램

```
27    def input_count():
28        global count
29        brick.display.clear()
30        while 1:
31            if select == 1:
32                brick.display.text("1: 10 * count", (10, 30))
33            else:
34                brick.display.text("1: next count", (10, 30))
35
36            brick.display.text("left count add", (10, 50))
```

```
37          brick.display.text("right start", (10, 70))
38          brick.display.text("count = " + str(count), (10, 90))
39
40          if bl.pressed() == True :
41              brick.sound.file(SoundFile.BRAVO)
42              sleep(1)
43              count = count + 1
44              brick.display.clear()
45          elif br.pressed() == True :
46              brick.sound.file(SoundFile.READY)
47              sleep(1)
48              break
```

40: 왼쪽 버튼인 bl을 누르면 41~44행을 실행합니다.
41~42: "BRAVO" 소리를 1초간 출력합니다.
43: count값을 1 증가합니다.
44: 브릭 화면의 업데이트를 위해 지웁니다.
45: 오른쪽 버튼인 br를 누르면 46~48행을 실행합니다.
46~47: "READY" 소리를 1초간 출력합니다.
48: 현재 반복문을 벗어납니다.

절차3

❺ input_count 함수를 호출하는 명령을 추가합니다.

프로그램

```
65    select_mode()
66    input_count()        ← input_count 함수를 호출합니다.
```

3단계 ⬛ 시간 동안 1단계를 실행해 봅시다.

[시간 모드]를 선택한 경우	• 시간 측정을 시작하고 화면에 현재 점수, 진행 시간, 종료 시간을 보여 줍니다. • 컬러 센서의 반사값으로 과녁판이 넘어지는지 확인하고 정해진 시간 동안 과녁판이 넘어지면 점수를 1점 더한 후 과녁판을 다시 올립니다.
[점수 모드]를 선택한 경우	• 시간 측정을 시작하고, 화면에 현재 점수, 종료 점수, 진행 시간을 보여 줍니다. • 컬러 센서의 반사값으로 과녁판이 넘어지는지를 확인하고, 종료 점수가 될 때까지 과녁판이 넘어지면 점수를 1점 더한 후 과녁판을 다시 올립니다.

🔖 **해결 절차**

절차1 level_11 함수를 만들고 화면에 점수, 현재 시간, 종료 시간, 컬러 센서값을 안내합니다.

절차2 컬러 센서값이 경계값(cgp)보다 더 큰지를 확인하여 더 크면 점수를 1점 증가하고, 과녁판을 다시 올립니다.

절차3 select값이 1이면 level_11 함수를 호출합니다.

절차1

❶ 과녁판이 넘어졌는지를 확인할 변수 cgp를 선언하고, 앞에서 정한 경계값인 10으로 초기화합니다. 또, 점수를 저장할 jumsoo 변수를 선언하고, 0으로 초기화합니다.

프로그램

```
24    select = 1
25    count = 1
26    jumsoo = 0      ← jumsoo 변수 선언하고, 0으로 초기화합니다.
27    cgp = 10        ← cgp 변수를 선언하고, 10으로 초기화합니다.
```

❷ 시작할 때 up 모터를 이용하여 과녁판을 올리고, 시작하기 위해 target_up 함수를 만듭니다.

❸ up 모터를 300의 출력값으로 0.5초간 올려 과녁판을 올리고, 완전히 세워질 때를 기다리기 위해 0.5초 기다린 후 천천히 내립니다.

프로그램

```
29    def target_up():        ← target_up 함수를 정의합니다.
30        up.run(300)         ┐
31        sleep(0.5)          ┘ ← up 모터를 300의 출력값으로 0.5초 회전하여 과녁판을 세웁니다.
32        up.run(0)           ┐
33        sleep(0.5)          ┘ ← up 모터를 0.5초간 정지합니다.
34        up.run(-200)        ┐
35        sleep(0.8)          │ ← up 모터를 -200의 출력값으로 0.8초간 회전하여 내리고 정지합니다.
36        up.stop()           ┘
```

❹ level_11 함수를 만들고 jumsoo를 전역 변수로 사용함을 알린 후 target 함수를 호출하여 과녁을 세웁니다. 그리고 처음 시간을 st에 저장하고, 계속 시간을 et에 저장하여 시간이 증가함을 확인합니다.

❺ 진행된 시간이 'count * 10초'가 될 때까지 브릭 화면 (10, 30)에 현재 점수, 브릭 화면 (10, 50) 위치에 현재 진행 시간, 브릭 화면 (10, 70) 위치에 종료 시간, 브릭 화면 (10, 90) 위치에 컬러 센서의 반사값을 출력합니다.

프로그램

```
38    def level_11():
39        global jumsoo
40        target_up()
41        st = time()
42        brick.display.clear()
43        et = time()
44        while et - st <= count * 10:
45            brick.display.clear()
46            et = time()
47            brick.display.text("jumsoo = " + str(jumsoo), (10, 30))
48            brick.display.text("now time = " + str(et - st), (10, 50))
49            brick.display.text("end time = " + str(count * 10), (10, 70))
50            brick.display.text("color = " + str(cdown.reflection()), (10, 90))
```

38: level_11 함수를 정의합니다.
39: jumsoo를 전역 변수로 사용합니다.
40: target_up 함수를 호출하여 과녁을 올립니다.
41: 현재 시간을 st에 저장합니다.
42: 브릭 화면을 지웁니다.
43: 현재 시간을 et에 저장합니다.
44: 'et – st'값 즉, 진행된 시간이 'count * 10' 이하인 동안 45~50행을 실행합니다.
45: 브릭 화면을 지웁니다.
46: 진행 시간을 계속 확인하기 위해 현재 시간을 et에 저장합니다.
47: 브릭 화면 (10, 30) 위치에 jumsoo 값을 "jumsoo = ?" 형태로 출력합니다.
48: 브릭 화면 (10, 50) 위치에 진행 시간 값을 "now time = ?" 형태로 출력합니다.
49: 브릭 화면 (10, 70) 위치에 count * 10 값을 "end time = ?" 형태로 출력합니다.
50: 브릭 화면 (10, 90) 위치에 컬러 센서 반사값을 "color = ?" 형태로 출력합니다.

절차2

❻ 컬러 센서의 반사값이 cgp(10) 값보다 크면 과녁판이 넘어진 것으로 판단하여 jumsoo에 1점을 추가하고, 과녁판을 다시 세우기 위해 target_up 함수를 호출합니다. 그리고 시간이 끝나면 브릭 화면을 지우고, 현재 점수를 브릭 화면에 출력합니다.

프로그램

```
38    def level_11():
39        global jumsoo
40        target_up()
41        st = time()
42        brick.display.clear()
43        et = time()
44        while et - st <= count * 10:
45            brick.display.clear()
46            et = time()
47            brick.display.text("jumsoo = " + str(jumsoo), (10, 30))
48            brick.display.text("now time = " + str(et - st), (10, 50))
49            brick.display.text("end time = " + str(count * 10), (10, 70))
50            brick.display.text("color = " + str(cdown.reflection()), (10, 90))
51            if cdown.reflection() > cgp:
52                jumsoo = jumsoo + 1
53                target_up()
54            sleep(0.1)
55
56        brick.display.clear()
57        brick.display.text("jumsoo = " + str(jumsoo), (10, 30))
```

51: 컬러 센서의 반사값이 cgp(10)보다 크면 52~53행을 실행합니다.
52: jumsoo값을 1 증가합니다.
53: target_up 함수를 호출하여 과녁판을 올립니다.
54: 화면에 출력되는 시간을 0.1초 간격으로 조절합니다.
56: 브릭 화면을 지웁니다.
57: 브릭 화면 (10, 30) 위치에 jumsoo 값을 "jumsoo = ?" 형태로 출력합니다.

절차3

❼ select값이 1이면 level_11 함수를 호출하는 명령을 추가합니다.

```
프로그램
118    select_mode()
119    input_count()
120    if select == 1:          ← select값이 10이면 level_11 함수를 호출합니다.
121        level_11()
```

3단계 ❷ 시간/점수 동안 2단계를 실행해 봅시다.

[시간 모드]를 선택한 경우	• 시간 측정을 시작하고 화면에 현재 점수, 진행 시간, 종료 시간을 보여 줍니다. • 컬러 센서의 반사값으로 과녁판이 넘어지는지 확인하고 정해진 시간 동안 과녁판이 넘어지면 점수를 1점 더한 후 과녁판을 다시 올립니다.
[점수 모드]를 선택한 경우	• 시간 측정을 시작하고, 화면에 현재 점수, 종료 점수, 진행 시간을 보여 줍니다. • 컬러 센서의 반사값으로 과녁판이 넘어지는지를 확인하고, 종료 점수가 될 때까지 과녁판이 넘어지면 점수를 1점 더한 후 과녁판을 다시 올립니다.

 해결 절차

절차1 level_21 함수를 만들고 화면에 현재 점수, 목표 점수, 진행 시간, 컬러 센서값을 안내합니다.

절차2 컬러 센서값이 경계값(cgp)보다 더 큰지를 확인하여 더 크면 점수를 1점 증가하고, 과녁판을 다시 올립니다.

절차3 select값이 20이면 level_21 함수를 호출합니다.

절차1

❶ level_21 함수를 만들고 jumsoo를 전역 변수로 사용함을 알린 후 target 함수를 호출하여 과녁을 세웁니다. 그리고 처음 시간을 st에 저장하고, 계속 시간을 et에 저장하여 시간이 증가함을 확인합니다.

❷ 점수보다 시간이 더 크면 브릭 화면 (10, 30) 위치에 현재 점수, 브릭 화면 (10, 50) 위치에 현재 진행 시간, 브릭 화면 (10, 70) 위치에 종료 시간, 브릭 화면 (10, 90) 위치에 컬러 센서의 반사값을 출력합니다.

```
프로그램
59    def level_21():
60        global jumsoo
61        target_up()
62        st = time()
63        brick.display.clear()
64        while jumsoo < count:
65            et = time()
66            brick.display.clear()
67            brick.display.text("jumsoo = " + str(jumsoo), (10, 30))
68            brick.display.text("Next = " + str(count), (10, 50))
69            brick.display.text("now time = " + str(et-st), (10, 70))
70            brick.display.text("color = " + str(cdown.reflection()), (10, 90))
```

59: level_21 함수를 정의합니다.
60: jumsoo를 전역 변수로 사용합니다.
61: target_up 함수를 호출하여 과녁을 올립니다.
62: 현재 시간을 st에 저장합니다.
63: 브릭 화면을 지웁니다.
64: 현재 jumsoo가 count값보다 작은 동안 66~70행을 실행합니다.
65: 진행 시간을 계속 확인하기 위해 현재 시간을 et에 저장합니다.
66: 브릭 화면을 지웁니다.
67: 브릭 화면 (10, 30)에 jumsoo 값을 "jumsoo = ?" 형태로 출력합니다.
68: 브릭 화면 (10, 50)에 목표 count값을 "Next = ?" 형태로 출력합니다.
69: 브릭 화면 (10, 70)에 진행 시간 값을 "now time = ?" 형태로 출력합니다.
70: 브릭 화면 (10, 90)에 컬러 센서 반사값을 "color = ?" 형태로 출력합니다.

절차2

❸ 컬러 센서의 반사값이 cgp(10)보다 크면 과녁판이 넘어진 것으로 판단하여 jumsoo에 1점을 추가하고, 과녁판을 다시 세우기 위해 target_up 함수를 호출합니다. 그리고 시간이 끝나면 브릭 화면을 지우고, 현재 점수를 브릭 화면에 출력합니다.

프로그램

```
59    def level_21():
60        global jumsoo
61        target_up()
62        st = time()
63        brick.display.clear()
64        while jumsoo < count:
65            et = time()
66            brick.display.clear()
67            brick.display.text("jumsoo = " + str(jumsoo), (10, 30))
68            brick.display.text("Next = " + str(count), (10, 50))
69            brick.display.text("now time = " + str(et-st), (10, 70))
70            brick.display.text("color = " + str(cdown.reflection()), (10, 90))
71            if cdown.reflection() > cgp:
72                jumsoo = jumsoo + 1
73                target_up()
74            sleep(0.1)
75
76        brick.display.clear()
77        brick.display.text("jumsoo = " + str(jumsoo), (10, 30))
78        brick.display.text("now time = " + str(et-st), (10, 50))
```

71: 컬러 센서의 반사값이 cgp(10)보다 크면 72~73행을 실행합니다.
72: jumsoo 변수에 1을 증가합니다.
73: target_up 함수를 호출하여 과녁판을 올립니다.
74: 화면에 출력되는 시간을 0.1초 간격으로 조절합니다.
76: 브릭 화면을 지웁니다.
77: 브릭 화면 (10, 30) 위치에 jumsoo 값을 "jumsoo = ?" 형태로 출력합니다.
78: 브릭 화면 (10, 50) 위치에 진행 시간 값을 "now time = ?" 형태로 출력합니다.

절차3

❹ select값이 2이면 level_21 함수를 호출하는 명령을 추가합니다.

```
        프로그램
118     select_mode()
119     input_count()
120     if select == 1:
121         level_11()
122     else:
123         level_21()        ← select값이 2이면 level_21 함수를 호출합니다.
```

4단계 1 시간 동안 1단계를 실행해 봅시다.

[시간 모드]를 선택한 경우	• 2단계가 시작되면 정해진 시간이 될 때까지 과녁판은 좌우로 움직임을 반복합니다. • 새롭게 시간 측정을 시작하고, 화면에 현재 점수, 진행 시간, 종료 시간을 보여 줍니다. • 컬러 센서의 반사값을 이용하여 과녁판이 넘어지는지를 확인하여 정해진 시간 동안 과녁판이 넘어지면 점수를 2점 더한 후 과녁판을 다시 올립니다.
[점수 모드]를 선택한 경우	• 2단계가 시작되면 종료 점수가 될 때까지 과녁판은 좌우로 움직임을 반복합니다. • 화면에 현재 점수, 종료 점수, 진행 시간을 보여 주며 컬러 센서의 반사값으로 과녁판이 넘어지는지를 확인하여 종료 점수가 될 때까지 과녁판이 넘어지면 점수를 2점 더한 후 과녁판을 다시 올립니다.

🔖 해결 절차

절차1 start_move 함수를 만들고, move 모터가 좌우로 움직이게 합니다.

절차2 level_21 함수를 만들고 start_move 함수를 스레드 함수로 실행한 후, 화면에 현재 점수, 현재 시간, 종료 시간, 컬러 센서 값을 안내합니다. 그리고 컬러 센서의 반사값이 경계값(cgp)보다 더 큰지 확인하여 더 크면 점수를 2점 증가하고, 과녁판을 다시 올립니다.

절차3 2단계가 끝나면 과녁판을 중앙으로 이동시킨 후 왼쪽 버튼을 누를 때까지 현재 점수인 jumsoo값을 화면에 출력합니다.

절차1

❶ 2단계 종료 여부를 확인할 변수 end를 만들고, 0으로 초기화하는 명령을 추가합니다.

```
        프로그램
24      select = 1
25      count = 1
26      jumsoo = 0
27      cgp = 10
28      end = 0          ← 2단계 종료를 확인할 end 변수를 선언하고 0으로 초기화합니다.
```

❷ start_move 함수를 만들고, end값이 1이면 start_move 함수를 종료합니다. 그리고 bl 버튼이 눌리면 체인을 오른쪽으로 이동시키고, br 버튼이 눌리면 체인을 왼쪽으로 이동시킵니다.

```
81    def start_move():
82        global end
83        move.run(200)
84        while 1:
85            if end == 1:
86                move.stop()
87                return
88            if bl.pressed() == True :
89                move.run(100)
90            elif br.pressed() == True :
91                move.run(-100)
```

프로그램

81: start_move 함수를 정의합니다.
82: end를 전역 변수로 사용합니다.
83: 시작할 때 체인을 오른쪽으로 이동하기 위해 move 모터의 출력값을 200으로 정합니다.
85~87: end값이 1이면 move 모터를 정지하고, start_move 함수를 종료합니다.
88~89: bl 버튼이 눌리면 체인을 오른쪽으로 이동하기 위해 move 모터의 출력값을 100으로 정합니다.
90~91: br 버튼이 눌리면 체인을 왼쪽으로 이동하기 위해 move 모터의 출력값을 −100으로 정합니다.

절차2

❸ level_12 함수를 만들고 end와 jumsoo를 전역 변수로 사용함을 알린 후 target 함수를 호출하여 과녁을 세웁니다.

❹ end 변수에 0을 저장하고, start_move 함수를 스레드로 만든 후 호출합니다.

프로그램

```
93    def level_12():
94        global end
95        global jumsoo
96        target_up()
97        end = 0
98        t1 = threading.Thread(target=start_move)
99        t1.start()
```

93: level_12 함수를 정의합니다.
94: end를 전역 변수로 사용합니다.
95: jumsoo를 전역 변수로 사용합니다.
96: target_up 함수를 호출하여 과녁을 올립니다.
97: end값을 0으로 저장합니다.
98~99: start_move 함수를 스레드로 호출합니다.

❺ 진행 시간을 저장하고, 진행 시간이 'count * 10초'보다 작은 동안 화면에 현재 점수, 진행 시간, 종료 시간, 컬러 센서값을 출력합니다.

❻ 컬러 센서의 반사값이 cgp(10)보다 크면 과녁판이 넘어진 것으로 판단하여 jumsoo에 2점을 추가하고, 과녁판을 다시 세우기 위해 target_up 함수를 호출합니다. 그리고 목표 점수에 도달하면 브릭 화면을 지우고, 현재 점수를 브릭 화면에 출력합니다.

```
93    def level_12():
94        global end
95        global jumsoo
96        target_up()
97        end = 0
98        t1 = threading.Thread(target=start_move)
99        t1.start()
100
101       st = time()
102       brick.display.clear()
103       et = time()
104       while et - st <= count * 10:
105           brick.display.clear()
106           et = time()
107           brick.display.text("jumsoo = " + str(jumsoo), (10, 30))
108           brick.display.text("now time = " + str(et - st), (10, 50))
109           brick.display.text("end time = " + str(count * 10), (10, 70))
110           brick.display.text("color = " + str(cdown.reflection()), (10, 90))
111           if cdown.reflection() > cgp:
112               jumsoo = jumsoo + 2
113               target_up()
114           sleep(0.1)
```

101: 시작 시간을 st에 저장합니다.
102: 브릭 화면을 지웁니다.
103: 현재 시간을 et에 저장합니다.
104: 진행 시간이 'count * 10초'보다 작은 동안 105~114행을 실행합니다.
105: 브릭 화면을 지웁니다.
106: 현재 시간을 et에 저장합니다.
107~110: 브릭 화면에 현재 점수, 진행 시간, 종료 시간, 컬러 센서값을 출력합니다.
111: 컬러 센서의 반사값이 cgp(10)보다 크면 112~113행을 실행합니다.
112: jumsoo값을 2 증가합니다.
113: target_up 함수를 호출하여 과녁판을 올립니다.
114: 화면에 출력되는 시간을 0.1초 간격으로 조절합니다.

절차3

❼ 2단계 시간이 종료되어 반복문이 끝나면 end값을 1로 변경하여 start_move 스레드 함수도 종료되게 합니다. 그리고 브릭 화면에 현재 점수인 jumsoo값을 출력합니다.

❽ 과녁판을 중앙으로 이동하기 위해 b1 버튼이 눌릴 때까지 왼쪽으로 이동한 후 오른쪽으로 잠시 이동합니다. 그리고 b1 버튼이 눌릴 때까지 기다립니다.

```
116        end = 1
117        brick.display.clear()
118        brick.display.text("jumsoo = " + str(jumsoo), (10, 30))
119        brick.display.text("finish left button", (10, 50))
120
121        while 1:
122            move.run(-200)
123            if bl.pressed() == True:
124                break
125
126        move.run(200)
127        sleep(0.6)
128        move.stop()
129
130        while 1:
131            if bl.pressed() == True :
132                return
```

116: start_move 스레드 함수의 종료를 위해 end값을 1로 변경합니다.
117~119: 현재 점수를 브릭 화면에 출력합니다.
121~124: bl 모터가 눌릴 때까지 move 모터를 왼쪽으로 움직입니다.
126~128: 중앙으로 이동하기 위해 move 모터를 오른쪽으로 0.6초간 움직이고 정지합니다.
130~132: 왼쪽 버튼을 누르면 프로그램을 종료합니다.

❾ select값이 1이면 level_12 함수를 호출하는 명령을 추가합니다.

```
214    select_mode()
215    input_count()
216    if select == 1:
217        level_11()          ← select값이 1이면 level_11 함수를 호출한 후 level_12 함수도 호출합니다.
218        level_12()
219    else:
220        level_21()
```

4단계 ❷ 점수 동안 1단계를 실행해 봅시다.

[시간 모드]를 선택한 경우	• 2단계가 시작되면 정해진 시간이 될 때까지 과녁판은 좌우로 움직임을 반복합니다. • 새롭게 시간 측정을 시작하고, 화면에 현재 점수, 진행 시간, 종료 시간을 보여 줍니다. • 컬러 센서의 반사값을 이용하여 과녁판이 넘어지는지를 확인하여 정해진 시간 동안 과녁판이 넘어지면 점수를 2점 더한 후 과녁판을 다시 올립니다.
[점수 모드]를 선택한 경우	• 2단계가 시작되면 종료 점수가 될 때까지 과녁판은 좌우로 움직임을 반복합니다. • 화면에 현재 점수, 종료 점수, 진행 시간을 보여 주며 컬러 센서의 반사값으로 과녁판이 넘어지는지를 확인하여 종료 점수가 될 때까지 과녁판이 넘어지면 점수를 2점 더한 후 과녁판을 다시 올립니다.

level_22 함수를 만들고 start_move 함수를 스레드 함수로 실행한 후, 화면에 현재 점수, 목표 점수, 진행 시간, 컬러 센서값을 안내합니다. 그리고 컬러 센서값이 경계값(cgp)보다 더 큰지 확인하여, 더 크면 점수를 2점 증가하고, 과녁판을 다시 올립니다.

2단계가 끝나면 과녁판을 중앙으로 이동시킨 후 왼쪽 버튼을 누를 때까지 현재 jumsoo를 화면에 알려 줍니다.

절차1

❶ level_22 함수를 만들고, end와 jumsoo 지정과 함께 전역 변수로 사용함을 알린 후 target 함수를 호출하여 과녁을 세웁니다. 그리고 end 변수에 0을 저장하고, start_move 함수를 스레드로 만들어 호출합니다.

❷ 시작 시간을 저장하고, 종료 점수인 endjumsoo를 (jumsoo + count * 2)값으로 초기화합니다.

❸ jumsoo값이 endjumsoo값보다 작은 동안 화면에 현재 점수, 목표 점수, 진행 시간, 컬러 센서값을 출력합니다.

❹ 컬러 센서의 반사값이 cgp(10)보다 크면 과녁판이 넘어진 것으로 판단하여 jumsoo에 2점을 추가하고, 과녁판을 다시 세우기 위해 target_up 함수를 호출합니다.

프로그램

```
134    def level_22():
135        global end
136        global jumsoo
137        target_up()
138        end = 0
139        t1 = threading.Thread(target=start_move)
140        t1.start()
141
142        st = time()
143        brick.display.clear()
144        endjumsoo = jumsoo + count * 2
145        while jumsoo < endjumsoo:
146            et = time()
147            brick.display.clear()
148            brick.display.text("jumsoo = " + str(jumsoo), (10, 30))
149            brick.display.text("end jumsoo = " + str(endjumsoo), (10, 50))
150            brick.display.text("now time = " + str(et-st), (10, 70))
151            brick.display.text("color = " + str(cdown.reflection()), (10, 90))
152            if cdown.reflection() > cgp:
153                jumsoo = jumsoo + 2
154                target_up()
155            sleep(0.1)
```

134: level_22 함수를 정의합니다.
135~136: end와 jumsoo를 전역 변수로 사용합니다.
137: target_up 함수를 호출하여 과녁을 올립니다.

138: end값을 0으로 저장합니다.
139~140: start_move 함수를 스레드로 호출합니다.
142: 현재 시간을 st에 저장합니다.
144: endjumsoo값을 jumsoo + (count * 2)값으로 변경합니다.
145: jumsoo값이 endjumsoo보다 작은 동안 146~155행을 실행합니다.
146: 현재 시간을 et에 저장합니다.
147~151: 브릭 화면에 jumsoo, endjumsoo, 진행 시간, 컬러 센서값을 출력합니다.
152~154: cdown 컬러 센서값이 cgp(10)보다 크면 jumsoo에 2점을 더하고, targe_up 함수를 호출하여 과녁판을 올립니다.

절차2

❺ 2단계 시간이 종료되어 반복문이 끝나면 end값을 1로 변경하여 start_move 스레드 함수도 종료되게
합니다. 그리고 브릭 화면에 현재 섬수인 jumsoo값을 출력합니다.

❻ 과녁판을 중앙으로 이동하기 위해 bl 버튼이 눌릴 때까지 왼쪽으로 이동한 후 오른쪽으로 잠시 이동합
니다. 그리고 bl 버튼이 눌릴 때까지 기다립니다.

프로그램

```
157        end = 1
158        brick.display.clear()
159        brick.display.text("jumsoo = " + str(jumsoo), (10, 30))
160        brick.display.text("time = " + str(et-st), (10, 50))
161        brick.display.text("finish left button", (10, 70))
162
163        while 1:
164            move.run(-200)
165            if bl.pressed() == True:
166                break
167
168        move.run(200)
169        sleep(0.6)
170        move.stop()
171
172        while 1:
173            if bl.pressed() == True :
174                return
```

157: start_move 스레드 함수 종료를 위해 end값을 0에서 1로 변경합니다.
158~161: 현재 점수를 브릭 화면에 출력합니다.
163~166: bl 모터가 눌릴 때까지 move 모터를 왼쪽으로 움직입니다.
168~170: 중앙으로 이동을 위해 move 모터를 오른쪽으로 0.6초간 움직이고 정지합니다.
172~174: 왼쪽 버튼을 누르면 프로그램을 종료합니다.

❼ select값이 2이면 level_22 함수를 호출하는 명령을 추가합니다.

프로그램

```
214    select_mode()
215    input_count()
```

```
216    if select == 1:
217        level_11()
218        level_12()
219    else:
220        level_21()
221        level_22()
```
←— select값이 20l면 level_21 함수를 호출한 후 level_22 함수도 호출합니다.

전체 완성 프로그램 확인하기

프로그램

```
1   #!/usr/bin/env pybricks-micropython
2
3   from pybricks import ev3brick as brick
4   from pybricks.ev3devices import (Motor, TouchSensor, ColorSensor,
5                                    InfraredSensor, UltrasonicSensor, GyroSensor)
6   from pybricks.parameters import (Port, Stop, Direction, Button, Color,
7                                    SoundFile, ImageFile, Align)
8   from pybricks.tools import print, wait, StopWatch
9   from pybricks.robotics import DriveBase
10  from time import sleep
11  from time import time
12  import threading
13
14  # Write your program here
15  move = Motor(Port.A)
16  up = Motor(Port.B)
17  bl = TouchSensor(Port.S1)
18  br = TouchSensor(Port.S2)
19  cdown = ColorSensor(Port.S3)
20
21  cdown.reflection()
22  sleep(0.3)
23
24  select = 1
25  count = 1
26  jumsoo = 0
27  cgp = 10
28  end = 0
29
30  def target_up():
31      up.run(300)
32      sleep(0.5)
33      up.run(0)
34      sleep(0.5)
35      up.run(-200)
36      sleep(0.8)
37      up.stop()
38
39  def level_11():
40      global jumsoo
41      target_up()
42      st = time()
```

```
43        brick.display.clear()
44        et = time()
45        while et - st <= count * 10:
46            brick.display.clear()
47            et = time()
48            brick.display.text("jumsoo = " + str(jumsoo), (10, 30))
49            brick.display.text("now time = " + str(et - st), (10, 50))
50            brick.display.text("end time = " + str(count * 10), (10, 70))
51            brick.display.text("color = " + str(cdown.reflection()), (10, 90))
52            if cdown.reflection() > cgp:
53                jumsoo = jumsoo + 1
54                target_up()
55            sleep(0.1)
56
57        brick.display.clear()
58        brick.display.text("jumsoo = " + str(jumsoo), (10, 30))
59
60    def level_21():
61        global jumsoo
62        target_up()
63        st = time()
64        brick.display.clear()
65        while jumsoo < count:
66            et = time()
67            brick.display.clear()
68            brick.display.text("jumsoo = " + str(jumsoo), (10, 30))
69            brick.display.text("Next = " + str(count), (10, 50))
70            brick.display.text("now time = " + str(et-st), (10, 70))
71            brick.display.text("color = " + str(cdown.reflection()), (10, 90))
72            if cdown.reflection() > cgp:
73                jumsoo = jumsoo + 1
74                target_up()
75            sleep(0.1)
76
77        brick.display.clear()
78        brick.display.text("jumsoo = " + str(jumsoo), (10, 30))
79        brick.display.text("now time = " + str(et-st), (10, 50))
80
81    def start_move():
82        global end
83        move.run(200)
84        while 1:
85            if end == 1:
86                move.stop()
87                return
88            if bl.pressed() == True :
89                move.run(100)
90            elif br.pressed() == True :
91                move.run(-100)
92
93    def level_12():
94        global end
95        global jumsoo
96        target_up()
```

```
 97        end = 0
 98        t1 = threading.Thread(target=start_move)
 99        t1.start()
100
101        st = time()
102        brick.display.clear()
103        et = time()
104        while et - st <= count * 10:
105            brick.display.clear()
106            et = time()
107            brick.display.text("jumsoo = " + str(jumsoo), (10, 30))
108            brick.display.text("now time = " + str(et - st), (10, 50))
109            brick.display.text("end time = " + str(count * 10), (10, 70))
110            brick.display.text("color = " + str(cdown.reflection()), (10, 90))
111            if cdown.reflection() > cgp:
112                jumsoo = jumsoo + 2
113                target_up()
114            sleep(0.1)
115
116        end = 1
117        brick.display.clear()
118        brick.display.text("jumsoo = " + str(jumsoo), (10, 30))
119        brick.display.text("finish left button", (10, 50))
120
121        while 1:
122            move.run(-200)
123            if bl.pressed() == True:
124                break
125
126        move.run(200)
127        sleep(0.6)
128        move.stop()
129
130        while 1:
131            if bl.pressed() == True :
132                return
133
134    def level_22():
135        global end
136        global jumsoo
137        target_up()
138        end = 0
139        t1 = threading.Thread(target=start_move)
140        t1.start()
141
142        st = time()
143        brick.display.clear()
144        endjumsoo = jumsoo + count * 2
145        while jumsoo < endjumsoo:
146            et = time()
147            brick.display.clear()
148            brick.display.text("jumsoo = " + str(jumsoo), (10, 30))
149            brick.display.text("end jumsoo = " + str(endjumsoo), (10, 50))
150            brick.display.text("now time = " + str(et-st), (10, 70))
```

```python
151         brick.display.text("color = " + str(cdown.reflection()), (10, 90))
152         if cdown.reflection() > cgp:
153             jumsoo = jumsoo + 2
154             target_up()
155         sleep(0.1)
156
157     end = 1
158     brick.display.clear()
159     brick.display.text("jumsoo = " + str(jumsoo), (10, 30))
160     brick.display.text("time = " + str(et-st), (10, 50))
161     brick.display.text("finish left button", (10, 70))
162
163     while 1:
164         move.run(-200)
165         if bl.pressed() == True:
166             break
167
168     move.run(200)
169     sleep(0.6)
170     move.stop()
171
172     while 1:
173         if bl.pressed() == True :
174             return
175
176 def input_count():
177     global count
178     brick.display.clear()
179     while 1:
180         if select == 1:
181             brick.display.text("1: 10 * count", (10, 30))
182         else:
183             brick.display.text("1: next count", (10, 30))
184
185         brick.display.text("left count add", (10, 50))
186         brick.display.text("right start", (10, 70))
187         brick.display.text("count = " + str(count), (10, 90))
188
189         if bl.pressed() == True :
190             brick.sound.file(SoundFile.BRAVO)
191             sleep(1)
192             count = count + 1
193             brick.display.clear()
194         elif br.pressed() == True :
195             brick.sound.file(SoundFile.READY)
196             sleep(1)
197             break
198
199 def select_mode():
200     global select
201     while 1:
202         brick.display.text("1:time    2:count", (10, 60))
203         if bl.pressed() == True :
204             select = 1
```

```
205            brick.sound.file(SoundFile.ONE)
206            sleep(1)
207            break
208        elif br.pressed() == True :
209            select = 2
210            brick.sound.file(SoundFile.TWO)
211            sleep(1)
212            break
213
214  select_mode()
215  input_count()
216  if select == 1:
217      level_11()
218      level_12()
219  else:
220      level_21()
221      level_22()
```

실행하기 원하는 대로 프로그램이 동작하는지 실행해 봅시다.

프로그램 작성이 완료되면 F5 키를 눌러 프로그램을 실행하여 로봇이 제대로 동작하는지 확인합니다.

C·H·A·P·T·E·R

03

프로젝트★3

밀당 게임 로봇 만들기

로봇과 밀당을 할 수 있을까요? 사용자가 버튼을 누르면 로봇이 싫어해서 버튼을 다시 올려 놓는 사람과 밀당하는 로봇을 만들어 봅시다.

완성된 로봇

윗모습

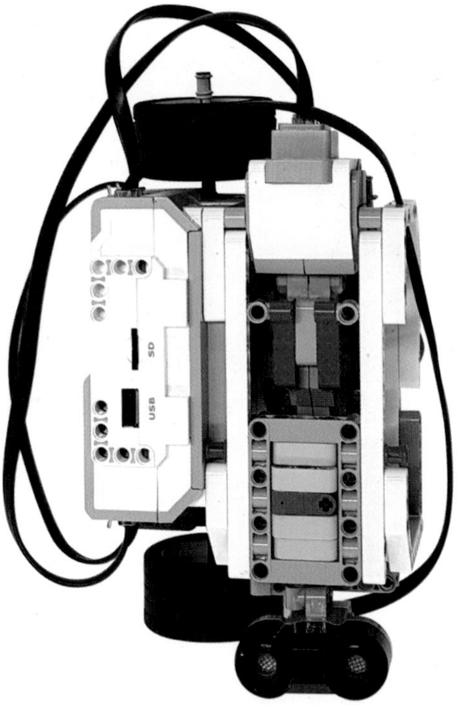

옆모습

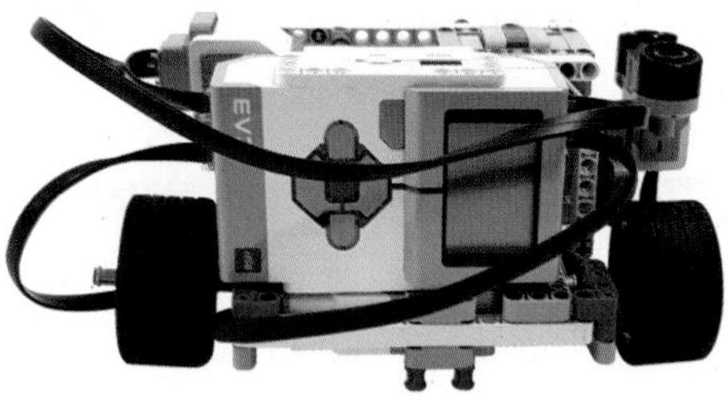

대각선 방향 윗모습

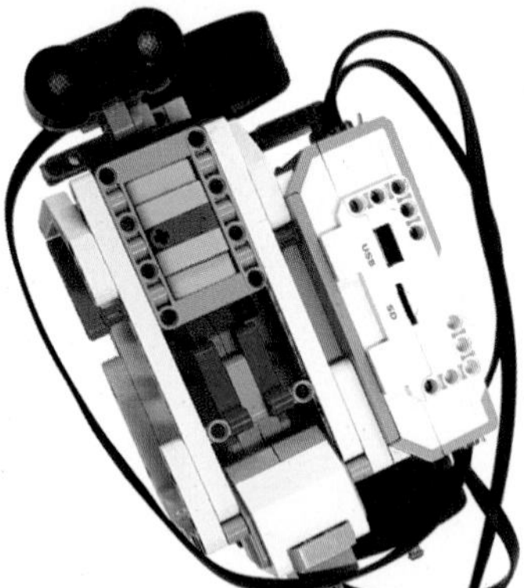

※ **소스 파일:** [PART_3]−[3_3_밀당 로봇] 폴더에서 단계별로 완성한 파일을 참고하세요.

해결할 문제

작은 문제로 나누어서 해결합니다.

1단계	2단계	3단계	4단계
프로그램이 실행되면 버튼 올리기	사용자가 버튼을 누르면 "누르지 마"라는 소리와 함께 버튼을 다시 올리기	5번 이상 버튼을 누르면 초음파 센서로 움직임을 감지하여 왼쪽, 오른쪽으로 이동하면서 도망 다니게 하기	10번 이상 버튼을 누르면 "너 집에 가"라는 소리와 함께 버튼을 내려 숨기기

조립도를 보고 밀당 로봇을 만들어 봅시다.

❶ 먼저 LDD 조립도 프로그램을 실행하여 다음과 같이 3개의 모듈을 만들어 놓습니다.

모듈 1

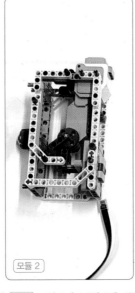
모듈 2

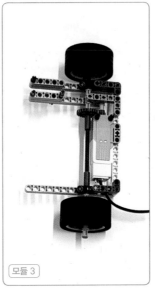
모듈 3

EV3 브릭

※ 모듈2 : 5칸 2개, 6칸 1개, 모듈3 : 8칸 1개, 10칸 1개, 4칸 1개를 사용합니다.

※ 모듈3 의 서보 모터의 경우, 선을 끼우는 것이 어려우므로 미리 연결해 놓습니다.

※ 제공한 [창작 조립도]–[PART_3] 폴더에서 '03_03_밀당 로봇01.lxf'~'03_03_밀당 로봇03.lxf' 조립도 파일을 하나씩 열어 모듈1
～ 모듈3 까지 조립하여 나열하도록 합니다.

❷ 모듈1 과 모듈2 를 준비하고, 두 모듈을 그림과 같이 세워 놓습니다.

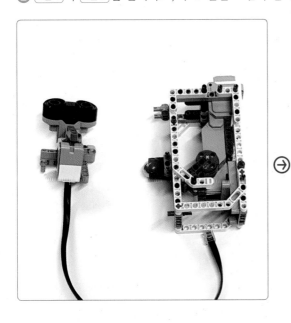

→

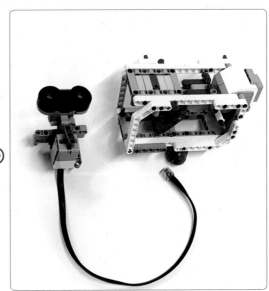

❸ 모듈 2 안쪽으로 모듈 1 을 넣고 아랫부분을 결합합니다.

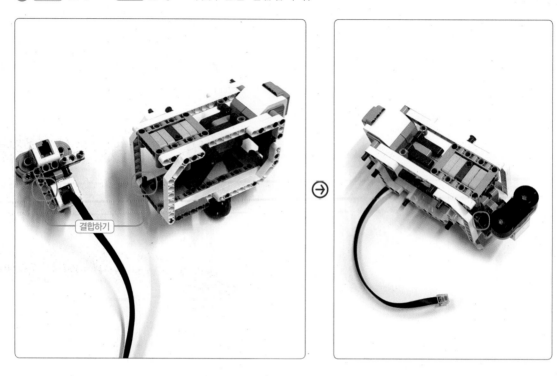

❹ 이때 한쪽만 결합했으므로 모듈 1 이 고정되지 않고 회전하는 것은 정상입니다. 추후 다른 모듈과 함께 고정할 예정입니다.

❺ 결합 모듈을 아래와 같이 뉘어 놓고 EV3 브릭을 준비합니다. 이때 EV3 브릭 모터쪽 연결 부분을 초
음파 센서쪽 방향으로 놓습니다.

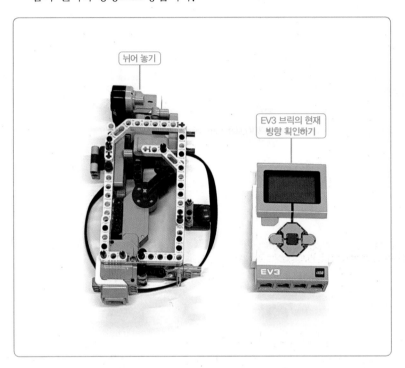

❻ EV3 브릭을 뒤집은 후 EV3 브릭을 결합하고 아래와 같이 방향을 바꿉니다.

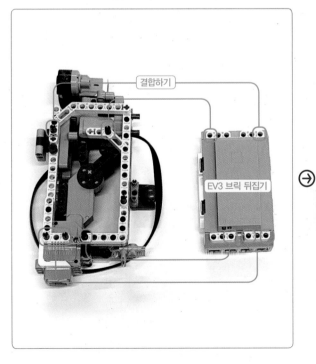

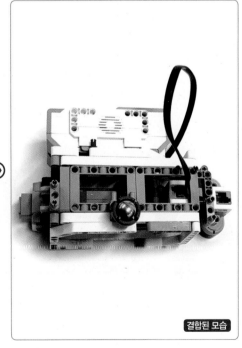

❼ 결합된 모듈과 모듈 3 을 준비한 후 아랫부분을 고려하여 모듈 3 을 결합합니다.

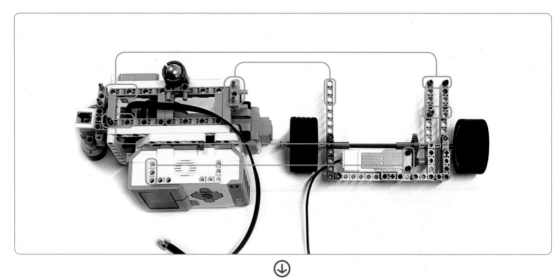

결합된 모습

❽ 아래와 같이 밀당 로봇을 완성합니다.

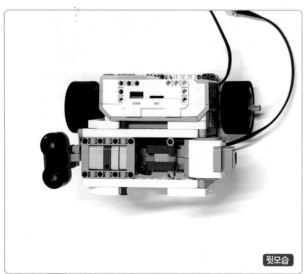

윗모습

옆모습

2 >> 모터와 센서 연결하기

브릭에 모터와 센서를 연결합니다.

서보 모터

- motorA: 라지 서보 모터   ← 버튼을 올리는 서보 모터
- motorB: 미디엄 서보 모터 ← 바퀴로 이동하는 서보 모터
- motorC: –
- motorD: –

🔺 출력 포트

센서 및 버튼

- Sensor1: 버튼   ← 버튼을 누르는지 확인용
- Sensor2: 초음파 센서 ← 사람이 버튼을 누르는지 확인용

- Sensor3: –
- Sensor4: –

🔺 입력 포트

3 >> 문제 분석 및 문제 나누기

문제를 분석하여 아래와 같이 작은 문제로 나누어 봅니다.

1단계	2단계	3단계
버튼 올리기	5번 이상 버튼 누르면 도망 다니기	10번 이상 버튼 누르면 버튼 숨기기

4 >> 작은 문제별 해결 전략 세우기

나눈 작은 문제들을 각각 어떻게 해결해야 할지 아래와 같이 단계별로 해결 전략을 세웁니다.

1단계
버튼 올리기

프로그램이 실행되면 버튼을 올려 사용자가 버튼을 누를 때까지 기다립니다. 만약 버튼이 눌리면 "누르지 마" 또는 "No" 소리와 함께 버튼을 다시 올려 줍니다.

▼

2단계
5번 이상 버튼 누르면 도망 다니기

버튼을 누른 횟수가 5번 이상이면 초음파 센서를 이용하여 손이 감지될 경우 한 번은 왼쪽으로 한 번은 오른쪽으로 움직여 도망 다니게 합니다.

▼

3단계
10번 이상 버튼 누르면 버튼 숨기기

버튼을 누른 횟수가 10번 이상이면 "너 집에 가" 또는 "Go" 소리와 함께 버튼을 내려 5초 이상 누르지 못하도록 하고 처음부터 다시 시작합니다.

파이썬으로 프로그래밍하기

앞에서 설계한 [작은 문제별 해결 전략 세우기]대로 프로그래밍하여 미션을 해결합니다.

센서와 모터 등의 이름 정하기

sleep, time, 스레드를 사용하기 위해 가져오기를 추가하고, 포트 A는 버튼을 위로 올려 주는 모터이므로 'mup'에 연결, 포트 B는 바퀴를 이용하여 왼쪽 오른쪽으로 움직이는 모터이므로 'mlr'에 연결합니다. 그리고 포트 1은 버튼 눌림을 감지할 터치 버튼으로 'btn'에 언걸, 포트 2는 손 감지용 초음파 센서로 'ult'에 연결합니다. 아울러 버튼을 누른 횟수를 기억할 ncount 변수와 왼쪽과 오른쪽으로 번갈아 움직이기 위한 nleft 변수를 추가합니다.

프로그램

```
1    #!/usr/bin/env pybricks-micropython
2
3    from pybricks import ev3brick as brick
4    from pybricks.ev3devices import (Motor, TouchSensor, ColorSensor,
5                                     InfraredSensor, UltrasonicSensor, GyroSensor)
6    from pybricks.parameters import (Port, Stop, Direction, Button, Color,
7                                     SoundFile, ImageFile, Align)
8    from pybricks.tools import print, wait, StopWatch
9    from pybricks.robotics import DriveBase
10   from time import sleep          ← sleep 함수를 사용하기 위해 추가합니다.
11   from time import time           ← time 함수를 사용하기 위해 추가합니다.
12   import threading                ← 스레드를 사용하기 위해 추가합니다.
13
14   # Write your program here
15
16   mup = Motor(Port.A)             ← 포트 A는 버튼을 위로 올려 주는 모터로 mup에 연결합니다.
17   mlr = Motor(Port.B)             ← 포트 B는 바퀴를 왼쪽과 오른쪽으로 움직이는 모터로 mlr에 연결합니다.
18   btn = TouchSensor(Port.S1)      ← 포트 1은 버튼이 눌렸는지를 감지하는 버튼으로 btn에 연결합니다.
19   ult = UltrasonicSensor(Port.S2) ← 포트 2는 손을 감지하는 초음파 센서로 ult에 연결합니다.
20
21   ncount = 0                      ← 버튼을 누른 횟수를 저장할 ncount 변수를 만들고, 0으로 초기화합니다.
22   nleft = 0                       ← 이동할 방향을 기억할 nleft 변수를 만들고, 0으로 초기화합니다.
```

1단계 버튼을 올려 봅시다.

프로그램이 실행되면 버튼을 올려 사용자가 버튼을 누를 때까지 기다립니다. 만약 버튼이 눌리면 "누르지 마" 또는 "No" 소리와 함께 버튼을 다시 올려 줍니다.

⚑ 해결 절차

절차1 up 함수를 만들고, 함수가 시작되면 "No" 소리를 출력한 후 버튼을 위로 올립니다.

절차2 프로그램이 시작되면 버튼을 사용자가 누를 수 있도록 up 함수를 호출하고, 버튼을 누를 때마다 ncount값을 1 증가한 후 up 함수를 호출합니다.

절차1

❶ up 함수를 만들고 "No" 소리를 1초간 출력한 후, mup 모터를 -300의 출력값으로 1초간 회전하여 버튼을 올리는 명령을 작성합니다.

프로그램

```
24    def up():
25        sleep(0.5)
26        brick.sound.file(SoundFile.NO)
27        sleep(1)
28
29        mup.run_time(-300, 1000, Stop.BRAKE, True);
30        sleep(0.1)
```

24: up 함수를 정의합니다.
25: 버튼을 누르면 0.5초 기다렸다가 소리를 내기 위해 0.5초 기다립니다.
26~27: "NO" 소리를 1초간 출력합니다.
29: mup 모터를 -300의 속도로 1초간 회전하여 버튼 위로 올립니다.

절차2

❷ 프로그램이 시작되면 up 함수를 호출하여 버튼이 위로 올라오게 합니다.

프로그램

```
24    def up():
25        sleep(0.5)
26        brick.sound.file(SoundFile.NO)
27        sleep(1)
28
29        mup.run_time(-300, 1000, Stop.BRAKE, True);
30        sleep(0.1)
31
32    up()
33    sleep(100)
```

32: up 함수를 호출합니다.

❸ btn 버튼이 눌리는지 계속 확인하여 버튼이 눌리면 ncount값을 1 증가하고, up 함수를 호출합니다.

프로그램

```
32    up()
33
34    while 1:
35        if btn.pressed() == True :
36            ncount = ncount + 1
37            up()
```

34: 35행을 반복합니다.
35: btn 버튼이 눌리면 36~37행을 실행합니다.
36: ncount값을 1 증가합니다.
37: up 함수를 호출하여 다시 버튼을 올립니다.

2단계 **5번 이상 버튼을 누르면 도망 다니게 해 봅시다.**

버튼을 누른 횟수가 5번 이상인 경우, 초음파 센서에 손이 감지되면 한 번은 왼쪽으로 한 번은 오른쪽으로 움직여 도망 다니게 합니다.

📑 **해결 절차**

절차1 ult_move 함수를 만들고, 함수가 시작되면 버튼을 누른 횟수가 5회 이상인지 확인합니다.

절차2 5회 이상 버튼을 누른 상황에서 초음파 센서에 손이 감지되면 nleft값에 따라 왼쪽과 오른쪽으로 번갈아 움직입니다.

절차3 ult_move 함수를 멀티 함수로 만들고, ult_move 함수를 호출합니다.

절차1

❶ ult_move 함수를 만들고, 버튼을 누른 횟수인 ncount값이 5 이상인지 확인하는 명령을 추가합니다.

프로그램

```
24    def up():
25        sleep(0.5)
26        brick.sound.file(SoundFile.NO)
27        sleep(1)
28
29        mup.run_time(-300, 1000, Stop.BRAKE, True);
30        sleep(0.1)
31
32    def ult_move():            ← ult_move 함수를 정의합니다.
33        global ncount, nleft   ← 버튼을 누른 횟수인 ncount와 왼쪽으로 이동 여부를 확인할 nleft를 전역 변수로
34        while 1:                  사용합니다.
35            if ncount >= 5:     ← ncount값이 5 이상인지 확인합니다.
```

절차2

❷ nleft값이 0이면 왼쪽으로 1초간 이동하고, nleft값이 1이면 오른쪽으로 1초간 이동하는 명령을 추가합니다.

프로그램

```
32    def ult_move():
33        global ncount, nleft
34        while 1:
35            if ncount >= 5:
36                if ult.distance() < 100:    ← ult 초음파 센서값이 100mm 이내로 감지되면 37~46행을
37                    if nleft == 0:             실행합니다.
38                        mlr.run(-500)
39                        sleep(1)            ← nleft값이 0이면 mlr 모터 출력을 500으로 1초간 움직이고,
40                        mlr.stop()            정지한 후 nleft값을 1로 변경합니다.
41                        nleft = 1
42                    else:
43                        mlr.run(500)
44                        sleep(1)            ← nleft값이 1이면 mlr 모터 출력을 500으로 1초간 움직이고,
45                        mlr.stop()            정지한 후 nleft값을 0으로 변경합니다.
46                        nleft = 0
```

절차3

❸ ult_move 함수를 멀티 함수로 만들고, ult_move 함수를 호출하는 명령을 추가합니다.

```
프로그램

48    up()
49
50    t1 = threading.Thread(target=ult_move)    ← utl_move 함수를 스레드로 호출합니다.
51    t1.start()
52
53    while 1:
54        if btn.pressed() == True :
55            ncount = ncount + 1
56            up()
```

3단계 버튼을 10번 이상 눌렀을 경우, 버튼을 숨겨 봅시다.

버튼을 누른 횟수가 10번 이상이면 "너 집에 가" 또는 "Go" 소리와 함께 버튼을 내려 5초 이상 누르지 못하도록 하고 처음부터 다시 시작합니다.

🔖 해결 절차

절차1 gohome 함수를 만든 후 함수가 시작되면 "Go" 소리를 출력하고, 버튼을 내려 5초간 기다렸다가 ncount값을 0으로 초기화하고 버튼을 올립니다.

절차2 ncount값이 10 이상이면 gohome 함수를 호출합니다.

절차1

❶ gohome 함수를 만들고 "Go" 소리를 3회 출력한 후 5초간 버튼을 누른 횟수인 ncount값이 5 이상인지 확인하는 명령을 추가합니다.

```
프로그램

48    def gohome():                              ← gohome 함수를 정의합니다.
49        global ncount                          ← ncount를 전역 변수로 사용합니다.
50        sleep(0.5)                             ← 0.5초 기다립니다.
51        brick.sound.file(SoundFile.GO)
52        sleep(1)                               ← "Go" 소리를 1초간 출력합니다.
53        brick.sound.file(SoundFile.GO)
54        sleep(1)                               ← "Go" 소리를 1초간 출력합니다.
55        brick.sound.file(SoundFile.GO)
56        sleep(1)                               ← "Go" 소리를 1초간 출력합니다.
57
58        mup.run(300)
59        sleep(1)                               ← mup 모터를 300의 출력값을 적용하여 모터를 내립니다.
60        mup.stop()
61        sleep(5)                               ← 버튼을 내린 상태로 5초간 기다립니다.
62        ncount = 0                             ← ncount값을 0으로 초기화합니다.
63        up()                                   ← up 함수를 호출하여 버튼을 올립니다.
```

❷ ncount값이 10 이상이면 gohome 함수를 호출하는 명령을 추가합니다.

프로그램

```
70    while 1:
71        if btn.pressed() == True :
72            ncount = ncount + 1
73            up()
74        if ncount >= 10:
75            gohome()
```

74~75: ncount값이 10 이상이면 gohome 함수를 호출합니다.

전체 완성 프로그램 확인하기

프로그램

```
1   #!/usr/bin/env pybricks-micropython
2
3   from pybricks import ev3brick as brick
4   from pybricks.ev3devices import (Motor, TouchSensor, ColorSensor,
5                                    InfraredSensor, UltrasonicSensor, GyroSensor)
6   from pybricks.parameters import (Port, Stop, Direction, Button, Color,
7                                    SoundFile, ImageFile, Align)
8   from pybricks.tools import print, wait, StopWatch
9   from pybricks.robotics import DriveBase
10  from time import sleep
11  from time import time
12  import threading
13
14  # Write your program here
15
16  mup = Motor(Port.A)
17  mlr = Motor(Port.B)
18  btn = TouchSensor(Port.S1)
19  ult = UltrasonicSensor(Port.S2)
20
21  ncount = 0
22  nleft = 0
23
24  def up():
25      sleep(0.5)
26      brick.sound.file(SoundFile.NO)
27      sleep(1)
28
29      mup.run_time(-300, 1000, Stop.BRAKE, True);
30      sleep(0.1)
31
32  def ult_move():
33      global ncount, nleft
34      while 1:
35          if ncount >= 5:
36              if ult.distance() < 100:
37                  if nleft == 0:
```

```
38                    mlr.run(-500)
39                    sleep(1)
40                    mlr.stop()
41                    nleft = 1
42                else:
43                    mlr.run(500)
44                    sleep(1)
45                    mlr.stop()
46                    nleft = 0
47
48    def gohome():
49        global ncount
50        sleep(0.5)
51        brick.sound.file(SoundFile.GO)
52        sleep(1)
53        brick.sound.file(SoundFile.GO)
54        sleep(1)
55        brick.sound.file(SoundFile.GO)
56        sleep(1)
57
58        mup.run(300)
59        sleep(1)
60        mup.stop()
61        sleep(5)
62        ncount = 0
63        up()
64
65    up()
66
67    t1 = threading.Thread(target=ult_move)
68    t1.start()
69
70    while 1:
71        if btn.pressed() == True :
72            ncount = ncount + 1
73            up()
74        if ncount >= 10:
75            gohome()
```

실행하기 원하는 대로 프로그램이 동작하는지 실행해 봅시다.

프로그램 작성이 완료되면 F5 키를 눌러 프로그램을 실행하여 로봇이 제대로 동작하는지 확인합니다.

C·H·A·P·T·E·R

04

프로젝트 ★ 4

격투 로봇 만들기

로봇이 좌우로 움직이며 자신의 버튼을 방어하면서 팔로 상대방 로봇의 버튼을 때리면 이기는 격투 로봇을 만들어 봅시다.

완성된 로봇

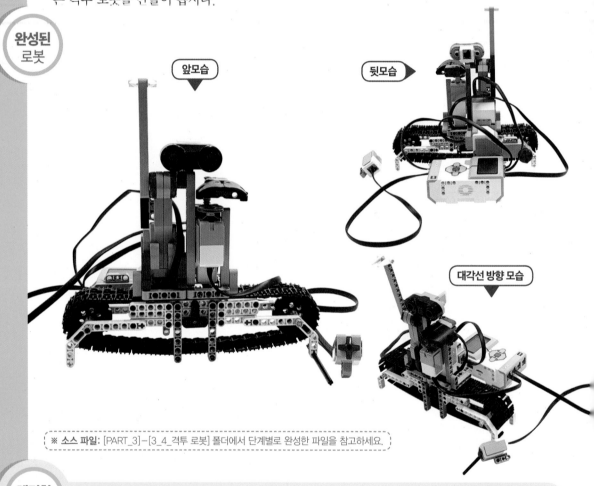

앞모습

뒷모습

대각선 방향 모습

※ **소스 파일**: [PART_3]-[3_4_격투 로봇] 폴더에서 단계별로 완성한 파일을 참고하세요.

해결할 문제

작은 문제로 나누어서 해결합니다.

1단계	2단계	3단계	4단계
프로그램이 실행되면 체인은 계속 왼쪽으로 움직이며, 체인과 연결된 버튼(버튼1)이 눌리는 동안만 오른쪽으로 움직이기	왼쪽에 있는 버튼을 누르면 막기 모터를 회전하여 0.5초간 공격을 막은 후 다시 돌아오고, 1초 동안 다시 사용할 수 없게 하기	브릭에 있는 오른쪽 버튼을 누르면 모터를 회전하여 공격한 후 다시 제자리로 올라오기	수비 실패 버튼(버튼1)이 눌릴 때마다 생명력값은 1씩 감소하고(초기 2), 생명력값이 0이 되면 게임을 종료하기

▶ 다음과 같이 로봇 두 대를 연결하여 격투 게임을 할 수도 있습니다.

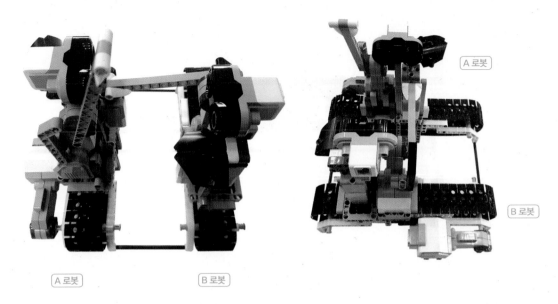

A 로봇

B 로봇

A 로봇   B 로봇

1 >> 조립하기

조립도를 보고 움직이는 격투 로봇을 만들어 봅시다.

❶ LDD 조립도 프로그램을 실행하여 다음과 같이 3개의 모듈을 준비합니다.

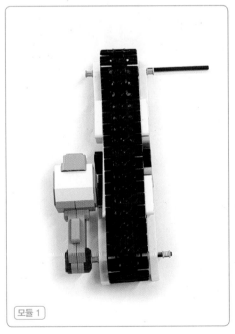

모듈 1

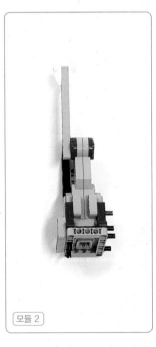

모듈 2

모듈 3

※ 제공한 [창작 조립도]–[PART_3] 폴더에서 '03_04_격투 로봇01.lxf'~'03_03_격투 로봇03.lxf' 조립도 파일을 하나씩 열어 모듈 1 ~ 모듈 3 까지 조립하여 나열하도록 합니다.

❷ 먼저 모듈 2 와 모듈 3 을 결합하기 위해 준비합니다.

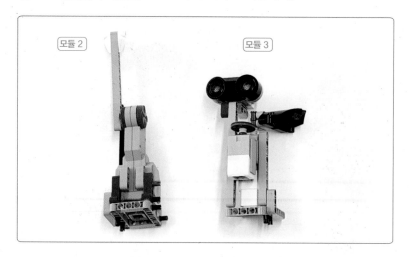

❸ 두 모듈의 아랫부분을 서로 연결하여 결합합니다.

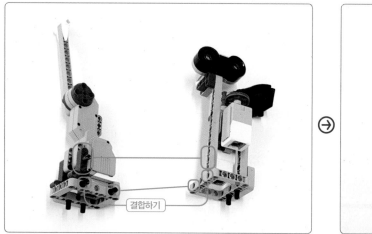

❹ 다음 작업의 편의를 위해 아래와 같이 서보 모터 2곳에 선을 연결해 놓습니다.

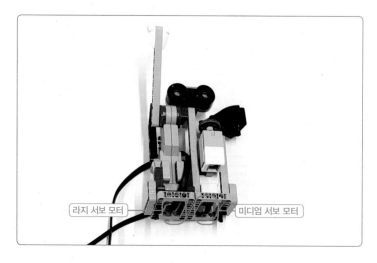

❺ 모듈1 을 준비하고 ❸에서 결합한 모듈을 세워 아랫부분 4곳을 체인에 결합합니다.

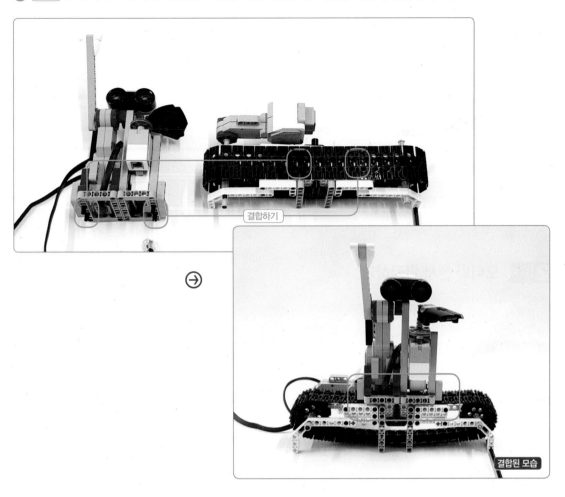

결합하기

결합된 모습

❻ 완성된 모습은 아래와 같습니다.

대각선 방향 모습

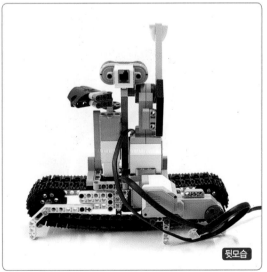

뒷모습

❼ 마지막으로 EV3 브릭에 있는 여러 입력 포트 중 2번 포트에 공격용 버튼을 선으로 연결해 놓습니다.

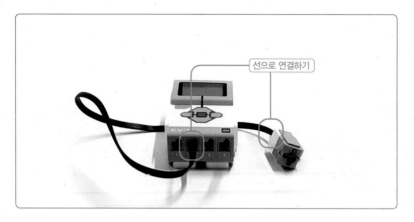

선으로 연결하기

2 >> 모터와 센서 연결하기

브릭에 모터와 센서를 연결합니다.

서보 모터

• motorA: 라지 서보 모터 ← 체인을 움직이는 서보 모터

• motorB: 라지 서보 모터 ← 공격을 위한 서보 모터

• motorC: 미디엄 서보 모터 ← 방어를 위한 서보 모터

• motorD: −

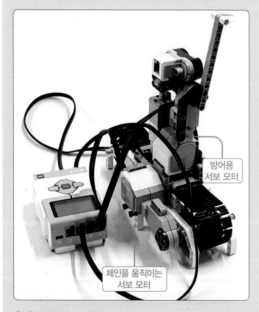

방어용
서보 모터

체인을 움직이는
서보 모터

🔺 출력 포트

센서 및 버튼

• Sensor1: 버튼 ← 수비 실패 확인 버튼

• Sensor2: 버튼 ← 체인을 오른쪽으로 움직이는 버튼

• Sensor3: −

• Sensor4: −

※ Sensor2에 연결된 버튼은 결합하지 않고, 손으로 잡은 상태에서 조종합니다.

🔺 입력 포트

3 >> 문제 분석 및 작은 문제로 나누기

문제를 분석하여 아래와 같이 작은 문제로 나누어 봅니다.

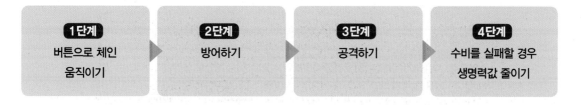

4 >> 작은 문제별 해결 전략 세우기

나눈 작은 문제들을 어떻게 해결해야 할지 아래와 같이 단계별로 해결 전략을 세웁니다.

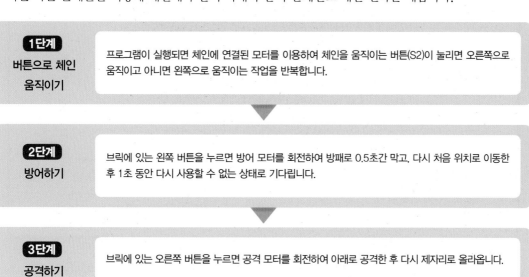

1단계
버튼으로 체인
움직이기

프로그램이 실행되면 체인에 연결된 모터를 이용하여 체인을 움직이는 버튼(S2)이 눌리면 오른쪽으로 움직이고 아니면 왼쪽으로 움직이는 작업을 반복합니다.

2단계
방어하기

브릭에 있는 왼쪽 버튼을 누르면 방어 모터를 회전하여 방패로 0.5초간 막고, 다시 처음 위치로 이동한 후 1초 동안 다시 사용할 수 없는 상태로 기다립니다.

3단계
공격하기

브릭에 있는 오른쪽 버튼을 누르면 공격 모터를 회전하여 아래로 공격한 후 다시 제자리로 올라옵니다.

4단계
수비를 실패할 경우
생명력값 줄이기

프로그램이 실행되면 생명력값은 2부터 시작합니다. 만약 수비를 실패하여 수비 버튼(S1)이 눌리면 생명력값을 1 감소하고, 생명력값이 0이 되면 게임을 종료합니다.

파이썬으로 프로그래밍하기

앞에서 설계한 [작은 문제별 해결 전략 세우기]대로 프로그래밍하여 미션을 해결합니다.

● 프로그래밍을 위한 사전 준비 ●

센서와 모터 등의 이름 정하기

sleep, time, 스레드를 사용하기 위해 가져오기를 추가하고, 포트 A는 체인을 좌우로 움직이는 모터이므로 'mm', 포트 B는 공격하는 데 사용하는 모터로 'ma', 포트 C는 방어하는 데 사용하는 모터로 'md', 포트 1은 버튼이 눌리면 생명력값이 줄어드는 용도로 'blife', 포트 2는 누르면 오른쪽으로 움직이는 터치 센서로 'br'에 연결합니다.

프로그램

```
1   #!/usr/bin/env pybricks-micropython
2
3   from pybricks import ev3brick as brick
4   from pybricks.ev3devices import (Motor, TouchSensor, ColorSensor,
5                                    InfraredSensor, UltrasonicSensor, GyroSensor)
6   from pybricks.parameters import (Port, Stop, Direction, Button, Color,
7                                    SoundFile, ImageFile, Align)
8   from pybricks.tools import print, wait, StopWatch
9   from pybricks.robotics import DriveBase
10  from time import sleep          ← sleep 함수를 사용하기 위해 추가합니다.
11  from time import time           ← time 함수를 사용하기 위해 추가합니다.
12  import threading                ← 스레드를 사용하기 위해 추가합니다.
13
14  # Write your program here
15
16  mm = Motor(Port.A)              ← 포트 A는 체인을 좌우로 움직이는 모터로 mm에 연결합니다.
17  ma = Motor(Port.B)              ← 포트 B는 공격을 위해 사용하는 모터로 ma에 연결합니다.
18  md = Motor(Port.C)              ← 포트 C는 수비를 위해 사용하는 모터로 md에 연결합니다.
19  blife = TouchSensor(Port.S1)    ← 포트 1은 눌리면 생명력값이 줄어드는 버튼으로 blife에 연결합니다.
20  br = TouchSensor(Port.S2)       ← 포트 2는 체인을 오른쪽으로 움직이는 버튼으로 br에 연결합니다.
```

1단계 버튼으로 체인을 움직여 봅시다.

프로그램이 실행되면 체인에 연결된 모터에 의해 체인을 움직이는 버튼(S2)을 누르면 오른쪽으로 움직이고, 아니면 왼쪽으로 움직이는 작업을 반복합니다.

 해결 절차

절차1 cmove 함수를 만든 후 함수가 시작되면 br 버튼을 누르면 체인을 오른쪽으로 이동하고, br 버튼을 누르지 않으면 체인을 왼쪽으로 이동합니다.

절차2 cmove 함수를 스레드로 호출하고, 잘 동작하는지 확인합니다.

절차1

❶ cmove 함수를 만든 후 br 버튼을 누르면 체인을 오른쪽으로 이동하고, br 버튼을 누르지 않으면 체
인을 왼쪽으로 움직이는 명령을 추가합니다.

프로그램

```
22    def cmove():
23        while 1:
24            if br.pressed() == True :
25                mm.run(200)
26            else:
27                mm.run(-200)
```

22: cmove 함수를 정의합니다.
23: 24~27행을 계속 반복합니다.
24~25: br 버튼을 누르면 mm 모터를 이용하여 200의 출력값으로 체인을 오른쪽으로 회전합니다.
26~27: br 버튼을 누르지 않으면 mm 모터를 이용하여 -200의 출력값으로 체인을 왼쪽으로 회전합니다.

절차2

❷ 프로그램이 시작되면 cmove 함수를 스레드로 호출하고, cmove 동작을 확인하기 위해 10초간 기다
리기는 명령을 추가합니다.

프로그램

```
22    def cmove():
23        while 1:
24            if br.pressed() == True :
25                mm.run(200)
26            else:
27                mm.run(-200)
28
29    t1 = threading.Thread(target=cmove)    ┐ ← cmove 함수를 스레드로 호출합니다.
30    t1.start()                             ┘
31
32    sleep(10)                                ← cmove 함수가 잘 실행되는지 10초간 기다립니다.
```

2단계 방어를 해 봅시다.

브릭의 왼쪽 버튼을 누르면 방어 모터를 회전하여 방패로 0.5초간 막고, 다시 처음 위치로 이동한 후
1초 동안 다시 사용할 수 없는 상태로 기다립니다.

🔖 해결 절차

절차1 defense 함수를 만든 후 함수가 시작되면 md 모터를 뒤쪽으로 이동시키고, 브릭의 왼쪽 버튼을 누르면 빠르게 돌
려 0.5초간 방어를 한 후 다시 사용할 수 있도록 md 모터를 뒤쪽으로 1초간 돌립니다.

절차2 defense 함수를 스레드로 호출하고, 잘 동작하는지 확인합니다.

절차1

❶ defense 함수를 만들고, md 모터를 −100의 출력값으로 1초간 회전하여 뒤쪽으로 이동시키는 명령을 추가합니다.

프로그램

```
22    def cmove():
23        while 1:
24            if br.pressed() == True :
25                mm.run(200)
26            else:
27                mm.run(-200)
28
29    def defense():                    ← defense 함수를 정의합니다.
30        md.run(-100)
31        sleep(1)                      ← md 모터를 −100의 출력값으로 1초간 회전하여 뒤로 보낸 후 정지합니다.
32        md.stop()
```

❷ 브릭의 왼쪽 버튼을 누르면 md 모터를 500의 출력값으로 0.5초 회전하여 빠르게 방어합니다. 그리고 방어를 위해 0.5초간 기다린 후, 다시 방어 모터를 뒤로 돌리기 위해 md 모터를 −100의 출력값으로 1초간 돌리고 정지합니다.

프로그램

```
29    def defense():
30        md.run(-100)
31        sleep(1)
32        md.stop()
33        while 1:                                      ← 34행을 무한 반복합니다.
34            if Button.LEFT in brick.buttons():← 브릭의 왼쪽 버튼을 누르면 35~41행을 실행합니다.
35                md.run(500)
36                sleep(0.5)                            ← md 모터를 500의 출력값으로 0.5초간 회전하여 앞쪽으로 이동합니다.
37                md.stop()
38                sleep(0.5)                            ← md 모터를 0.5초간 정지하여 방어합니다.
39                md.run(-100)
40                sleep(1)                              ← md 모터를 −100의 출력값으로 1초간 회전하여 뒤쪽으로 이동합니다.
41                md.stop()
```

절차2

❸ 프로그램이 시작되면 defense 함수를 스레드로 호출하는 명령을 추가합니다.

프로그램

```
44    t1 = threading.Thread(target=cmove)
45    t1.start()
46
47    t2 = threading.Thread(target=defense)     ← defense 함수를 스레드로 호출합니다.
48    t2.start()
49
50    sleep(10)
```

브릭에 있는 오른쪽 버튼을 누르면 공격 모터를 회전하여 아래로 공격한 후 다시 제자리로 올라옵니다.

해결 절차

절차1 attack 함수를 만든 후 함수가 시작되면 ma 모터를 위쪽으로 이동시키고, 브릭의 오른쪽 버튼을 누르면 빠르게 아래로 모터를 회전하여 공격한 후 다시 공격할 수 있도록 위로 1초간 이동시킵니다.

절차2 attack 함수를 스레드로 호출하고, 잘 동작하는지 확인합니다.

절차1

❶ attack 함수를 만들고, ma 모터를 −200의 출력값으로 1초간 회전하여 위쪽으로 이동시키는 명령을 추가합니다.

프로그램

```
43    def attack():
44        ma.run(-200)
45        sleep(1)
```

43: attack 함수를 정의합니다.
44~45: ma 모터를 −200의 출력값으로 1초간 회전하여 위로 이동합니다.

❷ 브릭의 오른쪽 버튼을 누르면 ma 모터를 800의 출력값으로 0.5초 회전하여 빠르게 공격합니다. 그리고 다음 공격을 위해 md 모터를 −200의 출력값으로 1초간 회전하여 위로 올립니다.

프로그램

```
43    def attack():
44        ma.run(-200)
45        sleep(1)
46        while 1:
47            if Button.RIGHT in brick.buttons():
48                ma.run(800)
49                sleep(0.5)
50                ma.run(-200)
51                sleep(1)
```

46: 47행을 무한 반복합니다.
47: 브릭의 오른쪽 버튼을 누르면 48~51행을 실행합니다.
48~49: ma 모터를 800의 출력값으로 0.5초간 회전하여 공격합니다.
50~51: ma 모터를 −200의 출력값으로 1초간 회전하여 위쪽으로 이동합니다.

❸ 프로그램이 시작되면 attack 함수를 스레드로 호출하는 명령을 추가합니다.

프로그램

```
53    t1 = threading.Thread(target=cmove)
54    t1.start()
55
56    t2 = threading.Thread(target=defense)
57    t2.start()
58
59    t3 = threading.Thread(target=attack)
60    t3.start()
```

59~60: attack 함수를 스레드로 호출합니다.

4단계 수비를 실패할 경우, 생명력값을 줄여 봅시다.

프로그램이 실행되면 생명력값은 2부터 시작합니다. 만약 수비를 실패하여 수비 버튼(S1)이 눌리면 생명력값을 1 감소하고, 생명력값이 0이 되면 게임을 종료합니다.

해결 절차

절차1 nlife 생명력 변수를 만들고, 초깃값을 2로 지정한 후 blife 수비 버튼이 눌리면 nlife 변숫값을 1 감소시킵니다.

절차2 nlife 생명력 변숫값이 0이 되면 프로그램을 종료합니다.

절차1

❶ nlife 생명력 변수를 만들고, 2로 초기화한 후 생명력 버튼이 눌리면 수비가 실패이므로 nlife 변숫값을 1 감소하는 명령을 추가합니다. 이때 앞에서 테스트하기 위해 사용했던 10초 기다리기는 삭제하거나 #을 붙여 주석으로 처리합니다.

프로그램

```
59    t3 = threading.Thread(target=attack)
60    t3.start()
61
62    #sleep(10)
63    nlife = 2
64    while 1:
65        if blife.pressed() == True :
66            brick.sound.file(SoundFile.BOING)
67            sleep(1)
68            nlife = nlife - 1
```

62: sleep(10)은 필요 없으므로 #을 붙여 주석으로 처리합니다.
63: 생명력 변수 nlife를 생성하고, 2로 초기화합니다.
65: blife 버튼이 눌리면 66~68행을 실행합니다.
66~67: 버튼이 눌리면 "BOING" 소리를 1초간 출력합니다.
68: nlife 변숫값을 1 감소합니다.

❷ nlife 변숫값이 0이면 "GAME_OVER" 소리를 출력하고, 10초간 정지하여 프로그램을 종료합니다.

프로그램

```
62    #sleep(10)
63    nlife = 2
64    while 1:
65        if blife.pressed() == True :
66            brick.sound.file(SoundFile.BOING)
67            sleep(1)
68            nlife = nlife - 1
69        if nlife == 0:
70            brick.sound.file(SoundFile.GAME_OVER)
71            sleep(10)
```

69: nlife값이 0이면 70~71행을 실행합니다.
70: "GAME_OVER" 소리를 출력합니다.
71: 10초간 정지합니다.

전체 완성 프로그램 확인하기

프로그램

```
1     #!/usr/bin/env pybricks-micropython
2
3     from pybricks import ev3brick as brick
4     from pybricks.ev3devices import (Motor, TouchSensor, ColorSensor,
5                                       InfraredSensor, UltrasonicSensor, GyroSensor)
6     from pybricks.parameters import (Port, Stop, Direction, Button, Color,
7                                       SoundFile, ImageFile, Align)
8     from pybricks.tools import print, wait, StopWatch
9     from pybricks.robotics import DriveBase
10    from time import sleep
11    from time import time
12    import threading
13
14    # Write your program here
15
16    mm = Motor(Port.A)
17    ma = Motor(Port.B)
18    md = Motor(Port.C)
19    blife = TouchSensor(Port.S1)
20    br = TouchSensor(Port.S2)
21
22    def cmove():
23        while 1:
24            if br.pressed() == True :
25                mm.run(200)
26            else:
27                mm.run(-200)
28
29    def defense():
30        md.run(-100)
```

```
31        sleep(1)
32        md.stop()
33        while 1:
34            if Button.LEFT in brick.buttons():
35                md.run(500)
36                sleep(0.5)
37                md.stop()
38                sleep(0.5)
39                md.run(-100)
40                sleep(1)
41                md.stop()
42
43  def attack():
44      ma.run(-200)
45      sleep(1)
46      while 1:
47          if Button.RIGHT in brick.buttons():
48              ma.run(800)
49              sleep(0.5)
50              ma.run(-200)
51              sleep(1)
52
53  #t1 = threading.Thread(target=cmove)
54  #t1.start()
55
56  #t2 = threading.Thread(target=defense)
57  #t2.start()
58
59  #t3 = threading.Thread(target=attack)
60  #t3.start()
61
62  #sleep(10)
63  nlife = 2
64  while 1:
65      if blife.pressed() == True :
66          brick.sound.file(SoundFile.BOING)
67          sleep(1)
68          nlife = nlife - 1
69      if nlife == 0:
70          brick.sound.file(SoundFile.GAME_OVER)
71          sleep(10)
```

실행하기 원하는 대로 프로그램이 동작하는지 실행해 봅시다.

프로그램 작성이 완료되면 F5 키를 눌러 프로그램을 실행하여 로봇이 제대로 동작하는지 확인합니다.

C·H·A·P·T·E·R

05

프로젝트★5

시간 예측 로봇 만들기

조립 난이도 하   프로그램 난이도 상

로봇이 임의의 시간(5~25초)을 알려 주면 두 사람이 서로 짐작하여 버튼을 눌러, 누가 더 시간을 초과하지 않고 비슷한 시간을 맞혔는지를 겨루는 시간 예측 로봇을 만들어 봅시다.

완성된 로봇

앞모습

윗모습

대각선 방향 모습

E V 3
교 재 용   No 36

※ **소스 파일**: [PART_3]−[3_5_시간 예측 로봇] 폴더에서 단계별로 완성한 파일을 참고하세요.

해결할 문제

작은 문제로 나누어서 해결합니다.

1단계	2단계	3단계	4단계
게임 시작하기	버튼 누름 확인하기	승무패 확인하기	게임 종료 확인하기

조립도를 보고 시간 예측 로봇을 만들어 봅시다.

❶ LDD 조립도 프로그램을 실행하여 아래와 같이 4개의 모듈을 만들어 놓습니다.

※ 모듈1 : 3칸 2개, 모듈2 : 6칸 1개, 모듈3 : 6칸 1개, 모듈4 : 6칸 1개를 사용합니다.

※ 제공한 [창작 조립도]−[PART_3] 폴더에서 '03_05_시간 예측 로봇01.lxf'～'03_04_시간 예측 로봇04.lxf' 조립도 파일을 하나씩 열어 모듈1 ～ 모듈4 까지 조립하여 나열하도록 합니다.

❷ 모듈 모듈2 , 모듈3 , 모듈4 를 준비한 후, 먼저 모듈 모듈2 와 모듈3 의 좌측을 결합합니다.

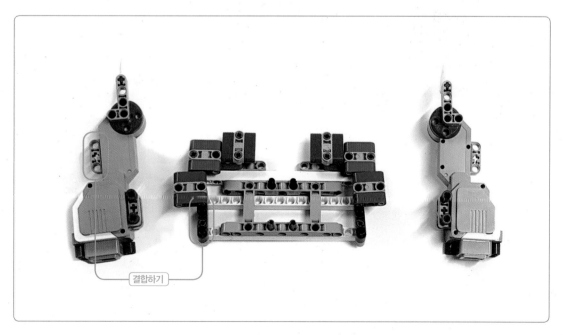

❸ 이번에는 ❷에서 결합한 모듈의 우측에 [모듈 4]를 결합합니다.

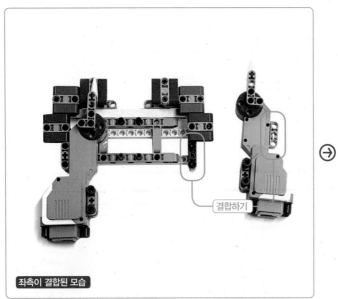

결합하기

좌측이 결합된 모습

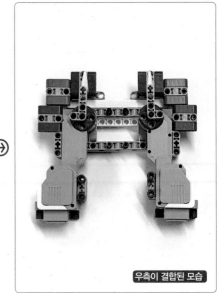

우측이 결합된 모습

❹ [모듈 1]과 결합된 모듈을 준비한 후, [모듈 1]을 결합된 모듈 위에 올려놓고 결합합니다.

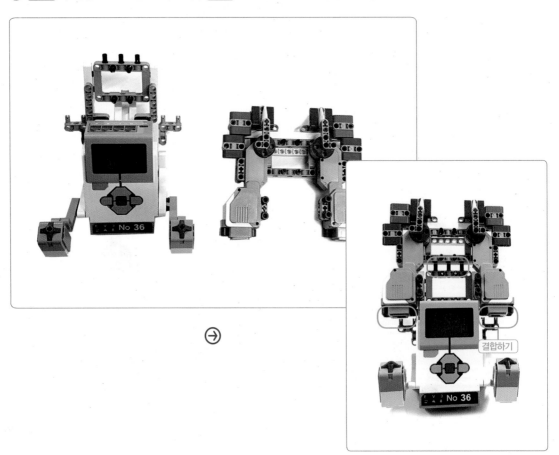

결합하기

❺ 결합이 완료되면 중간에 튀어 나온 빨간색 나사를 밀어 넣어 고정합니다.

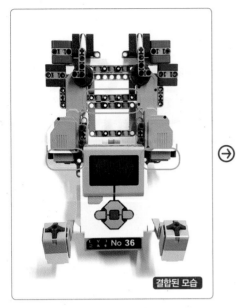

결합된 모습

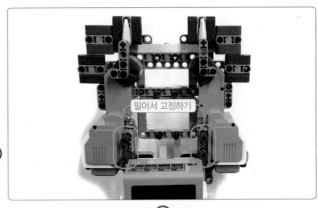

밀어서 고정하기

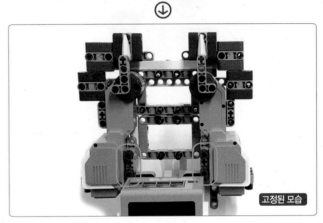

고정된 모습

❻ 결합된 모듈을 고정하기 위해 다음과 같이 결합 모듈과 11칸 일자 모듈을 2개 준비한 후, 11칸 일자를 각각 다음과 같이 결합하여 시간 예측 로봇을 완성합니다.

결합하기

결합하기

완성된 앞모습

완성된 옆모습

모터와 센서 연결하기

브릭에 모터와 센서를 연결합니다.

서보 모터

• motorA: 라지 서보 모터 ← 1번 사용자(왼쪽)의 점수를
알려 주는 서보 모터

• motorB: –

• motorC: –

• motorD: 라지 서보 모터 ← 2번 사용자(오른쪽)의 점수
를 알려 주는 서보 모터

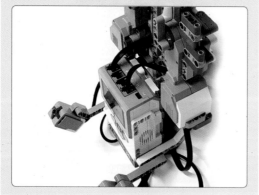

🔺 출력 포트

센서 및 버튼

• Sensor1: 버튼 ← 1번 사용자(왼쪽)의 시간 멈
춤용 버튼

• Sensor2: –

• Sensor3: –

• Sensor4: 버튼 ← 2번 사용자(오른쪽)의 시간
멈춤용 버튼

🔺 입력 포트

3 >> 문제 분석 및 작은 문제로 나누기

문제를 분석하여 아래와 같이 작은 문제로 나누어 봅니다.

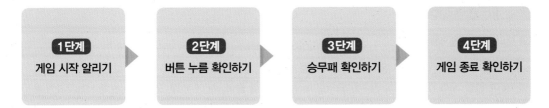

4 >> 작은 문제별 해결 전략 세우기

나눈 작은 문제들은 어떤 일을 해야 할지 아래와 같이 단계별로 해결 전략을 세웁니다.

1단계
게임 시작 알리기
- 프로그램이 시작되면 5~25초 사이의 시간을 알려 주고, 카운트다운을 한 후 시작을 알립니다.
- 시작과 함께 초시계를 시작하고 숨겨 놓습니다.

2단계
버튼 누름 확인하기
게임이 시작되면 사용자1과 사용자2의 터치 센서의 눌림을 확인하여 눌린 시간을 기록합니다.

3단계
승무패 확인하기
사용자1과 사용자2 모두 터치 센서를 눌렀으면 누른 시간에 따라 '승무패'를 확인한 후 점수판에 기록합니다.

4단계
게임 종료 확인하기
사용자1과 사용자2의 점수를 확인하여 2점이 나왔을 경우 게임을 종료하고, 아니면 게임을 다시 합니다.

앞에서 설계한 문제 해결 방법대로 프로그래밍하여 미션을 해결합니다.

● **프로그래밍을 위한 사전 준비** ●

센서와 모터 등의 이름 정하기

• sleep, time, 스레드, 랜덤값을 사용하기 위해 가져오기를 추가하고, 포트 A는 왼쪽 점수판 모터로 motor left를 줄여 'ml'에 연결, 포트 D는 오른쪽 점수판 모터로 motor right를 줄여 'mr'에 연결, 포트 1은 왼쪽 사용자가 누를 터치 버튼으로 'bl'에 연결, 포트 2는 오른쪽 사용자가 누를 터치 버튼으로 'br'에 연결합니다.
• 컴퓨터가 정해 주는 랜덤한 시간은 ntime, 게임이 시작되는 시간은 start_time에 각각 저장히기 위해 두 개의 변수를 추가합니다.

┌─ **프로그램** ──────────────────────────────────────

```
1   #!/usr/bin/env pybricks-micropython
2
3   from pybricks import ev3brick as brick
4   from pybricks.ev3devices import (Motor, TouchSensor, ColorSensor,
5                                    InfraredSensor, UltrasonicSensor, GyroSensor)
6   from pybricks.parameters import (Port, Stop, Direction, Button, Color,
7                                    SoundFile, ImageFile, Align)
8   from pybricks.tools import print, wait, StopWatch
9   from pybricks.robotics import DriveBase
10  from time import sleep          ← sleep 함수를 사용하기 위해 추가합니다.
11  from time import time           ← time 함수를 사용하기 위해 추가합니다.
12  import threading                ← 스레드를 사용하기 위해 추가합니다.
13  import random                   ← 랜덤 값을 생성하기 위해 추가합니다.
14
15  # Write your program here
16
17  ml = Motor(Port.A)        ← 포트 A는 왼쪽 점수판 모터로 ml에 연결합니다.
18  mr = Motor(Port.D)        ← 포트 D는 오른쪽 점수판 모터로 mr에 연결합니다.
19  bl = TouchSensor(Port.S1) ← 포트 1은 왼쪽 사용자의 버튼이 눌렸는지를 감지하는 버튼으로 bl에 연결합니다.
20  br = TouchSensor(Port.S4) ← 포트 4는 오른쪽 사용자의 버튼이 눌렸는지를 감지하는 버튼으로 br에 연결합니다.
21
22  ntime = 0            ← 컴퓨터가 정해 주는 랜덤한 시간을 저장할 ntime 변수를 만들고, 0으로 초기화합니다.
23  start_time = 0       ← 게임이 시작되는 시간을 기억할 start_time 변수를 만들고, 0으로 초기화합니다.
```

1단계 게임 시작을 알려 봅시다.

프로그램이 시작되면 5~25초 사이의 시간을 알려 주고, 카운트다운을 한 후 시작을 알립니다. 시작과 함께 초시계를 시작하고 숨겨 놓습니다.

해결 절차

> **절차1** clear_score 함수를 만들고, ml 모터와 mr 모터를 이용하여 양쪽 점수판이 모두 0점에서 시작하도록 점수 표시를 아래쪽에 위치시킵니다.
>
> **절차2** game_start 함수를 만들고, 함수가 시작되면 결정 시간인 ntime값을 5~25 사이의 수로 정한 후 "Three", "Two", "One", "Go" 소리를 출력합니다.
>
> **절차3** 프로그램이 시작되면 clear_score 함수를 호출하여 점수판을 초기화한 후, game_start 함수를 호출하여 게임을 시작합니다.

절차1

❶ clear_score 함수를 만들고, ml 모터와 mr 모터를 −100의 출력값으로 1초간 회전하여 점수판 위치를 파란색으로 이동한 후 그 상태에서 정지합니다.

프로그램

```
22    def clear_score():              ← clear_score 함수를 정의합니다.
23        ml.run(-100)
24        mr.run(-100)                ← ml 모터와 mr 모터를 1초간 −100의 출력값으로 회전합니다.
25        sleep(1)
26        ml.stop(Stop.BRAKE)         ← 현 상태로 ml 모터와 mr 모터를 정지합니다.
27        mr.stop(Stop.BRAKE)
28
29    ntime = 0
30    start_time = 0
```

절차2

❷ game_start 함수를 만들고, random 함수를 이용하여 5~25 사이의 값을 입력받아 ntime 변수에 저장한 후 브릭 화면에 출력합니다. 그리고 "Three", "Two", "One", "Go" 소리를 출력하고, 현재 시간을 start_time 변수에 저장합니다.

프로그램

```
29    def game_start():                          ← game_start 함수를 정의합니다.
30        global ntime, start_time               ← ntime, start_time을 전역 변수로 사용합니다.
31        ntime = random.randint(5, 25)          ← 5~25 사이의 정숫값을 생성하여 ntime 변수에 저장합니다.
32        brick.display.clear()
33        brick.display.text("time = " + str(ntime), (10, 10))    ← 브릭 화면의 (10, 10) 위치에
34        brick.sound.file(SoundFile.THREE)                          "time = ntime" 값 형태로 출력합니다.
35        brick.sound.file(SoundFile.TWO)
36        brick.sound.file(SoundFile.ONE)        ← "Three", "Two", "One", "Go"
37        brick.sound.file(SoundFile.GO)            소리를 출력합니다.
38        start_time = time()                    ← 현재 시작 시간을 start_time 변수에 저장합니다.
39
40    ntime = 0
41    start_time = 0
```

❸ 프로그램이 시작되면 clear_score 함수를 호출하여 점수 표시를 파란색 위치로 이동시킨 후 game_start 함수를 호출하여 게임을 시작합니다.

프로그램

```
40    ntime = 0
41    start_time = 0
42
43    clear_score()        ← clear_score 함수를 호출합니다.
44    game_start()         ← game_start 함수를 호출합니다.
```

2단계 버튼 누름을 확인해 봅시다.

게임이 시작되면 사용자1과 사용자2의 터치 센서가 눌렸는지 확인히여 눌린 시간을 기록합니다.

🔖 해결 절차

절차1 사용자가 누른 버튼의 시간을 기록할 left_time, right_time 변수를 만듭니다.

절차2 check_button 함수를 만들고, bl과 br 버튼이 눌리는지 확인하여 각 버튼이 눌리면 눌린 시간을 각각 left_time, right_time 변수에 저장합니다.

절차3 left_time과 right_time값이 0이 아니면 check_button 함수를 종료합니다.

절차4 check_button 함수를 호출하여 사용자가 버튼을 누른 시간을 기록합니다.

절차1

❶ 왼쪽 사용자가 누른 시간을 기억할 left_time 변수와 오른쪽 사용자가 누른 시간을 기억할 right_time 변수를 만듭니다.

프로그램

```
40    ntime = 0
41    start_time = 0
42    left_time = 0        ← 왼쪽 사용자가 누른 시간을 기억할 left_time 변수를 선언하고 0으로 초기화합니다.
43    right_time = 0       ← 오른쪽 사용자가 누른 시간을 기억할 right_time 변수를 선언하고 0으로 초기화합니다.
```

절차2

❷ check_button 함수를 만들고, bl 버튼이 눌리는지 계속 확인하면서 bl 버튼이 눌리고 left_time값이 0이면 아직 왼쪽 버튼을 누른 적이 없는 것이므로 left_time값에 현재 시간을 저장합니다.

프로그램

```
40    def check_button():              ← check_button 함수를 정의합니다.
41        global left_time, right_time  ← left_time과 right_time을 전역 변수로 사용합니다.
42        while 1:                       ← 43~45행을 무한 반복합니다.
43            if bl.pressed() == True:   ← bl 버튼이 눌리면 44행을 실행합니다.
44                if(left_time == 0):
45                    left_time = time()  ← left_time값이 0인 경우 left_time값에 현재 시간을 저장합니다.
46
47    ntime = 0
48    start_time = 0
49    left_time = 0
50    right_time = 0
```

❸ 같은 방법으로 br 버튼이 눌리고 right_time값이 0이면 아직 오른쪽 버튼을 누른 적이 없는 것이므로 right_time값에 현재 시간을 저장합니다.

```
40    def check_button():
41        global left_time, right_time
42        while 1:
43            if bl.pressed() == True:
44                if(left_time == 0):
45                    left_time = time()
46            if br.pressed() == True:         ← br 버튼이 눌리면 4/행을 실행합니다.
47                if(right_time == 0):  ⎫
48                    right_time = time()  ⎬ ← right_time값이 0인 경우 right_time값에 현재 시간을 저장합니다.
```

절차3

❹ left_time과 right_time값이 모두 0보다 크면 check_button 함수를 종료합니다.

```
40    def check_button():
41        global left_time, right_time
42        while 1:
43            if bl.pressed() == True:
44                if(left_time == 0):
45                    left_time = time()
46            if br.pressed() == True:
47                if(right_time == 0):
48                    right_time = time()
49            if (left_time > 0 and right_time > 0):  ⎫ ← left_time값이 0보다 크면서 righ_time값이 0보다
50                return                              ⎬   큰 경우 check_button 함수를 종료합니다.
```

절차4

❺ check_button 함수를 호출하여 사용자가 버튼을 누른 시간을 기록합니다.

```
57    clear_score()
58    game_start()
59    check_button()   ← check_button 함수를 호출합니다.
```

3단계 승무패를 확인해 봅시다.

사용자1과 사용자2 모두 터치 버튼을 눌렀으면 누른 시간에 따라 '승무패'를 확인하고 점수판에 기록합니다

🔖 **해결 절차**

절차1 왼쪽 사용자의 점수를 기록할 left_score 변수와 오른쪽 사용자의 점수를 기록할 right_score 변수를 만듭니다.

절차2 왼쪽과 오른쪽 사용자의 점수판 모터를 움직여 점수를 올리거나 내리는 함수들을 만듭니다.

절차3 check_win 함수를 만들고, 브릭 화면에 왼쪽 버튼을 누른 시간과 오른쪽 버튼을 누른 시간을 출력합니다.

절차4 무승부를 확인할 check_draw 함수를 만들고, 왼쪽 버튼을 누른 시간과 오른쪽 버튼을 누른 시간이 모두 ntime값보다 초과했으면 브릭 화면에 시간 초과를 알려 주고, 왼쪽과 오른쪽 점수를 1점씩 감점합니다. 그리고 시간 초과가 아니면서 왼쪽과 오른쪽이 같은 시간이면 브릭 화면에 무승부를 출력합니다.

절차5 왼쪽 사용자가 이긴 경우를 확인할 check_left_win 함수를 만들고, 왼쪽 사용자가 이긴 경우 점수값 및 점수판을 1점 올립니다.

절차6 오른쪽 사용자가 이긴 경우를 확인할 check_right_win 함수를 만들고, 오른쪽 사용자가 이긴 경우 점수값 및 점수판을 1점 올립니다.

절차7 승무패를 확인할 check_win 함수를 호출합니다.

절차1

❶ 왼쪽 사용자의 점수를 기록할 left_score 변수와 오른쪽 사용자의 점수를 기록할 right_score 변수를 만듭니다.

프로그램

```
52    ntime = 0
53    start_time = 0
54    left_time = 0
55    right_time = 0
56    left_score = 0      ← 왼쪽 사용자의 점수를 기억할 left_score 변수를 선언하고 0으로 초기화합니다.
57    right_score = 0     ← 오른쪽 사용자의 점수를 기억할 right_score 변수를 선언하고 0으로 초기화합니다.
```

절차2

❷ 왼쪽이 이긴 경우 점수판을 위로 올리기 위한 left_add 함수를 만들고, ml 모터를 회전하여 점수판을 위로 이동시킵니다. 그리고 왼쪽이 진 경우 점수판을 내리기 위한 left_back 함수를 만들고, ml 모터를 회전하여 점수판을 아래로 이동시킵니다.

프로그램

```
52    def left_add():          ← left_add 함수를 정의합니다.
53        ml.run(100)
54        sleep(0.5)           ← ml 모터를 100의 출력값으로 0.5초 회전하여 위로 한 칸 올립니다.
55        ml.stop(Stop.BRAKE)
56
57    def left_back():         ← left_back 함수를 정의합니다.
58        ml.run(-100)
59        sleep(0.5)           ← ml 모터를 -100의 출력값으로 0.5초 회전하여 아래로 한 칸 내립니다.
60        ml.stop(Stop.BRAKE)
61
62    ntime = 0
63    start_time = 0
```

❸ 같은 방법으로 오른쪽이 이긴 경우 점수판을 위로 올리기 위한 right_add 함수를 만들고, mr 모터를 회전하여 점수판을 위로 이동시킵니다. 그리고 오른쪽이 진 경우 점수판을 내리기 위한 right_back 함수를 만들고, mr 모터를 회전하여 점수판을 아래로 이동시킵니다.

```
57    def left_back():
58        ml.run(-100)
59        sleep(0.5)
60        ml.stop(Stop.BRAKE)
61
62    def right_add():          ← right_add 함수를 정의합니다.
63        mr.run(100)
64        sleep(0.5)            ← mr 모터를 100의 출력값으로 0.5초 회전하여 위로 한 칸 올립니다.
65        mr.stop(Stop.BRAKE)
66
67    def right_back():         ← right_back 함수를 정의합니다.
68        mr.run(-100)
69        sleep(0.5)            ← mr 모터를 −100의 출력값으로 0.5초 회전하여 아래로 한 칸 내립니다.
70        mr.stop(Stop.BRAKE)
```

절차3

❹ check_win 함수를 만들고, 브릭 화면에 왼쪽 버튼을 누른 시간과 오른쪽 버튼을 누른 시간을 출력합니다.

프로그램

```
67    def right_back():
68        mr.run(-100)
69        sleep(0.5)
70        mr.stop(Stop.BRAKE)
71
72    def check_win():
73        global start_time, left_time, right_time
74        brick.display.text("left = " + str(left_time - start_time), (10, 30))
75        brick.display.text("right = " + str(right_time - start_time), (10, 50))
```

72: check_win 함수를 정의합니다.
73: start_time, left_time, right_time을 전역 변수로 사용합니다.
74: 브릭 화면의 (10, 30) 위치에 "왼쪽 버튼을 누른 시간 − 시작 시간", 즉 왼쪽 버튼을 누른 시간을 출력합니다.
75: 브릭 화면의 (10, 50) 위치에 오른쪽 버튼을 누른 시간을 출력합니다.

절차4

❺ check_draw 함수를 만들고, 왼쪽과 오른쪽 버튼을 누른 시간이 ntime값을 모두 초과했으면 브릭 화면에 "time over"를 출력합니다. 그리고 check_win 함수 마지막에 check_draw 함수를 호출합니다.

프로그램

```
72    def check_draw():
73        global left_score, right score
74        if (left_time - start_time > ntime and right_time - start_time > ntime):
75            brick.display.text("left time over", (10, 70))
76            brick.display.text("right time over", (10, 90))
77            sleep(3)
78
79
```

```
80    def check_win():
81        global start_time, left_time, right_time
82        brick.display.text("left = " + str(left_time - start_time), (10, 30))
83        brick.display.text("right = " + str(right_time - start_time), (10, 50))
84        check_draw()
```

72: check_draw 함수를 만듭니다.
73: left_score, right_score를 전역 변수로 사용합니다.
74: 왼쪽 버튼을 누른 시간이 랜덤 시간인 ntime보다 크면서 오른쪽 버튼을 누른 시간이 ntime보다 크면 75~77행을 실행합니다.
75: 브릭 화면의 (10, 70) 위치에 "left time over"를 출력합니다.
76: 브릭 화면의 (10, 90) 위치에 "right time over"를 출력합니다.
84: check_draw 함수를 호출합니다.

❻ 만약 왼쪽과 오른쪽 모두 시간 초과이면 왼쪽과 오른쪽 점수를 모두 1점 감소해야 합니다. 왼쪽과 오른쪽 점수가 모두 0보다 크면(0인 경우 더 감소할 수 없기에) 1점 감소하고, 점수판을 아래로 한 칸 이동시킵니다.

프로그램

```
72    def check_draw():
73        global left_score, right_score
74        if (left_time - start_time > ntime and right_time - start_time > ntime):
75            brick.display.text("left time over", (10, 70))
76            brick.display.text("right time over", (10, 90))
77            sleep(3)
78            if left_score > 0:
79                left_score = left_score -1
80                left_back()
81            if right_score > 0:
82                right_score = right_score -1
83                right_back()
```

← left_score 점수가 0보다 크면 left_score를 1점 감소하고, left_back 함수를 호출하여 왼쪽 점수판을 한 칸 내립니다.

← right_score 점수가 0보다 크면 right_score를 1점 감소하고, right_back 함수를 호출하여 오른쪽 점수판을 한 칸 내립니다.

❼ 시간 초과가 아니고 양쪽 시간이 같은 경우에는 무승부이므로 "무승부"를 출력합니다.

프로그램

```
72    def check_draw():
73        global left_score, right_score
74        if (left_time - start_time > ntime and right_time - start_time > ntime):
75            brick.display.text("left time over", (10, 70))
76            brick.display.text("right time over", (10, 90))
77            sleep(3)
78            if left_score > 0:
79                left_score = left_score -1
80                left_back()
81            if right_score > 0:
82                right_score = right_score -1
83                right_back()
84        elif left_time == right_time:
85            brick.display.text("draw game", (10, 70))
86            sleep(3)
```

84~86: left_time과 right_time값이 같으면 브릭 화면의 (10, 70) 위치에 "draw game"을 출력합니다.

❽ 왼쪽 사용자가 이긴 경우를 확인할 check_left_win 함수를 만든 후 왼쪽 버튼을 누른 시간이 시간 초과가 아니고, 오른쪽 버튼을 누른 시간이 시간 초과이면 왼쪽 점수는 올리고 오른쪽 점수는 내립니다.

프로그램

```
88    def check_left_win():
89        global left_score, right_score
90        if left_time - start_time <= ntime :
91            if right_time - start_time > ntime :
92                left_score = left_score + 1
93                left_add()
94                if right_score > 0:
95                    right_score = right_score - 1
96                    right_back()
97
98    def check_win():
99        global start_time, left_time, right_time
100       brick.display.text("left = " + str(left_time - start_time), (10, 30))
101       brick.display.text("right = " + str(right_time - start_time), (10, 50))
102       check_draw()
103       check_left_win()
```

88: check_left_win 함수를 만듭니다.
89: left_score, right_score를 전역 변수로 사용합니다.
90: 왼쪽 버튼을 누른 시간이 랜덤 시간인 ntime값보다 작으면 91행을 실행합니다.
91: 오른쪽 버튼을 누른 시간이 랜덤 시간인 ntime값보다 크면 92~94을 실행합니다.
92~93: left_score를 1점 증가하고, 왼쪽 점수판을 한 칸 올리기 위해 left_add 함수를 호출합니다.
94~96: right_score가 0보다 크면 right_score 점수를 1점 감소하고, 오른쪽 점수판을 한 칸 내립니다.
103: check_left_win 함수를 호출합니다.

❾ 왼쪽 버튼을 누른 시간이 시간 초과가 아니면서 오른쪽 버튼을 누른 시간 값보다 크면 왼쪽이 승리이므로 왼쪽 점수를 1점 올리고, 왼쪽 승리를 알려 줍니다.

프로그램

```
88    def check_left_win():
89        global left_score, right_score
90        if left_time - start_time <= ntime :
91            if right_time - start_time > ntime :
92                left_score = left_score + 1
93                left_add()
94                if right_score > 0:
95                    right_score = right_score - 1
96                    right_back()
97            elif left_time - start_time > right_time - start_time :
98                left_score = left_score + 1
99                left_add()
100               brick.display.text("left win", (10, 70))
101               sleep(3)
```

97: 왼쪽 버튼이 시간 초과가 아니면서 왼쪽 버튼을 누른 시간이 오른쪽 버튼을 누른 시간값보다 크면 98~101행을 실행합니다.
98~99: left_score를 1점 증가하고, 왼쪽 점수판을 한 칸 올리기 위해 left_add 함수를 호출합니다.
100~101: 브릭 화면의 (10, 70) 위치에 "left win"을 3초간 출력합니다.

⑩ 오른쪽 사용자가 이긴 경우를 확인할 check_right_win 함수를 만든 후 오른쪽 버튼을 누른 시간이 시간 초과가 아니고 왼쪽 버튼을 누른 시간이 시간 초과이면 오른쪽 점수는 올리고 왼쪽 점수는 내립니다.

프로그램

```
103    def check_right_win():
104        global left_score, right_score
105        if right_time - start_time <= ntime :
106            if left_time - start_time > ntime :
107                right_score = right_score + 1
108                right_add()
109                if left_score > 0:
110                    left_score = left_score - 1
111                    left_back()
112
113    def check_win():
114        global start_time, left_time, right_time
115        brick.display.text("left = " + str(left_time - start_time), (10, 30))
116        brick.display.text("right = " + str(right_time - start_time), (10, 50))
117        check_draw()
118        check_left_win()
119        check_right_win()
```

103: check_right_win 함수를 만듭니다.
104: left_score, right_score를 전역 변수로 사용합니다.
105: 오른쪽 버튼을 누른 시간이 랜덤 시간인 ntime값보다 작으면 106행을 실행합니다.
106: 왼쪽 버튼 누른 시간이 랜덤 시간인 ntime값보다 크면 107~108행을 실행합니다.
107~108: right_score 1점 증가하고, 오른쪽 점수판을 한 칸 올리기 위해 right_add 함수를 호출합니다.
109~111: left_score가 0보다 크면 left_score 점수를 1점 감소하고, 왼쪽 점수판을 한 칸 내립니다.
119: check_right_win 함수를 호출합니다.

⑪ 오른쪽 버튼을 누른 시간이 시간 초과가 아니면서 왼쪽 버튼을 누른 시간값보다 크면 오른쪽의 승리이므로 오른쪽 점수를 1점 올리고, 오른쪽 승리를 알려 줍니다.

프로그램

```
103    def check_right_win():
104        global left_score, right_score
105        if right_time - start_time <= ntime :
106            if left_time - start_time > ntime :
107                right_score = right_score + 1
108                right_add()
109                if left_score > 0:
110                    left_score = left_score - 1
111                    left_back()
112            elif right_time - start_time > left_time - start_time :
113                right_score = right_score + 1
114                right_add()
115                brick.display.text("right win", (10, 70))
116                sleep(3)
```

112: 오른쪽 버튼이 시간 초과가 아니면서 오른쪽 버튼을 누른 시간이 왼쪽 버튼을 누른 시간값보다 크면 113~116행을 실행합니다.
113~114: right_score를 1점 증가하고, 오른쪽 점수판을 한 칸 올리기 위해 right_add 함수를 호출합니다.
115~116: 브릭 화면의 (10, 70) 위치에 "right win"을 3초간 출력합니다.

⓬ 승무패를 확인할 check_win 함수를 호출합니다.

```
프로그램
133    clear_score()
134    game_start()
135    check_button()
136    check_win()        ← check_win 함수를 호출합니다.
```

4단계 게임 종료를 확인해 봅시다.

사용자1과 사용자2의 점수를 모두 확인하여 2점이 나왔을 경우 게임을 종료하고, 아니면 게임을 다시 합니다.

🏴 해결 절차

절차1 점수가 2점 나왔는지를 확인하기 위한 check_end 함수를 만들고, left_schore값이 2점이 되면 "left winner"를 출력합니다.

절차2 right_score값이 2점이면 "right winner"를 출력합니다.

절차3 둘의 점수가 2점이 아니면 계속 게임을 합니다.

절차1

❶ 게임 종료를 확인할 end 변수를 선언하고, 0으로 초기화합니다.

```
프로그램
126    ntime = 0
127    start_time = 0
128    left_time = 0
129    right_time = 0
130    left_score = 0
131    right_score = 0
132    end = 0               ← 게임 종료인지를 확인할 end 변수를 선언 및 0으로 초기화합니다.
```

❷ check_end 함수를 만들고, left_score값이 2 이상이면 프로그램을 종료하기 위해 end값을 1로 변경합니다. 그리고 브릭 화면의 (10, 110) 위치에 "left winner"를 3초간 출력합니다.

```
프로그램
118    def check_win():
119        global start_time, left_time, right_time
120        brick.display.text("left = " + str(left_time - start_time), (10, 30))
121        brick.display.text("right = " + str(right_time - start_time), (10, 50))
122        check_draw()
123        check_left_win()
124        check_right_win()
125
```

```
126    def check_end():
127        global end
128        if left_score >= 2:
129            end = 1
130            brick.display.text("left winner", (10, 110))
131            sleep(3)
```

126: check_end 함수를 만듭니다.
127: end를 전역 변수로 사용합니다.
128~131: left_score 점수가 2점 이상이면 end를 1로 변경하고, 브릭 화면의 (10, 110) 위치에 "left winner"를 3초간 출력합니다.

절차2

❸ right_score값이 2 이상이면 프로그램을 종료하기 위해 end값을 1로 변경합니다. 그리고 브릭 화면의 (10, 110) 위치에 "right winner"를 3초간 출력합니다.

프로그램

```
126    def check_end():
127        global end
128        if left_score >= 2:
129            end = 1
130            brick.display.text("left winner", (10, 110))
131            sleep(3)
132        elif right_score >= 2:
133            end = 1
134            brick.display.text("right winner", (10, 110))
135            sleep(3)
```
← right_score 점수가 2점 이상이면 end를 1로 변경하고, "right winner"를 3초간 출력합니다.

절차3

❹ end값이 1인 경우 프로그램을 종료하고, 아니면 게임을 계속하도록 프로그램을 수정합니다.

프로그램

```
145    clear_score()
146    while 1:
147        game_start()
148        check_button()
149        check_win()
150        check_end()
151        if end == 1:
152            brick.display.text("Game over", (10, 130))
153            break
154        left_time = 0
155        right_time = 0
156        brick.display.clear()
```
← 147~156행을 무한 반복합니다.

← check_end 함수를 호출합니다.

← end값이 1이면 브릭 화면의 (10, 130) 위치에 "Game over"를 출력하고, 무한 반복을 종료합니다.

← 다시 게임을 위해 left_time값과 right_time값을 0으로 초기화합니다.

← 브릭 화면을 지웁니다.

```
1   #!/usr/bin/env pybricks-micropython
2         ♪
3   from pybricks import ev3brick as brick
4   from pybricks.ev3devices import (Motor, TouchSensor, ColorSensor,
5                                    InfraredSensor, UltrasonicSensor, GyroSensor)
6   from pybricks.parameters import (Port, Stop, Direction, Button, Color,
7                                    SoundFile, ImageFile, Align)
8   from pybricks.tools import print, wait, StopWatch
9   from pybricks.robotics import DriveBase
10  from time import sleep
11  from time import time
12  import threading
13  import random
14
15  # Write your program here
16
17  ml = Motor(Port.A)
18  mr = Motor(Port.D)
19  bl = TouchSensor(Port.S1)
20  br = TouchSensor(Port.S4)
21
22  def clear_score():
23      ml.run(-100)
24      mr.run(-100)
25      sleep(1)
26      ml.stop(Stop.BRAKE)
27      mr.stop(Stop.BRAKE)
28
29  def game_start():
30      global ntime, start_time
31      ntime = random.randint(5, 25)
32      brick.display.clear()
33      brick.display.text("time = " + str(ntime), (10, 10))
34      brick.sound.file(SoundFile.THREE)
35      brick.sound.file(SoundFile.TWO)
36      brick.sound.file(SoundFile.ONE)
37      brick.sound.file(SoundFile.GO)
38      start_time = time()
39
40  def check_button():
41      global left_time, right_time
42      while 1:
43          if bl.pressed() == True:
44              if(left_time == 0):
45                  left_time = time()
46          if br.pressed() == True:
47              if(right_time == 0):
48                  right_time = time()
49          if (left_time > 0 and right_time > 0):
50              return
51
```

```
52  def left_add():
53      ml.run(100)
54      sleep(0.5)
55      ml.stop(Stop.BRAKE)
56
57  def left_back():
58      ml.run(-100)
59      sleep(0.5)
60      ml.stop(Stop.BRAKE)
61
62  def right_add():
63      mr.run(100)
64      sleep(0.5)
65      mr.stop(Stop.BRAKE)
66
67  def right_back():
68      mr.run(-100)
69      sleep(0.5)
70      mr.stop(Stop.BRAKE)
71
72  def check_draw():
73      global left_score, right_score
74      if (left_time - start_time > ntime and right_time - start_time > ntime):
75          brick.display.text("left time over", (10, 70))
76          brick.display.text("right time over", (10, 90))
77          sleep(3)
78          if left_score > 0:
79              left_score = left_score -1
80              left_back()
81          if right_score > 0:
82              right_score = right_score -1
83              right_back()
84      elif left_time == right_time:
85          brick.display.text("draw game", (10, 70))
86          sleep(3)
87
88  def check_left_win():
89      global left_score, right_score
90      if left_time - start_time <= ntime :
91          if right_time - start_time > ntime :
92              left_score = left_score + 1
93              left_add()
94              if right_score > 0:
95                  right_score = right_score - 1
96                  right_back()
97          elif left_time - start_time > right_time - start_time :
98              left_score = left_score + 1
99              left_add()
100             brick.display.text("left win", (10, 70))
101             sleep(3)
102
103 def check_right_win():
104     global left_score, right_score
105     if right_time - start_time <= ntime :
```

```
106         if left_time - start_time > ntime :
107             right_score = right_score + 1
108             right_add()
109             if left_score > 0:
110                 left_score = left_score - 1
111                 left_back()
112         elif right_time - start_time > left_time - start_time :
113             right_score = right_score + 1
114             right_add()
115             brick.display.text("right win", (10, 70))
116             sleep(3)
117
118 def check_win():
119     global start_time, left_time, right_time
120     brick.display.text("left = " + str(left_time - start_time), (10, 30))
121     brick.display.text("right = " + str(right_time - start_time), (10, 50))
122     check_draw()
123     check_left_win()
124     check_right_win()
125
126 def check_end():
127     global end
128     if left_score >= 2:
129         end = 1
```

실행하기 원하는 대로 프로그램이 동작하는지 실행해 봅시다.

프로그램 작성이 완료되면 F5 키를 눌러 프로그램을 실행하여 로봇이 제대로 동작하는지 확인합니다.

프로젝트★6

06 기억력 게임 로봇 만들기

기억력 게임을 하는 로봇을 조립하여 게임을 통해 누구의 기억력이 좋은지 측정해 봅시다.

완성된 로봇

앞모습

윗모습

대각선 방향 모습

※ 소스 파일: [PART_3]-[3_6_기억력 게임 로봇] 폴더에서 단계별로 완성한 파일을 참고하세요.

해결할 문제

작은 문제로 나누어서 해결합니다.

1단계 프로그램이 실행되면 소리 모드와 모션 모드 중 하나를 선택하기

2단계 소리 모드를 선택하면 기억해야 할 개수만큼 소리로 알려 주기

3단계 모션 모드를 선택하면 기억해야 할 개수만큼 모션으로 알려 주기

4단계 기억해야 하는 개수만큼 브릭의 버튼을 눌러 입력받기

5단계
• 기억해야 하는 개수만큼 순서대로 정확하게 버튼을 눌렀으면 1 증가하여 [2단계] 또는 [3단계]로 이동하여 새롭게 입력해야 하는 값을 알려 주고, 틀린 경우에는 생명력값을 1 감소하고 [2단계] 또는 [3단계]로 이동하여 같은 개수만큼 새롭게 알려 주기
• 만약 생명력값이 0이 되면 프로그램을 종료하기

조립도를 보고 기억력 게임 로봇을 만들어 봅시다.

❶ LDD 조립도 프로그램을 실행하여 아래와 같이 4개의 모듈을 만들어 놓습니다.

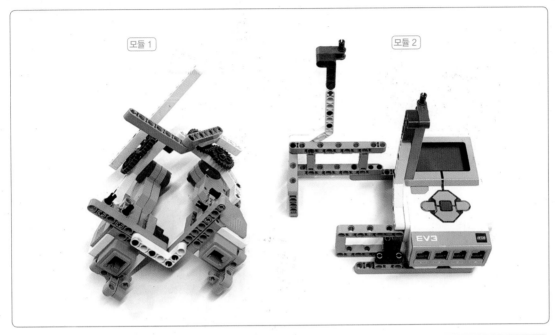

모듈 1   모듈 2

모듈 3   모듈 4

※ 모듈1 : 5칸 2개, 모듈3 : 4칸 2개, 모듈4 : 6칸 1개, 7칸 3개, 9칸 1개, 10칸 1개를 사용합니다.

※ 제공한 [창작 조립도]-[PART_3] 폴더에서 '03_06_기억력 게임 로봇01.lxf'~'03_04_기억력 게임 로봇04.lxf' 조립도 파일을 하나
씩 열어 모듈1 ~ 모듈4 까지 조립하여 나열하도록 합니다.

❷ 모듈 1 , 모듈 2 를 준비한 후, 모듈 1 을 세워 모듈 2 와 결합합니다.

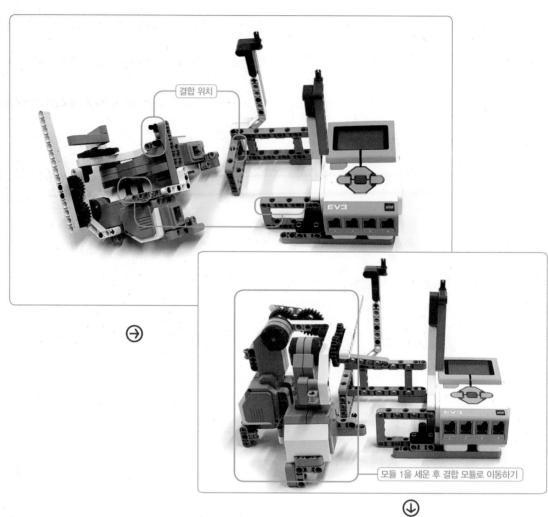

결합 위치

모듈 1을 세운 후 결합 모듈로 이동하기

고정된 모습

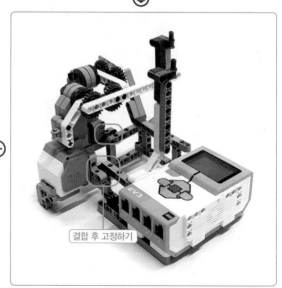

결합 후 고정하기

❸ 결합된 모듈과 모듈 3 을 준비합니다. 모듈 3 을 세운 후 결합된 모듈에 붙이는 방식으로 양쪽을 결합합니다.

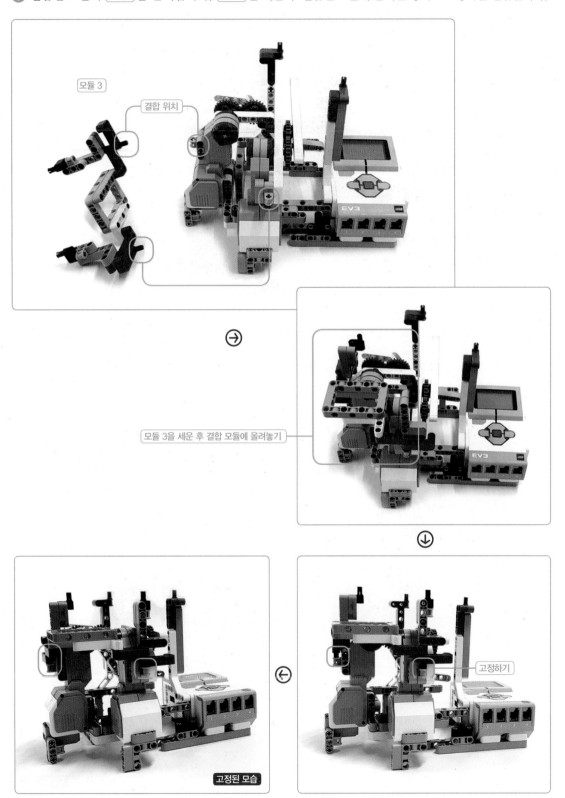

모듈 3

결합 위치

모듈 3을 세운 후 결합 모듈에 올려놓기

고정하기

고정된 모습

④ 결합된 모듈과 모듈4 를 준비합니다.

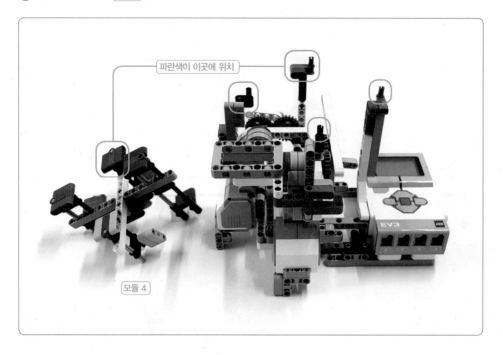

파란색이 이곳에 위치

모듈 4

⑤ 파란색을 위쪽 방향으로 향하게 하여 모듈4 를, 결합된 모듈 위에 올린 후 결합하여 완성합니다.

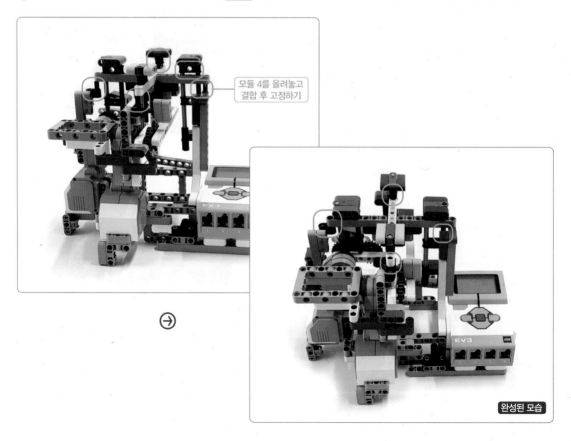

모듈 4를 올려놓고
결합 후 고정하기

완성된 모습

2 >> 모터와 센서 연결하기

브릭에 모터와 센서를 연결합니다.

서보 모터

- motorA: 라지 서보 모터 ← 위, 아래를 올리고 내리는 서 보 모터
- motorB: 라지 서보 모터 ← 왼쪽, 오른쪽을 올리고 내리 는 서보 모터
- motorC: −
- motorD: −

센서 및 버튼

- Sensor1: −
- Sensor2: −
- Sensor3: −
- Sensor4: −

연결할 센서가 없어요.

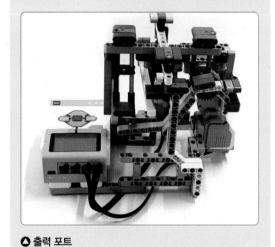

🔺 출력 포트

🔺 입력 포트

입력 포트에는 아무것도 연결하지 않아요.

3 >> 문제 분석 및 작은 문제로 나누기

문제를 분석하여 아래와 같이 작은 문제로 나누어 봅니다.

1단계	2단계	3단계	4단계	5단계
모드(소리, 모션) 선택하기	소리로 입력 알려 주기	모션으로 입력 알려 주기	순서대로 입력받기	결과 확인하기

4 >> 작은 문제별 해결 전략 세우기

나눈 작은 문제들을 어떻게 해결해야 할지 아래와 같이 단계별로 해결 전략을 세웁니다.

1단계
모드(소리, 모션)
선택하기

- 프로그램이 실행되면 브릭의 왼쪽 버튼과 오른쪽 버튼을 이용하여 소리 모드와 모션 모드 중 원하는 모드를 입력받습니다.
- 왼쪽 버튼을 누르면 소리 모드, 오른쪽 버튼을 누르면 모션 모드로 게임이 진행됩니다.

2단계
소리로 입력
알려 주기

브릭의 왼쪽 버튼을 클릭하여 소리 모드로 시작하면 기억해야 할 소리의 개수를 3개부터 시작하여 "up", "down", "left", "right" 소리를 랜덤으로 출력하여 입력 순서를 알려 줍니다.

3단계
모션으로 입력
알려 주기

브릭의 오른쪽 버튼을 클릭하여 모션 모드로 시작하면 기억해야 할 모션의 개수를 3개부터 시작하여 위(파란색), 아래(노란색), 왼쪽(초록색), 오른쪽(빨간색)을 랜덤으로 올렸다 내려서 입력 순서를 알려 줍니다.

4단계
순서대로
입력받기

사용자로부터 기억한 순서대로 브릭의 버튼을 누르게 하고, 누른 값을 순서대로 저장합니다.

5단계
결과 확인하기

- 기억해야 하는 값과 입력받은 값을 순서대로 확인하여 모두 같으면 기억해야 하는 값을 1 증가하고 다시 [2단계] 또는 [3단계]로 이동하여 알려 줍니다.
- 만약 틀리면 '생명력' 값을 1 감소하고, '생명력' 값이 0이 아니면 다시 [2단계] 또는 [3단계]로 이동 하여 알려 줍니다.

파이썬으로 프로그래밍하기

앞에서 설계한 문제 해결 방법대로 프로그래밍하여 미션을 해결합니다.

● 프로그래밍을 위한 사전 준비 ●

센서와 모터 등의 이름 정하기

sleep, time을 사용하기 위해 가져오기를 추가하고, 포트 A는 위쪽과 아래쪽 움직임을 표현하는 모터로 'motor up down'을 줄여서 'mud'에 연결, 포트 B는 왼쪽과 오른쪽 움직임을 표현하는 모터로 'motor left right'를 줄여서 'mlr'에 연결합니다.

프로그램
```
1    #!/usr/bin/env pybricks-micropython
2
3    from pybricks import ev3brick as brick
4    from pybricks.ev3devices import (Motor, TouchSensor, ColorSensor,
5                                     InfraredSensor, UltrasonicSensor, GyroSensor)
6    from pybricks.parameters import (Port, Stop, Direction, Button, Color,
7                                     SoundFile, ImageFile, Align)
8    from pybricks.tools import print, wait, StopWatch
9    from pybricks.robotics import DriveBase
10   from time import sleep        ← sleep 함수를 사용하기 위해 추가합니다.
11   from time import time         ← time 함수를 사용하기 위해 추가합니다.
12
13   # Write your program here
14
15   mud = Motor(Port.A)        ← 포트 A는 위쪽과 아래쪽을 위 아래로 움직일 모터로 mud에 연결합니다.
16   mlr = Motor(Port.B)        ← 포트 B는 왼쪽과 오른쪽을 위 아래로 움직일 모터로 mlr에 연결합니다.
```

1단계 모드(소리, 모션)를 선택해 봅시다.

프로그램이 실행되면 브릭의 왼쪽 버튼과 오른쪽 버튼을 이용하여 소리 모드와 모션 모드 중 원하는 모드를 입력받습니다. 만약 왼쪽 버튼을 누르면 소리 모드로, 오른쪽 버튼을 누르면 모션 모드로 게임을 진행합니다.

해결 절차

절차1 select_mode 함수를 만들고, 브릭의 왼쪽 버튼과 오른쪽 버튼 중 어느 버튼이 눌리는지 확인합니다.

절차2 프로그램이 시작되면 select_mode 함수를 호출하여 소리, 모션 모드를 선택합니다.

절차1

❶ 모드 선택값을 저장할 nMode 변수를 선언하고, 0으로 초기화하는 명령을 추가합니다.

프로그램
```
15   mud = Motor(Port.A)
16   mlr = Motor(Port.B)
17
18   nMode = 0   ← 모드 선택값을 저장할 nMode 변수를 선언하고 0으로 초기화합니다. (소리 모드는 1, 모션 모드는 2를 저장)
```

❷ select_mode 함수를 만들고 왼쪽 버튼을 누르면 소리 모드, 오른쪽 버튼을 누르면 모션 모드임을 브릭 화면을 통해 알려 주는 명령을 추가합니다.

프로그램

```
15    mud = Motor(Port.A)
16    mlr = Motor(Port.B)
17
18    def select_mode():
19        global nMode
20        brick.sound.file(SoundFile.READY)
21        nMode = 0
22        brick.display.clear()
23        brick.display.text("select mode", (10, 10))
24        brick.display.text("left  button : sound  mode", (10, 30))
25        brick.display.text("right button : motion mode", (10, 50))
```

18: select_mode 함수를 정의합니다.
19: nMode를 전역 변수로 사용합니다.
20: "Ready" 소리를 출력합니다.
21: nMode값을 입력받기 전 0으로 초기화합니다.
22: 브릭 화면을 지웁니다.
23: 브릭 화면의 (10,10) 위치에 "select mode"를 출력합니다.
24: 브릭 화면의 (10, 30) 위치에 "left button: sound mode"를 출력합니다.
25: 브릭 화면의 (10, 50) 위치에 "right button: motion mode"를 출력합니다.

❸ 브릭의 왼쪽 버튼을 누르면 nMode값에 1을 저장하고, 브릭의 오른쪽 버튼을 누르면 nMode값에 2를 저장한 후 select_mode 함수를 종료합니다.

프로그램

```
18    def select_mode():
19        global nMode
20        brick.sound.file(SoundFile.READY)
21        nMode = 0
22        brick.display.clear()
23        brick.display.text("select mode", (10, 10))
24        brick.display.text("left  button : sound  mode", (10, 30))
25        brick.display.text("right button : motion mode", (10, 50))
26        while 1:
27            if Button.LEFT in brick.buttons():
28                nMode = 1
29                return
30            elif Button.RIGHT in brick.buttons():
31                nMode = 2
32                return
```

26: 27~30행을 반복합니다.
27~29: 브릭의 왼쪽 버튼을 누르면 nMode값에 1을 저장하고, 함수를 종료합니다.
30~32: 브릭의 오른쪽 버튼을 누르면 nMode값에 2를 저장하고, 함수를 종료합니다.

❹ select_mode 함수를 호출하여 모드(소리 모드, 모션 모드)를 선택하는 명령을 추가합니다.

```
프로그램
34    nMode = 0
35    select_mode()      ← select_mode 함수를 호출합니다.
```

2단계 소리로 입력 순서를 알려 줘 봅시다.

  브릭의 왼쪽 버튼을 클릭하여 소리 모드로 시작하면 기억해야 할 소리의 개수를 3개부터 시작하여 "up", "down", "left", "right" 소리를 랜덤으로 출력히여 입력 순서를 알려 줍니다.

🚩 해결 절차

  절차1 input_sound 함수를 만들고, 현재 레벨(처음은 3)의 개수만큼의 "UP", "DOWN", "LEFT", "RIGHT" 소리를 랜덤으로 출력합니다.

  절차2 nMode값이 1이면 input_sound 함수를 호출합니다.

절차1

❶ 현재 레벨을 저장할 nLevel 변수를 만들고, 3으로 초기화합니다. 그리고 순서대로 개수만큼 기억하기 위해 nData 리스트를 만듭니다.

```
프로그램
34    nMode = 0
35    nLevel = 3         ← nLevel을 선언하고 3으로 초기화합니다.
36    nData = []         ← nData 리스트를 선언합니다.
37    select_mode()
```

❷ random 함수를 사용하기 위해 import random 명령을 추가합니다.

```
프로그램
10    from time import sleep
11    from time import time
12    import random                      ← random 함수를 사용하기 위해 선언합니다.
```

❸ input_sound 함수를 만들고, nLevel 개수만큼 1~4 사이의 랜덤한 수를 생성한 후 순서대로 nData 리스트에 추가합니다.

```
프로그램
35    def input_sound():                          ← input_sound 함수를 정의합니다.
36        global nData                            nData 리스트를 사용합니다.
37        brick.sound.file(SoundFile.READY)       ← "Ready" 소리를 출력합니다.
38
39        n = 1                                   ← n을 선언하고, 1로 초기화합니다.
40        while n <= nLevel:                      ← n이 nLevel값 이하일 경우 41~43행을 반복합니다.
41            temp = random.randint(1,4)          ← temp 변수에 1~4 사이의 랜덤값을 생성하여 저장합니다.
42            nData.append(temp)                  ← nData 리스트에 temp에 저장된 값을 저장합니다.
43            n = n + 1                           ← n값을 1 증가합니다.
```

❹ 랜덤값이 1이면 "UP", 2이면 "DOWN", 3이면 "LEFT", 4이면 "RIGHT" 소리를 출력합니다.

프로그램

```
35    def input_sound():
36        global nData
37        brick.sound.file(SoundFile.READY)
38
39        n = 1
40        while n <= nLevel:
41            temp = random.randint(1,4)
42            nData.append(temp)
43            n = n + 1
44
45            if temp == 1:
46                brick.sound.file(SoundFile.UP)
47                sleep(1)
48            elif temp == 2:
49                brick.sound.file(SoundFile.DOWN)
50                sleep(1)
51            elif temp == 3:
52                brick.sound.file(SoundFile.LEFT)
53                sleep(1)
54            else:
55                brick.sound.file(SoundFile.RIGHT)
56                sleep(1)
```

45~47: temp값이 1이면 "UP" 소리를 1초간 출력합니다.
48~50: temp값이 2이면 "DOWN" 소리를 1초간 출력합니다.
51~53: temp값이 3이면 "LEFT" 소리를 1초간 출력합니다.
54~56: temp값이 4이 "RIGHT" 소리를 1초간 출력합니다.

절차2

❺ nMode값이 1이면 input_sound 함수를 호출하는 명령을 추가합니다.

프로그램

```
58    nMode = 0
59    nLevel = 3
60    nData = []
61    select_mode()
62    if nMode == 1 :
63        input_sound()
```

62~63: nMode값이 1이면 input_sound 함수를 호출합니다.

3단계 모션으로 입력 순서를 알려 줘 봅시다.

브릭의 오른쪽 버튼을 클릭하여 모션 모드로 시작하면 기억해야 할 모션의 개수를 3개부터 시작하여 위(파란색), 아래(노란색), 왼쪽(초록색), 오른쪽(빨간색)을 랜덤으로 올렸다 내려서 입력 순서를 알려 줍니다.

절차1 위쪽 파란색을 올리고 내리는 up 함수, 아래쪽 노란색을 올리고 내리는 down 함수, 왼쪽 초록색을 올리고 내리는 left 함수, 오른쪽 빨간색을 올리고 내리는 right 함수를 만듭니다.

절차2 input_motion 함수를 만들고 현재 레벨(처음은 3)의 개수만큼 위(파란색), 아래(노란색), 왼쪽(초록색), 오른쪽(빨간색)을 랜덤으로 올렸다 내립니다.

절차3 nMode값이 2이면 input_motion 함수를 호출합니다.

절차1

❶ 위쪽 파란색을 올리고 내리는 up 함수를 만들고, mud 모터를 회전하여 파란색을 올렸다가 내립니다.

※ 위로 올리는 0.3초와 아래 중간 위치로 내리는 0.3초는 상황에 따라 값을 조정할 필요가 있을 수도 있습니다.

프로그램

```
58    def up():
59        mud.run(200)
60        sleep(0.3)
61        mud.stop(Stop.BRAKE)
62        sleep(0.5)
63        mud.run(-200)
64        sleep(0.3)
65        mud.stop(Stop.BRAKE)
```

58: up 함수를 정의합니다.
59~60: mud 모터를 200의 출력값으로 0.3초 회전하여 위쪽 파란색을 올립니다.
61~62: 파란색을 올린 상태로 0.5초 기다립니다.
63~64: mud 모터를 −200의 출력값으로 0.3초 회전하여 위쪽 파란색을 내립니다.
65: mud 모터를 정지합니다.

❷ 아래쪽 노란색을 올리고 내리는 down 함수를 만들고, mud 모터를 회전하여 노란색을 올렸다가 내립니다.

프로그램

```
67    def down():
68        mud.run(-200)
69        sleep(0.3)
70        mud.stop(Stop.BRAKE)
71        sleep(0.5)
72        mud.run(200)
73        sleep(0.3)
74        mud.stop(Stop.BRAKE)
```

67: down 함수를 정의합니다.
68~69: mud 모터를 −200의 출력값으로 0.3초 회전하여 아래쪽 노란색을 올립니다.
70~71: 노란색을 올린 상태로 0.5초 기다립니다.
72~73: mud 모터를 200의 출력값으로 0.3초 회전하여 아래쪽 노란색을 내립니다.
74: mud 모터를 정지합니다.

❸ 왼쪽 초록색을 올리고 내리는 left 함수를 만들고, mlr 모터를 회전하여 초록색을 올렸다가 내립니다.

프로그램

```
76    def left():                        ← left 함수를 정의합니다.
77        mlr.run(-200)              ⎫
78        sleep(0.3)                 ⎭  ← mlr 모터를 -200의 출력값으로 0.3초 회전하여 왼쪽 초록색을 올립니다.
79        mlr.stop(Stop.BRAKE)       ⎫
80        sleep(0.5)                 ⎭  ← 초록색을 올린 상태로 0.5초 기다립니다.
81        mlr.run(200)               ⎫
82        sleep(0.3)                 ⎭  ← mlr 모터를 200의 출력값으로 0.3초 회전하여 왼쪽 초록색을 내립니다.
83        mlr.stop(Stop.BRAKE)           ← mlr 모터를 정지합니다.
```

❹ 오른쪽 빨간색을 올리고 내리는 right 함수를 만들고, mlr 모터를 회전하여 빨간색을 올렸다가 내립니다.

프로그램

```
85    def right():                       ← right 함수를 정의합니다.
86        mlr.run(200)               ⎫
87        sleep(0.3)                 ⎭  ← mlr 모터를 200의 출력값으로 0.3초 회전하여 오른쪽 빨간색을 올립니다.
88        mlr.stop(Stop.BRAKE)       ⎫
89        sleep(0.5)                 ⎭  ← 빨간색을 올린 상태로 0.5초 기다립니다.
90        mlr.run(-200)              ⎫
91        sleep(0.3)                 ⎭  ← mlr 모터를 -200의 출력값으로 0.3초 회전하여 오른쪽 빨간색을 내립니다.
92        mlr.stop(Stop.BRAKE)           ← mlr 모터를 정지합니다.
```

절차2

❺ input_motion 함수를 만들고 nLevel 개수만큼 1~4 사이의 랜덤한 수를 생성하고, 순서대로 nData 리스트에 추가합니다. 그리고 랜덤값이 1이면 up 함수, 2이면 down 함수, 3이면 left 함수, 4이면 right 함수를 호출합니다.

프로그램

```
94    def input_motion():                           ← input_motion 함수를 정의합니다.
95        global nData                              ← nData 리스트를 사용합니다.
96        brick.sound.file(SoundFile.READY)         ← "Ready" 소리를 출력합니다.
97
98        n = 1                                     ← n을 선언하고 1로 초기화합니다.
99        while n <= nLevel:                        ← n이 nLevel값 이하일 경우 100~110행을 반복합니다.
100           temp = random.randint(1,4)            ← temp 변수에 1~4 사이의 랜덤값을 생성하여 저장합니다.
101           nData.append(temp)                    ← nData 리스트에 temp 변숫값을 저장합니다.
102           n = n + 1                             ← n값을 1 증가합니다.
103
104           if temp == 1:                    ⎫  ← temp값이 1이면 up 함수를 호출하여 파란색을 올렸다 내립니다.
105               up()                         ⎭
106           elif temp == 2:                  ⎫  ← temp값이 2이면 down 함수를 호출하여 노란색을 올렸다 내립니다.
107               down()                       ⎭
108           elif temp == 3:                  ⎫  ← temp값이 3이면 left 함수를 호출하여 초록색을 올렸다 내립니다.
109               left()                       ⎭
110           else:                            ⎫  ← temp값이 4이면 right 함수를 호출하여 빨간색을 올렸다 내립니다.
111               right()                      ⎭
```

❻ nMode값이 2이면 input_motion 함수를 호출하는 명령을 추가합니다.

```
프로그램
113    nMode = 0
114    nLevel = 3
115    nData = []
116    select_mode()
117    if nMode == 1 :
118        input_sound()
119    else :
120        input_motion()
```
] ← nMode값이 2이면 input_motion 함수를 호출합니다.

4단계 순서대로 입력을 받아 봅시다.

사용자로부터 기억한 순서대로 브릭의 버튼을 누르게 하고, 누른 값을 순서대로 저장합니다.

🔖 해결 절차

절차1 go 함수를 만들고, 현재 레벨(nLevel) 값만큼 브릭 버튼을 이용하여 사용자로부터 입력받아 nRes 배열에 순서대로 저장합니다.

절차2 순서대로 입력받는 go 함수를 호출합니다.

절차1

❶ nRes 리스트를 만드는 명령을 추가합니다.

```
프로그램
113    nMode = 0
114    nLevel = 3
115    nData = []
116    nRes = []
117    select_mode()
118    if nMode == 1 :
119        input_sound()
120    else :
121        input_motion()
```
← nRes 리스트를 선언합니다.

❷ go 함수를 만들고, "Go" 소리를 1초간 출력하여 시작을 알려 줍니다. nLevel 개수만큼 위쪽 버튼이 눌리면 1, 아래쪽 버튼이 눌리면 2, 왼쪽 버튼이 눌리면 3, 오른쪽 버튼이 눌리면 4를 nRes 리스트에 추가합니다.

```
프로그램
113    def go():
114        global nRes
115        brick.sound.file(SoundFile.GO)
116        sleep(1)
117
```

```
118         n = 1
119         while n <= nLevel:
120             if Button.UP in brick.buttons():
121                 nRes.append(1)
122                 n = n + 1
123                 sleep(0.5)
124             elif Button.DOWN in brick.buttons():
125                 nRes.append(2)
126                 n = n + 1
127                 sleep(0.5)
128             elif Button.LEFT in brick.buttons():
129                 nRes.append(3)
130                 n = n + 1
131                 sleep(0.5)
132             elif Button.RIGHT in brick.buttons():
133                 nRes.append(4)
134                 n = n + 1
135                 sleep(0.5)
```

113: go 함수를 정의합니다.
114: nRes 리스트를 사용합니다.
115~116: "Go" 소리를 1초간 출력합니다.
118: n을 선언하고 1로 초기화합니다.
119: n이 nLevel값 이하일 경우 120~132행을 반복합니다.
120~123: 브릭의 위쪽 버튼을 누르면 nRes 리스트에 1을 저장하고, n을 1 증가한 후 0.5초 기다립니다.
124~127: 브릭의 아래쪽 버튼을 누르면 nRes 리스트에 2를 저장하고, n을 1 증가한 후 0.5초 기다립니다.
128~131: 브릭의 왼쪽 버튼을 누르면 nRes 리스트에 3을 저장하고, n을 1 증가한 후 0.5초 기다립니다.
132~135: 브릭의 오른쪽 버튼을 누르면 nRes 리스트에 4를 저장하고, n을 1 증가한 후 0.5초 기다립니다.

절차2

❸ go 함수를 호출하여 브릭의 버튼을 이용하여 순서대로 입력하는 명령을 추가합니다.

프로그램

```
137     nMode = 0
138     nLevel = 3
139     nData = []
140     nRes = []
141     select_mode()
142     if nMode == 1 :
143         input_sound()
144     else :
145         input_motion()
146     go()                    ← go 함수를 호출합니다.
```

5단계 결과를 확인해 봅시다.

기억해야 할 값과 입력받은 값을 순서대로 확인하여 모두 같으면 기억해야 할 값을 1 증가하고 다시 [2단계] 또는 [3단계]로 이동하여 알려 줍니다. 만약 틀리면 생명력값을 1 감소하고, 생명력값이 0이 아니면 다시 [2단계] 또는 [3단계]로 이동하여 알려 줍니다.

해결 절차

절차1 res 함수를 만들고, nData 리스트와 nRes 리스트의 값이 같으면 "Yes" 소리를 출력한 후 nLevel값을 1 증가하고 두 리스트의 값이 같지 않으면 "Sorry" 소리를 출력하고 생명력값을 1 감소합니다.

절차2 res 함수를 호출하여 두 리스트 값을 확인합니다.

절차3 생명력값이 0이면 게임을 종료하고, 0이 아니면 계속 게임을 할 수 있도록 전체 과정을 반복합니다.

절차1

❶ 생명력 변수 nHeart를 만들고, 3으로 초기화합니다.

프로그램

```
137    nMode = 0
138    nLevel = 3
139    nData = []
140    nRes = []
141    nHeart = 3          ← nHeart 변수를 선언하고, 3으로 초기화합니다.
142    select_mode()
143    if nMode == 1 :
144        input_sound()
145    else :
146        input_motion()
147    go()
```

❷ res 함수를 만들고, nData 리스트와 nRes 리스트 값이 같으면 "Yes" 소리를 출력한 후 nLevel값을 1 증가합니다. 그리고 두 리스트 값이 같지 않으면 "Sorry" 소리를 출력하고, 생명력값을 1 감소합니다. 그리고 브릭 화면에 현재 레벨과 생명력값을 출력합니다.

프로그램

```
137    def res():                              ← res 함수를 선언합니다.
138        global nLevel, nHeart               ← nLevel, nHeart 변수를 전역 변수로 사용합니다.
139        if nData == nRes :                  ← nData 리스트와 nRes 리스트의 값이 같으면 140~142행을 실행합니다.
140            brick.sound.file(SoundFile.YES) ⎤ ← "Yes" 소리를 1초간 출력합니다.
141            sleep(1)                        ⎦
142            nLevel = nLevel + 1             ← nLevel값을 1 증가합니다.
143        else :                              ← nData와 nRes 리스트 값이 서로 다르면 144~146행을 실행합니다.
144            brick.sound.file(SoundFile.SORRY) ⎤ ← "Sorry" 소리를 1초간 출력합니다.
145            sleep(1)                        ⎦
146            nHeart = nHeart - 1             ← nHeart값을 1 감소합니다.
147        brick.display.clear()               ← 브릭 화면을 지웁니다.
148        brick.display.text("Level :"+str(nLevel), (10, 10))
149        brick.display.text("Heart :"+str(nHeart), (10, 30))
```

148: 브릭 화면의 (10, 10) 위치에 현재 Level값을 출력합니다.
149: 브릭 화면의 (10, 30) 위치에 현재 Heart값을 출력합니다.

❸ res 함수를 호출하여 두 리스트의 값을 비교하는 명령을 추가합니다.

프로그램

```
151    nMode = 0
152    nLevel = 3
153    nData = []
154    nRes = []
155    nHeart = 3
156    select_mode()
157    if nMode == 1 :
158        input_sound()
159    else :
160        input_motion()
161    go()
162    res()                    ← res 함수를 호출합니다.
```

❹ 게임을 계속할 수 있도록 반복 명령을 추가합니다. 이때 nData 리스트와 nRes 리스트의 값을 지워 초기화합니다.

프로그램

```
151    nMode = 0
152    nLevel = 3
153    nData = []
154    nRes = []
155    nHeart = 3
156    select_mode()
157    while 1:                      ← 158~165행을 계속 반복합니다.
158        if nMode == 1 :
159            input_sound()
160        else :
161            input_motion()
162        go()
163        res()
164        nData.clear()             ← nData 리스트의 값을 지워 초기화합니다.
165        nRes.clear()              ← nRes 리스트의 값을 지워 초기화합니다.
```

❺ 생명력값이 0이면 "Game over" 소리를 출력하고, 현재 Level을 5초간 출력한 후 프로그램을 종료합니다.

프로그램

```
157    while 1:
158        if nMode == 1 :
159            input_sound()
160        else :
161            input_motion()
162        go()
163        res()
164        nData.clear()
165        nRes.clear()
```

```
166         if nHeart == 0:
167             brick.sound.file(SoundFile.GAME_OVER)
168             sleep(1)
169             brick.display.text("Level :"+str(nLevel) + "  End", (10, 50))
170             sleep(5)
171             break
```

166: nHeart값이 0이면 167~171행을 실행합니다.
167~168: "GAME OVER" 소리를 1초간 출력합니다.
169~170: 현재 레벨을 5초간 보여 줍니다.
171: 반복문을 벗어난 후 프로그램을 종료합니다.

전체 완성 프로그램 확인하기

프로그램

```
1   #!/usr/bin/env pybricks-micropython
2
3   from pybricks import ev3brick as brick
4   from pybricks.ev3devices import (Motor, TouchSensor, ColorSensor,
5                                    InfraredSensor, UltrasonicSensor, GyroSensor)
6   from pybricks.parameters import (Port, Stop, Direction, Button, Color,
7                                    SoundFile, ImageFile, Align)
8   from pybricks.tools import print, wait, StopWatch
9   from pybricks.robotics import DriveBase
10  from time import sleep
11  from time import time
12  import random
13
14  # Write your program here
15
16  mud = Motor(Port.A)
17  mlr = Motor(Port.B)
18
19  def select_mode():
20      global nMode
21      brick.sound.file(SoundFile.READY)
22      nMode = 0
23      brick.display.clear()
24      brick.display.text("select mode", (10, 10))
25      brick.display.text("left  button : sound  mode", (10, 30))
26      brick.display.text("right button : motion mode", (10, 50))
27      while 1:
28          if Button.LEFT in brick.buttons():
29              nMode = 1
30              return
31          elif Button.RIGHT in brick.buttons():
32              nMode = 2
33              return
34
35  def input_sound():
36      global nData
37      brick.sound.file(SoundFile.READY)
38
39      n = 1
```

```
40      while n <= nLevel:
41          temp = random.randint(1,4)
42          nData.append(temp)
43          n = n + 1
44
45          if temp == 1:
46              brick.sound.file(SoundFile.UP)
47              sleep(1)
48          elif temp == 2:
49              brick.sound.file(SoundFile.DOWN)
50              sleep(1)
51          elif temp == 3:
52              brick.sound.file(SoundFile.LEFT)
53              sleep(1)
54          else:
55              brick.sound.file(SoundFile.RIGHT)
56              sleep(1)
57
58  def up():
59      mud.run(200)
60      sleep(0.3)
61      mud.stop(Stop.BRAKE)
62      sleep(0.5)
63      mud.run(-200)
64      sleep(0.3)
65      mud.stop(Stop.BRAKE)
66
67  def down():
68      mud.run(-200)
69      sleep(0.3)
70      mud.stop(Stop.BRAKE)
71      sleep(0.5)
72      mud.run(200)
73      sleep(0.3)
74      mud.stop(Stop.BRAKE)
75
76  def left():
77      mlr.run(-200)
78      sleep(0.3)
79      mlr.stop(Stop.BRAKE)
80      sleep(0.5)
81      mlr.run(200)
82      sleep(0.3)
83      mlr.stop(Stop.BRAKE)
84
85  def right():
86      mlr.run(200)
87      sleep(0.3)
88      mlr.stop(Stop.BRAKE)
89      sleep(0.5)
90      mlr.run(-200)
91      sleep(0.3)
92      mlr.stop(Stop.BRAKE)
93
```

```
94  def input_motion():
95      global nData
96      brick.sound.file(SoundFile.READY)
97
98      n = 1
99      while n <= nLevel:
100         temp = random.randint(1,4)
101         nData.append(temp)
102         n = n + 1
103
104         if temp == 1:
105             up()
106         elif temp == 2:
107             down()
108         elif temp == 3:
109             left()
110         else:
111             right()
112
113 def go():
114     global nRes
115     brick.sound.file(SoundFile.GO)
116     sleep(1)
117
118     n = 1
119     while n <= nLevel:
120         if Button.UP in brick.buttons():
121             nRes.append(1)
122             n = n + 1
123             sleep(0.5)
124         elif Button.DOWN in brick.buttons():
125             nRes.append(2)
126             n = n + 1
127             sleep(0.5)
128         elif Button.LEFT in brick.buttons():
129             nRes.append(3)
130             n = n + 1
131             sleep(0.5)
132         elif Button.RIGHT in brick.buttons():
133             nRes.append(4)
134             n = n + 1
135             sleep(0.5)
136
137 def res():
138     global nLevel, nHeart
139     if nData == nRes :
140         brick.sound.file(SoundFile.YES)
141         sleep(1)
142         nLevel = nLevel + 1
143     else :
144         brick.sound.file(SoundFile.SORRY)
145         sleep(1)
146         nHeart = nHeart - 1
147     brick.display.clear()
```

```
148         brick.display.text("Level :"+str(nLevel), (10, 10))
149         brick.display.text("Heart :"+str(nHeart), (10, 30))
150
151  nMode = 0
152  nLevel = 3
153  nData = []
154  nRes = []
155  nHeart = 3
156  select_mode()
157  while 1:
158      if nMode == 1 :
159          input_sound()
160      else :
161          input_motion()
162      go()
163      res()
164      nData.clear()
165      nRes.clear()
166      if nHeart == 0:
167          brick.sound.file(SoundFile.GAME_OVER)
168          sleep(1)
169          brick.display.text("Level :"+str(nLevel) + "  End", (10, 50))
170          sleep(5)
171          break
```

실행하기 원하는 대로 프로그램이 동작하는지 실행해 봅시다.

프로그램 작성이 완료되면 F5 키를 눌러 프로그램을 실행하여 로봇이 제대로 동작하는지 확인합니다.

C·H·A·P·T·E·R

07

프로젝트 ★ 7

깃발 들기 로봇 만들기

로봇이 빨강 깃발과 파랑 깃발을 가지고 있다가 출력되는 소리에 맞는 동작을 하도록 버튼을 누르는 깃발 들기 로봇을 만들어 봅시다.

완성된 로봇

뒷모습

앞모습

대각선 방향 모습

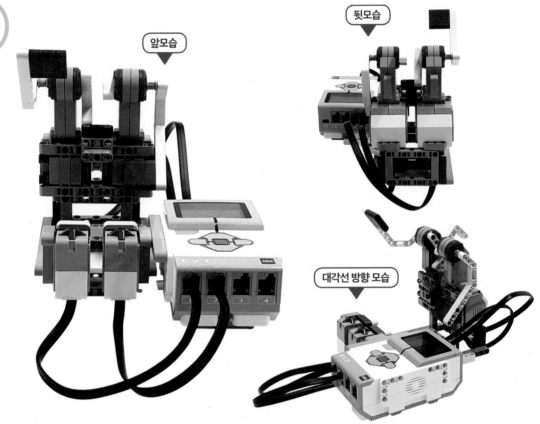

※ **소스 파일**: [PART_3]−[3_7_깃발 들기 로봇] 폴더에서 단계별로 완성한 파일을 참고하세요.

해결할 문제

작은 문제로 나누어서 해결합니다.

1단계	2단계	3단계	4단계	5단계
빨강 깃발과 파랑 깃발을 가운데 위치로 이동시키기	동작해야 하는 버튼을 소리로 알려주기	소리에 해당하는 버튼을 누르기	알려 준 소리와 누른 버튼이 맞는지 확인하기	게임을 계속할지의 여부를 확인하기

조립도를 보고 깃발 들기 로봇을 만들어 봅시다.

❶ LDD 조립도 프로그램을 실행하여 모듈1과 모듈2를 만들어 놓습니다.

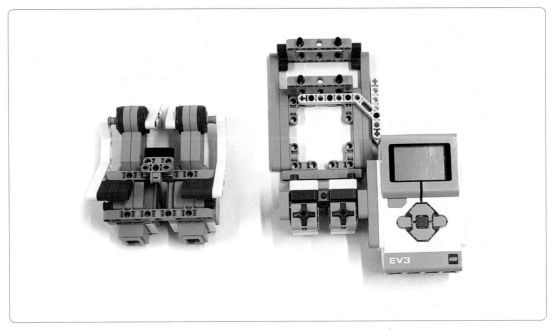

※ 모듈1: 5칸 1개를 사용합니다.

※ 제공한 [창작 조립도]–[PART_3] 폴더에서 '03_07_깃발 들기 로봇01.lxf'∼'03_04_깃발 들기 로봇02.lxf' 조립도 파일을 하나씩 열어 모듈1∼모듈4까지 조립하여 나열하도록 합니다.

❷ 모듈1의 아랫부분을 모듈2에 올려 결합하여 완성합니다.

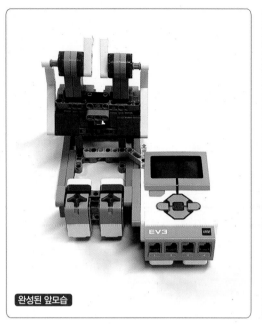

완성된 앞모습

완성된 대각선 방향 모습

2 >> 모터와 센서 연결하기

브릭에 모터와 센서를 연결합니다.

서보 모터

- motorA: 라지 서보 모터 ← 빨강 깃발을 올리고 내리는 서 보 모터
- motorB: 라지 서보 모터 ← 파랑 깃발을 올리고 내리는 서 보 모터
- motorC: −
- motorD: −

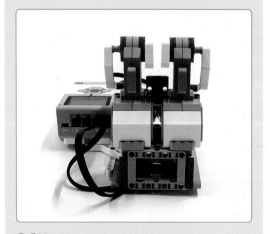

🔺 출력 포트

센서 및 버튼

- Sensor1: 터치 센서 ← 빨강 깃발을 올리고 내리는 터치 센서
- Sensor2: 터치 센서 ← 파랑 깃발을 올리고 내리는 터치 센서
- Sensor3: −
- Sensor4: −

🔺 입력 포트

3 >> 문제 분석 및 작은 문제로 나누기

깃발 들기 게임을 만들기 위해 문제를 분석하여 아래와 같이 작은 문제로 나누어 봅니다.

1단계 깃발 초기화	**2단계** 소리로 알려 주기	**3단계** 버튼 누르기	**4단계** 결과 확인하기	**5단계** 게임 계속하기

4 >> 작은 문제별 해결 전략 세우기

나눈 작은 문제들을 어떻게 해결해야 할지 아래와 같이 단계별로 해결 전략을 세웁니다.

1단계
깃발 초기화
프로그램이 실행되면 빨강 깃발과 파랑 깃발을 가운데 위치로 이동시킵니다.

2단계
소리로 알려 주기
빨강 깃발과 파랑 깃발을 "올려", "내려", "올리지 마", "내리지 마"와 같이 총 8개의 소리 중 랜덤으로 한 개를 선택하여 출력합니다.

3단계
버튼 누르기
타이머와 터치 센서, 브릭의 위아래 버튼을 이용하여 버튼을 누르지 않거나 누른 버튼을 기억한 후 누른 버튼의 모터를 올리거나 내려 표현합니다.

4단계
결과 확인하기
랜덤으로 선택하여 알려 준 소리 파일과 버튼을 누른 결과가 일치하는지를 비교하여 일치하면 점수를 1점 올리고, 일치하지 않으면 생명력(초깃값 3)값을 1 감소합니다.

5단계
게임 계속하기
생명력값이 0이 되면 게임을 종료하고, 아니면 게임을 계속합니다.

파이썬으로 프로그래밍하기

앞에서 설계한 문제 해결 방법대로 프로그래밍하여 미션을 해결합니다.

● 프로그래밍을 위한 사전 준비 ●

1. 센서와 모터 등의 이름 정하기

sleep, time, random을 사용하기 위해 가져오기를 추가하고, 포트 A는 빨강 깃발을 움직이는 모터로 motor red를 줄여 'mr'에 연결, 포트 B는 파랑 깃발을 움직이는 모터로 motor blue를 줄여 'mb'에 연결, 포트 1은 빨간색 터치 센서로 'br'에 연결, 포트 2는 파란색 터치 센서로 'bb'에 연결합니다.

프로그램

```
1    #!/usr/bin/env pybricks-micropython
2
3    from pybricks import ev3brick as brick
4    from pybricks.ev3devices import (Motor, TouchSensor, ColorSensor,
5                                     InfraredSensor, UltrasonicSensor, GyroSensor)
6    from pybricks.parameters import (Port, Stop, Direction, Button, Color,
7                                     SoundFile, ImageFile, Align)
8    from pybricks.tools import print, wait, StopWatch
9    from pybricks.robotics import DriveBase
10   from time import sleep              ← sleep 함수를 사용하기 위해 추가합니다.
11   from time import time               ← time 함수를 사용하기 위해 추가합니다.
12   import random                       ← random 함수를 사용하기 위해 추가합니다.
13
14   # Write your program here
15
16   mr = Motor(Port.A)                  ← 포트 A는 빨강 깃발을 움직이는 모터로 mr에 연결합니다.
17   mb = Motor(Port.B)                  ← 포트 B는 파랑 깃발을 움직이는 모터로 mb에 연결합니다.
18   br = TouchSensor(Port.S1)           ← 포트 1은 빨간색 터치 센서로 br에 연결합니다.
19   bb = TouchSensor(Port.S2)           ← 포트 2는 파란색 터치 센서로 bb에 연결합니다.
```

2. 깃발 들기 게임에 필요한 음성 파일 준비하기

• 파이썬에서는 사용자가 준비한 음성 파일을 출력할 수 있습니다. 다만 파일이 wav 형식이어야 하며, 테이프 품질(20Khz) 정도의 음성 파일이어야 합니다.

• 이번 프로젝트에서는 "빨강 깃발 올려", "빨강 깃발 내려", "파랑 깃발 올려", "파랑 깃발 내려", "빨강 깃발 올리지 마", "빨강 깃발 내리지 마", "파랑 깃발 올리지 마", "파랑 깃발 내리지 마"와 같이 총 8개의 wav 소리 파일이 필요합니다.

1 준비된 8개의 wav 파일을 프로젝트로 생성한 폴더에 저장하면 컴파일할 때 자동으로 EV3 브릭에 다운로드 됩니다.

2 사용자가 준비한 소리 파일을 재생하기 위해서는 터치 센서를 포트에 연결한 후 터치 센서가 눌렸는지를 확인하는 다음과 같은 함수를 사용해야 합니다.

[형식] brick.sound.file('wav 파일명')　　　　　　　[예] all_up.wav 파일 재생하기
　　　　　　　　　　　　　　　　　　　　　　　　　brick.sound.file('all_up.wav')

3. 깃발 소리를 출력하는 함수 만들기

1 "빨강 깃발 올려" 소리를 출력하는 red_up 함수를 만들고, "red_up.wav" 소리를 출력하는 명령을 추가합니다.

> 프로그램

```
21   def red_up():                           ← red_up 함수를 선언합니다.
22       brick.sound.file('red_up.wav')      ← "red_up(빨강 깃발 올려)" 소리를 출력합니다.
```

2 "빨강 깃발 내려" 소리를 출력하는 red_down 함수를 만들고, "red_down.wav" 소리를 출력하는 명령을 추가합니다.

> 프로그램

```
24   def red_down():                         ← red_down 함수를 선언합니다.
25       brick.sound.file('red_down.wav')    ← "red_down(빨강 깃발 내려)" 소리를 출력합니다.
```

3 "빨강 깃발 올리지 마" 소리를 출력하는 red_no_up 함수를 만들고, "red_no_up.wav" 소리를 출력하는 명령을 추가합니다.

> 프로그램

```
27   def red_no_up():                        ← red_no_up 함수를 선언합니다.
28       brick.sound.file('red_no_up.wav')   ← "red_no_up(빨강 깃발 올리지 마)" 소리를 출력합니다.
```

4 "빨강 깃발 내리지 마" 소리를 출력하는 red_no_down 함수를 만들고, "red_no_down.wav" 소리를 출력하는 명령을 추가합니다.

> 프로그램

```
30   def red_no_down():                      ← red_no_down 함수를 선언합니다.
31       brick.sound.file('red_no_down.wav') ← "red_no_down(빨강 깃발 내리지 마)" 소리를 출력합니다.
```

5 "파랑 깃발 올려" 소리를 출력하는 blue_up 함수를 만들고, "blue_up.wav" 소리를 출력하는 명령을 추가합니다.

> 프로그램

```
33   def blue_up():                          ← blue_up 함수를 선언합니다.
34       brick.sound.file('blue_up.wav')     ← "blue_up(파랑 깃발 올려)" 소리를 출력합니다.
```

6 "파랑 깃발 내려" 소리를 출력하는 blue_down 함수를 만들고, "blue_down.wav" 소리를 출력하는 명령을 추가합니다.

> 프로그램

```
36   def blue_down():                        ← blue_down 함수를 선언합니다.
37       brick.sound.file('blue_down.wav')   ← "blue_down(파랑 깃발 내려)" 소리를 출력합니다.
```

7 "파랑 깃발 올리지 마" 소리를 출력하는 blue_no_up 함수를 만들고, "blue_no_up.wav" 소리를 출력하는 명령을 추가합니다.

프로그램

```
39    def blue_no_up():                              ← blue_no_up 함수를 선언합니다.
40        brick.sound.file('blue_no_up.wav')←"blue_no_up(파랑 깃발 올리지 마)" 소리를 출력합니다.
```

8 "파랑 깃발 내리지 마" 소리를 출력하는 blue_no_down 함수를 만들고, "blue_no_down.wav" 소리를 출력하는 명령을 추가합니다.

프로그램

```
42    def blue_no_down():                            ← blue_no_down 함수를 선언합니다.
43        brick.sound.file('blue_no_down.wav')←"blue_no_down(파랑 깃발 내리지 마)" 소리를 출력합니다.
```

4. 깃발 올리고 내리는 함수 만들기

1 빨강 깃발을 올렸다 내리는 flag_red_up 함수를 만들고, mr 모터를 위로 올렸다 중앙으로 내리는 명령을 추가합니다.

프로그램

```
45    def flag_red_up():                        ← flag_red_up 함수를 선언합니다.
46        mr.run(-300)                          ← mr 모터를 −300의 출력값으로 0.2초 회전하여 빨강 깃발을 올립니다.
47        sleep(0.2)
48        mr.stop(Stop.BRAKE)                   ← 현재 상태로 0.5초간 정지합니다.
49        sleep(0.5)
50        mr.run(300)                           ← mr 모터를 300의 출력값으로 0.2초 회전하여 빨강 깃발을 중앙으로
51        sleep(0.2)                              내립니다.
52        mr.stop(Stop.BRAKE)                   ← 현재 상태로 0.5초간 정지합니다.
53        sleep(0.5)
```

2 빨강 깃발을 내렸다가 올리는 flag_red_down 함수를 만들고, mr 모터를 아래로 내렸다가 중앙으로 다시 올리는 명령을 추가합니다.

프로그램

```
55    def flag_red_down():                      ← flag_red_down 함수를 선언합니다.
56        mr.run(300)                           ← mr 모터를 300의 출력값으로 0.2초 회전하여 빨강 깃발을 내립니다.
57        sleep(0.2)
58        mr.stop(Stop.BRAKE)                   ← 현재 상태로 0.5초간 정지합니다.
59        sleep(0.5)
60        mr.run(-300)                          ← mr 모터를 −300의 출력값으로 0.2초 회전하여 빨강 깃발을 중앙으로
61        sleep(0.2)                              올립니다.
62        mr.stop(Stop.BRAKE)                   ← 현재 상태로 0.5초간 정지합니다.
63        sleep(0.5)
```

3 파랑 깃발을 올렸다 내리는 flag_blue_up 함수를 만들고, mb 모터를 위로 올렸다 중앙으로 내리는 명령을 추가합니다.

```
65      def flag_blue_up():              ← flag_blue_up 함수를 선언합니다.
66          mb.run(-300)             ⎤
67          sleep(0.2)               ⎦ ← mb 모터를 −300의 출력값으로 0.2초 회전하여 파랑 깃발을 내립니다.
68          mb.stop(Stop.BRAKE)      ⎤
69          sleep(0.5)               ⎦ ← 현재 상태로 0.5초간 정지합니다.
70          mb.run(300)              ⎤
71          sleep(0.2)               ⎦ ← mb 모터를 300의 출력값으로 0.2초 회전하여 파랑 깃발을 중앙으로
                                          올립니다.
72          mb.stop(Stop.BRAKE)      ⎤
73          sleep(0.5)               ⎦ ← 현재 상태로 0.5초간 정지합니다.
```

4 파랑 깃발을 내렸다가 올리는 flag_blue_down 함수를 만들고, mb 모터를 아래로 내렸다가 중앙으로 다시 올리는 명령을 추가합니다.

프로그램

```
75      def flag_blue_down():            ← flag_blue_down 함수를 선언합니다.
76          mb.run(300)              ⎤
77          sleep(0.2)               ⎦ ← mb 모터를 300의 출력값으로 0.2초 회전하여 파랑 깃발을 내립니다.
78          mb.stop(Stop.BRAKE)      ⎤
79          sleep(0.5)               ⎦ ← 현재 상태로 0.5초간 정지합니다.
80          mb.run(-300)             ⎤
81          sleep(0.2)               ⎦ ← mb 모터를 −300의 출력값으로 0.2초 회전하여 파랑 깃발을 중앙
                                          으로 올립니다.
82          mb.stop(Stop.BRAKE)      ⎤
83          sleep(0.5)               ⎦ ← 현재 상태로 0.5초간 정지합니다.
```

1단계 깃발을 초기화해 봅시다.

프로그램이 실행되면 빨강 깃발과 파랑 깃발을 가운데 위치로 이동시킵니다.

해결 절차

절차1 setup 함수를 만들고, 함수가 시작되면 mb 모터와 mr 모터를 아래로 내렸다 중앙으로 이동시킵니다.

절차2 프로그램이 시작되면 setup 함수를 호출합니다.

절차1

❶ setup 함수를 만들고, 함수가 시작되면 mb 모터와 mr 모터를 아래로 내렸다 중앙으로 이동하는 명령을 추가합니다.

프로그램

```
85      def setup():
86          mb.run(100)
87          mr.run(100)
88          sleep(1.5)
```

```
89      mb.stop(Stop.BRAKE)
90      mr.stop(Stop.BRAKE)
91      sleep(0.2)
92      mb.run(-300)
93      mr.run(-300)
94      sleep(0.2)
95      mb.stop(Stop.BRAKE)
96      mr.stop(Stop.BRAKE)
97      sleep(0.5)
```

85: setup 함수를 정의합니다.
86~88: mb 모터와 mr 모터를 100의 출력값으로 1.5초간 회전하여 아래로 내립니다.
89~91: mb 모터와 mr 모터를 0.2초 정지합니다.
92~94: mb 모터와 mr 모터를 -300의 출력값으로 0.2초간 회전하여 중앙으로 올립니다.
95~97: mb 모터와 mr 모터를 0.5초간 정지합니다.

절차2

❷ setup 함수를 호출하여 깃발들을 중앙에 위치하는 명령을 추가합니다.

프로그램
```
99      setup()                      ← setup 함수를 호출합니다.
```

2단계 깃발을 어떻게 움직일지 소리로 알려 줘 봅시다.

빨강 깃발과 파랑 깃발을 각각 "올려", "내려", "올리지 마", "내리지 마"와 같이 총 8개의 소리 중 랜덤으로 한 개의 소리를 선택하여 출력합니다.

🚩 해결 절차

절차1 sound 함수를 만들고, 함수가 시작되면 1~8 사이의 수를 랜덤으로 생성하여 해당하는 소리를 출력합니다.

절차2 sound 함수를 호출하여 8개의 소리 중 하나를 랜덤으로 출력합니다.

절차1

❶ 1~8 사이의 수 중 하나가 랜덤으로 생성된 값을 저장할 nsound 변수를 생성하고, 0으로 초기화합니다.

프로그램
```
 99     nsound = 0           ← nsound 변수를 생성하고 0으로 초기화합니다.
100     setup()
```

❷ sound 함수를 만들고, 함수가 시작되면 1~8 사이의 수 중 하나를 랜덤으로 생성하여 nsound에 저장합니다. nsound값이 1이면 red_up, 2이면 red_down, 3이면 blue_up, 4이면 blue_down, 5이면 red_no_up, 6이면 red_no_down, 7이면 blue_no_up, 8이면 blue_no_down 함수를 호출하여 해당 소리를 출력합니다. 그리고 nsound값이 4보다 크면 버튼을 누르지 않는 것이므로 nsound값을 0으로 변경합니다.

```
99    def sound():                              ← sound 함수를 정의합니다.
100       global nsound                         ← nsound를 전역 변수로 사용합니다.
101       nsound = random.randint(1,8)          ← 1~8 사이의 수 중 하나를 랜덤으로 생성하여 nsound에 저장합니다.
102
103       if nsound == 1:
104          red_up()                           ← nsound값이 1이면 red_up 함수를 호출합니다.
105       elif nsound == 2:
106          red_down()                         ← nsound값이 2이면 red_down 함수를 호출합니다.
107       elif nsound == 3:
108          blue_up()                          ← nsound값이 3이면 blue_up 함수를 호출합니다.
109       elif nsound == 4:
110          blue_down()                        ← nsound값이 4이면 blue_down 함수를 호출합니다.
111       elif nsound == 5:
112          red_no_up()                        ← nsound값이 5이면 red_no_up 함수를 호출합니다.
113       elif nsound == 6:
114          red_no_down()                      ← nsound값이 6이면 red_no_down 함수를 호출합니다.
115       elif nsound == 7:
116          blue_no_up()                       ← nsound값이 7이면 blue_no_up 함수를 호출합니다.
117       elif nsound == 8:
118          blue_no_down()                     ← nsound값이 8이면 blue_no_down 함수를 호출합니다.
119
120       if nsound > 4:
121          nsound = 0                         ← nsound값이 4보다 크면 nsound를 0으로 바꿉니다.
```

절차2

❸ sound 함수를 호출하여 랜덤으로 8개의 소리 중 하나를 출력하는 명령을 추가합니다.

프로그램

```
123    nsound = 0
124    setup()
125    sound()                    ← sound 함수를 호출합니다.
```

3단계 버튼 누르기를 해 봅시다.

타이머와 터치 센서, 브릭의 위아래 버튼을 이용하여 버튼을 누르지 않거나 누른 버튼을 기억하고, 누른 버튼의 모터를 올리거나 내려서 표현합니다.

🔖 해결 절차

> **절차1** btn_check 함수를 만들고, 함수가 시작되면 타이머를 시작한 후 버튼을 2초 안에 누르면 누른 버튼에 해당하는 값을 저장하고, 2초가 넘어가면 0을 저장합니다.

> **절차2** btn_check 함수를 호출하여 소리에 해당하는 버튼을 입력받습니다.

절차1

❶ 어느 버튼을 눌렀는지를 기억할 nselect 변수를 생성하고, 0으로 초기화하는 명령을 추가합니다.

```
123    nsound = 0
124    nselect = 0          ← nselect 변수를 생성하고, 0으로 초기화합니다.
125    setup()
126    sound()
```

❷ btn_check 함수를 만들고, 함수가 시작되면 타이머를 실행합니다. 타이머가 2초가 지나면 입력을 안한 경우로 nselect값에 0을 저장하고, 함수를 종료합니다.

프로그램

```
123    def btn_check():
124        global nselect
125        st = time()
126        while 1:
127            et = time()
128            if (et-st) > 2 :
129                nselect = 0
130                return
```

123: btn_check 함수를 정의합니다.
124: nselect를 전역 변수로 사용합니다.
125: 시작 시간을 st에 저장합니다.
126: 127~128행을 무한 반복합니다.
127: 현재 시간을 et에 저장합니다.
128~130: 진행된 시간(현재 시간 – 시작 시간)이 2초가 지나면 nselect값에 0을 저장하고, 함수를 종료합니다.

❸ br 터치 센서와 브릭의 위쪽 버튼이 동시에 눌리면 nselect값에 1을 저장하고, flag_red_up 함수를 호출하여 빨강 깃발을 올렸다 내리고 btn_check 함수를 종료합니다.

프로그램

```
123    def btn_check():
124        global nselect
125        st = time()
126        while 1:
127            et = time()
128            if (et-st) > 2 :
129                nselect = 0
130                return
131            if br.pressed() == True and Button.UP in brick.buttons():
132                nselect = 1
133                flag_red_up()
134                return
```

131: br 버튼과 브릭의 위쪽 버튼을 동시에 누르면 132~134행을 실행합니다.
132: nselect값을 1로 변경합니다.
133: flag_red_up 함수를 호출하여 빨강 깃발을 올렸다 내립니다.
134: btn_check 함수를 종료합니다.

❹ br 터치 센서와 브릭의 아래쪽 버튼이 눌리면 nselect 변수에 2를 저장하고, flag_red_down 함수를 호출한 후 함수를 종료합니다. bb 터치 센서와 브릭의 위쪽 버튼을 누르면 nselect 변수에 3을 저장한 후 flag_blue_up 함수를 호출하여 실행하고 함수를 종료합니다. 또한, bb 터치 센서와 아래쪽 버튼을 누르면 nselect 변수에 4를 저장한 후 flag_blue_down 함수를 호출하여 실행하고 함수를 종료합니다.

프로그램

```
123    def btn_check():
124        global nselect
125        st = time()
126        while 1:
127            et = time()
128            if (et-st) > 2 :
129                nselect = 0
130                return
131            if br.pressed() == True and Button.UP in brick.buttons():
132                nselect = 1
133                flag_red_up()
134                return
135            elif br.pressed() == True and Button.DOWN in brick.buttons():
136                nselect = 2
137                flag_red_down()
138                return
139            elif bb.pressed() == True and Button.UP in brick.buttons():
140                nselect = 3
141                flag_blue_up()
142                return
143            elif bb.pressed() == True and Button.DOWN in brick.buttons():
144                nselect = 4
145                flag_blue_down()
146                return
```

135~138: br 버튼과 브릭의 아래쪽 버튼을 동시에 누르면 nselect값에 2를 저장하고, flag_red_down 함수를 호출하여 빨강 깃발을 내렸다 올립니다.
139~142: bb 버튼과 브릭의 위쪽 버튼을 동시에 누르면 nselect값에 3을 저장하고, flag_blue_up 함수를 호출하여 파랑 깃발을 올렸다 내립니다.
143~146: bb 버튼과 브릭의 아래쪽 버튼을 동시에 누르면 nselect값에 4를 저장하고, flag_blue_down 함수를 호출하여 파랑 깃발을 내렸다 올립니다.

절차2

❺ btn_check 함수를 호출하여 소리에 해당하는 버튼을 입력받는 명령을 추가합니다.

프로그램

```
148    nsound = 0
149    nselect = 0
150    setup()
151    sound()
152    btn_check()          ← btn_check 함수를 호출합니다.
```

랜덤으로 선택하여 알려 준 소리와 버튼을 누른 결과가 일치하는지를 확인하여 일치하면 점수를 1점 올리고, 일치하지 않으면 생명력(초기 3)값을 1 감소합니다.

해결 절차

절차1 res 함수를 만들고, 함수가 시작되면 소리 출력값(nsound)과 버튼 입력값(nselect)을 비교하여 같으면 점수(score)를 1점 증가합니다. 만약 틀리면 생명력(nlife)값을 1 감소합니다.

절차2 res 함수를 호출하여 결과를 확인합니다.

절차1

❶ 점수 변수 score를 선언하고, 0으로 초기화합니다. 생명력 변수 nlife를 선언한 후 3으로 초기화하는 명령을 추가합니다.

프로그램

```
148    nsound = 0
149    nselect = 0
150    score = 0            ← 점수 변수 score를 생성하고 0으로 초기화합니다.
151    nlife = 3            ← 생명력 변수 nlife를 생성하고 3으로 초기화합니다.
152    setup()
153    sound()
154    btn_check()
```

❷ res 함수를 만들고 함수가 시작되면 nsound값과 nselect값을 비교하여 서로 같으면 score 점수를 1점 증가하고, 다르면 nlife값을 1 감소합니다. 그리고 브릭 화면에 점수와 생명력값을 출력합니다.

프로그램

```
148    def res():
149        global score, nlife
150        if nsound == nselect :
151            score = score + 1
152        else :
153            nlife = nlife - 1
154            brick.sound.file(SoundFile.SORRY)
155
156        brick.display.clear()
157        brick.display.text ("Score = " + str(score), (10, 10))
158        brick.display.text ("Life = " + str(nlife), (10, 30))
```

148: res 함수를 정의합니다.
149: score, nlife를 전역 변수로 사용합니다.
150~151: nsound값과 nselect값이 서로 같으면 score값을 1 증가합니다.
152~154: nsound값과 nselect값이 서로 다르면 nlife값을 1 감소합니다.
156~158: 브릭 화면에 score값과 nlife값을 출력합니다.

❸ res 함수를 호출하여 결과를 확인하는 명령을 추가합니다.

```
프로그램
160    nsound = 0
161    nselect = 0
162    score = 0
163    nlife = 3
164    setup()
165    sound()
166    btn_check()
167    res()              ← res 함수를 호출합니다.
```

5단계 게임을 계속해 봅시다.

생명력값이 0이 되면 게임을 종료하고, 아니면 게임을 계속합니다.

해결 절차

절차1 생명력(nlife)값이 0이 될 때까지 게임을 계속 반복합니다.

절차2 생명력(nlife)값이 0이면 게임을 종료합니다.

절차1

❶ while문을 추가하여 sound 함수, btn_check 함수, res 함수를 차례대로 계속 반복하도록 합니다.

```
프로그램
160    nsound = 0
161    nselect = 0
162    score = 0
163    nlife = 3
164    setup()
165    while 1:           ← 166~168행을 무한 반복하기 위해 while문을 추가합니다.
166        sound()
167        btn_check()
168        res()
```

절차2

❷ 생명력(nlife)값이 0이면 게임을 종료하는 명령을 추가합니다.

```
프로그램
160    nsound = 0
161    nselect = 0
162    score = 0
163    nlife = 3
164    setup()
165    while 1:
166        sound()
167        btn_check()
168        res()
169        if nlife == 0:
```

```
170              brick.sound.file(SoundFile.GAME_OVER)
171              brick.display.text ("Game Over", (10, 50))
172              sleep(5)
173              break
```

169~172: nlife값이 0이면 "Game Over" 소리와 함께 브릭 화면의 (10, 50) 위치에 출력하고, 반복을 종료합니다.

전체 완성 프로그램 확인하기

프로그램

```
1   #!/usr/bin/env pybricks-micropython
2
3   from pybricks import ev3brick as brick
4   from pybricks.ev3devices import (Motor, TouchSensor, ColorSensor,
5                                    InfraredSensor, UltrasonicSensor, GyroSensor)
6   from pybricks.parameters import (Port, Stop, Direction, Button, Color,
7                                    SoundFile, ImageFile, Align)
8   from pybricks.tools import print, wait, StopWatch
9   from pybricks.robotics import DriveBase
10  from time import sleep
11  from time import time
12  import random
13
14  # Write your program here
15
16  mr = Motor(Port.A)
17  mb = Motor(Port.B)
18  br = TouchSensor(Port.S1)
19  bb = TouchSensor(Port.S2)
20
21  def red_up():
22      brick.sound.file('red_up.wav')
23
24  def red_down():
25      brick.sound.file('red_down.wav')
26
27  def red_no_up():
28      brick.sound.file('red_no_up.wav')
29
30  def red_no_down():
31      brick.sound.file('red_no_down.wav')
32
33  def blue_up():
34      brick.sound.file('blue_up.wav')
35
36  def blue_down():
37      brick.sound.file('blue_down.wav')
38
39  def blue_no_up():
40      brick.sound.file('blue_no_up.wav')
41
42  def blue_no_down():
43      brick.sound.file('blue_no_down.wav')
```

```python
44
45  def flag_red_up():
46      mr.run(-300)
47      sleep(0.2)
48      mr.stop(Stop.BRAKE)
49      sleep(0.5)
50      mr.run(300)
51      sleep(0.2)
52      mr.stop(Stop.BRAKE)
53      sleep(0.5)
54
55  def flag_red_down():
56      mr.run(300)
57      sleep(0.2)
58      mr.stop(Stop.BRAKE)
59      sleep(0.5)
60      mr.run(-300)
61      sleep(0.2)
62      mr.stop(Stop.BRAKE)
63      sleep(0.5)
64
65  def flag_blue_up():
66      mb.run(-300)
67      sleep(0.2)
68      mb.stop(Stop.BRAKE)
69      sleep(0.5)
70      mb.run(300)
71      sleep(0.2)
72      mb.stop(Stop.BRAKE)
73      sleep(0.5)
74
75  def flag_blue_down():
76      mb.run(300)
77      sleep(0.2)
78      mb.stop(Stop.BRAKE)
79      sleep(0.5)
80      mb.run(-300)
81      sleep(0.2)
82      mb.stop(Stop.BRAKE)
83      sleep(0.5)
84
85  def setup():
86      mb.run(100)
87      mr.run(100)
88      sleep(1.5)
89      mb.stop(Stop.BRAKE)
90      mr.stop(Stop.BRAKE)
91      sleep(0.2)
92      mb.run(-300)
93      mr.run(-300)
94      sleep(0.2)
95      mb.stop(Stop.BRAKE)
96      mr.stop(Stop.BRAKE)
97      sleep(0.5)
```

```
 98
 99  def sound():
100      global nsound
101      nsound = random.randint(1,8)
102
103      if nsound == 1:
104          red_up()
105      elif nsound == 2:
106          red_down()
107      elif nsound == 3:
108          blue_up()
109      elif nsound == 4:
110          blue_down()
111      elif nsound == 5:
112          red_no_up()
113      elif nsound == 6:
114          red_no_down()
115      elif nsound == 7:
116          blue_no_up()
117      elif nsound == 8:
118          blue_no_down()
119
120      if nsound > 4:
121          nsound = 0
122
123  def btn_check():
124      global nselect
125      st = time()
126      while 1:
127          et = time()
128          if (et-st) > 2 :
129              nselect = 0
130              return
131          if br.pressed() == True and Button.UP in brick.buttons():
132              nselect = 1
133              flag_red_up()
134              return
135          elif br.pressed() == True and Button.DOWN in brick.buttons():
136              nselect = 2
137              flag_red_down()
138              return
139          elif bb.pressed() == True and Button.UP in brick.buttons():
140              nselect = 3
141              flag_blue_up()
142              return
143          elif bb.pressed() == True and Button.DOWN in brick.buttons():
144              nselect = 4
145              flag_blue_down()
146              return
147
148  def res():
149      global score, nlife
150      if nsound == nselect :
151          score = score + 1
```

```
152        else :
153            nlife = nlife - 1
154            brick.sound.file(SoundFile.SORRY)
155
156    brick.display.clear()
157    brick.display.text ("Score = " + str(score), (10, 10))
158    brick.display.text ("Life = " + str(nlife), (10, 30))
159
160 nsound = 0
161 nselect = 0
162 score = 0
163 nlife = 3
164 setup()
165 while 1:
166    sound()
167    btn_check()
168    res()
169    if nlife == 0:
170        brick.sound.file(SoundFile.GAME_OVER)
171        brick.display.text ("Game Over", (10, 50))
172        sleep(5)
173        break
```

실행하기 원하는 대로 프로그램이 동작하는지 실행해 봅시다.

프로그램 작성이 완료되면 F5 키를 눌러 프로그램을 실행하여 로봇이 제대로 동작하는지 확인합니다.

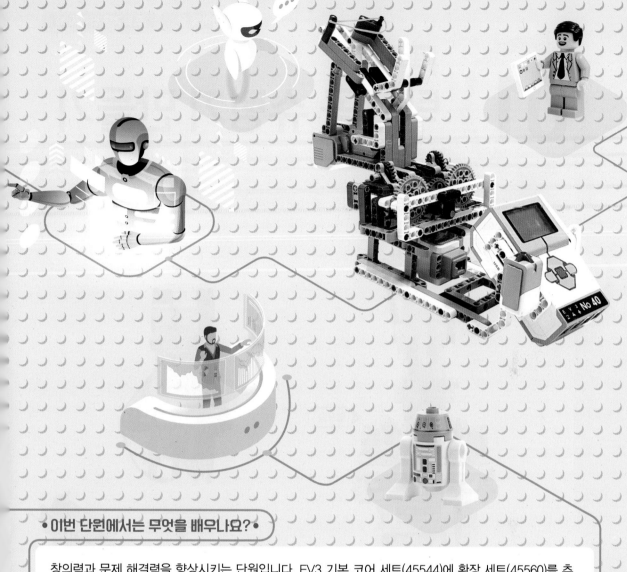

• 이번 단원에서는 무엇을 배우나요? •

창의력과 문제 해결력을 향상시키는 단원입니다. EV3 기본 코어 세트(45544)에 확장 세트(45560)를 추가하여 더 발전된 2개의 하드웨어를 만들고, 이 하드웨어를 움직이게 하는 프로그래밍 방법에 대하여 알아봅니다.

• 준비 도구 •

| EV3 45544 세트 |

| 파이썬 프로그램 | Visual Studio Code 프로그램 |

| LDD 프로그램 |

➡ 파이썬 소스 파일 및 조립도, 동영상 파일 제공: 삼양미디어 홈페이지(http://www.samyangm.com)의 [고객센터] – [자료실]에 올린 파일을 내려받아서 사용하세요.

C·H·A·P·T·E·R

01

프로젝트 ★1

탁구공 슈팅기 만들기

탁구공을 올려놓고 전후좌우를 움직여 조절한 후 버튼을 눌러 탁구공을 쏘는 탁구공 슈팅기를 만들어 봅시다.

완성된 로봇

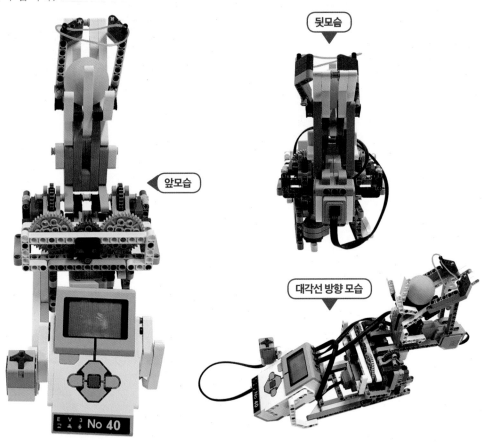

뒷모습

앞모습

대각선 방향 모습

EV3 교육용 No 40

※ 소스 파일: [PART_4]-[4_1_탁구공 슈팅기]에서 단계별로 완성한 파일을 참고하세요.

해결할 문제

작은 문제로 나누어서 해결합니다.

1단계	2단계	3단계
프로그램이 실행되면 브릭의 좌우 버튼을 이용하여 슈팅기를 좌우로 움직이기	브릭의 상하 버튼을 이용하여 슈팅기를 위아래로 움직이기	슛 버튼을 누르면 슈팅을 하고, 다시 슛을 할 수 있도록 처음 위치로 돌아오기

1 >> 조립도

조립도를 보고 탁구공 슈팅기를 만들어 봅시다.

❶ LDD 조립도 프로그램을 실행하여 아래와 같이 4개의 모듈을 만들어 놓습니다.

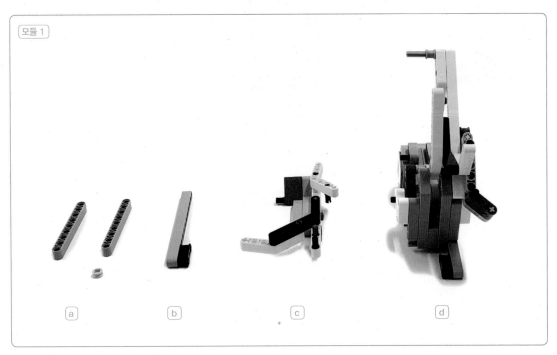

모듈 1

a   b   c   d

모듈 2

a   b   c   d   e   f   e

모듈 3

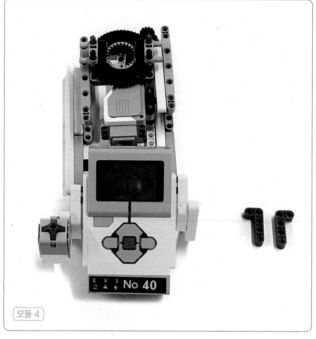

모듈 4

※ 모듈1 : 3칸 2개, 5칸 3개, 모듈2 : 3칸 2개, 12칸 1개, 모듈3 : 3칸 1개, 모듈4 : 6칸 1개를 사용합니다.

※ 제공한 [창작 조립도]-[PART_4] 폴더에서 '04_01_탁구공 슈팅기01.lxf' ~ '04_01_탁구공 슈팅기04.lxf' 조립도 파일을 하나씩 열어 모듈1 ~ 모듈4 까지 조립하여 나열하도록 합니다.

❷ 모듈1 에서 ⓒ, ⓓ 2개의 모듈을 가져와 서로 결합한 후 방향을 바꿉니다.

결합하기

ⓓ

ⓒ

→

고정하기

고정된 모습

방향 바꾸기

❸ 모듈1 에서 c 를 가져와 나란히 놓은 후 왼쪽부터 결합합니다.

결합하기

결합된 모습

④ 모듈1 에서 a 블록들을 가져온 후 왼쪽부터 노란 블록과 9칸 1자 블록을 결합합니다.

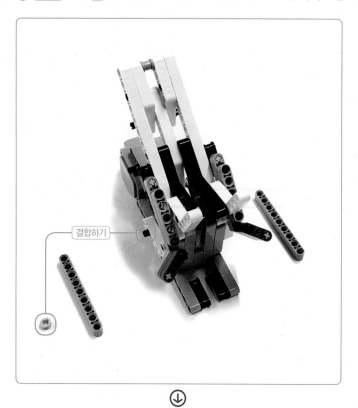

결합하기

결합하기

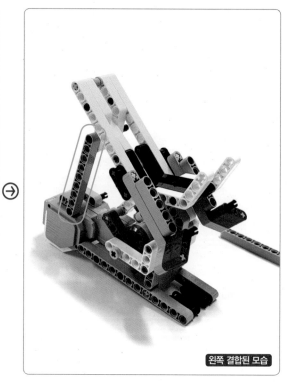

왼쪽 결합된 모습

5 오른쪽도 왼쪽처럼 9칸 1자 블록을 결합합니다.

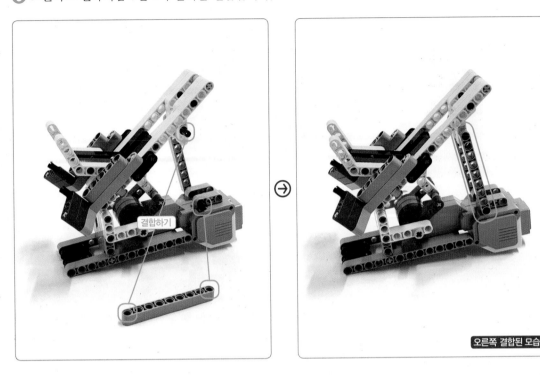

오른쪽 결합된 모습

6 모듈2 에서 ⓒ와 ⓔ 모듈을 가져와 결합합니다.

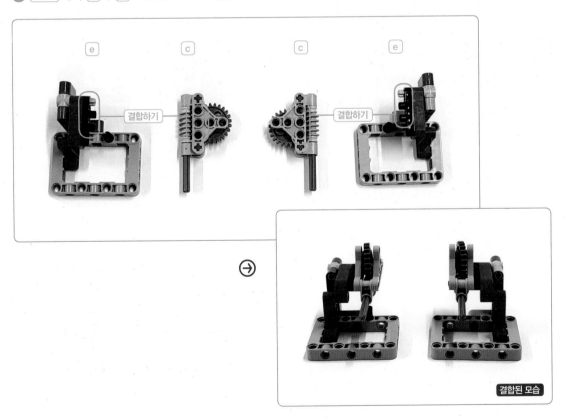

결합된 모습

7 모듈2 에서 f 모듈을 가져와 결합합니다.

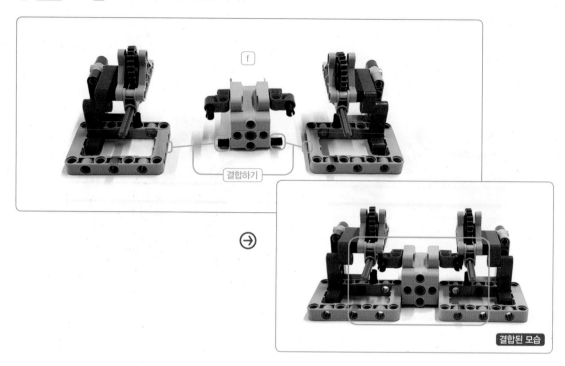

8 모듈2 에서 b , 즉 9자 블록과 15자 블록을 가져와 **7**에서 결합한 모듈에 결합합니다.

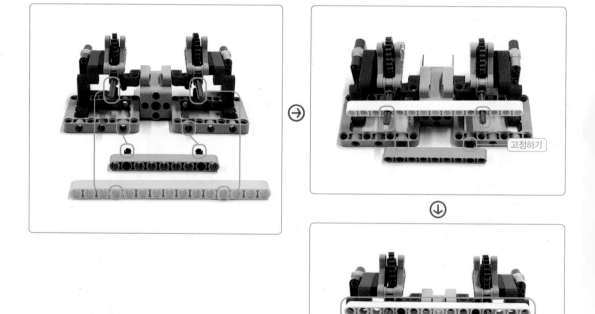

9 모듈2 에서 b , 즉 바퀴 블록을 가져와 결합합니다.

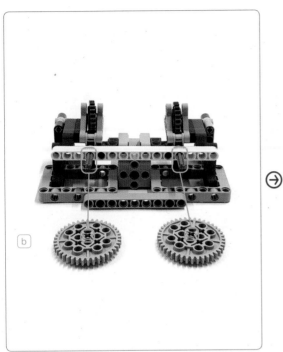

결합된 모습

10 결합한 모듈1 과 모듈2 를 가져와 하나씩 연결하여 결합합니다.

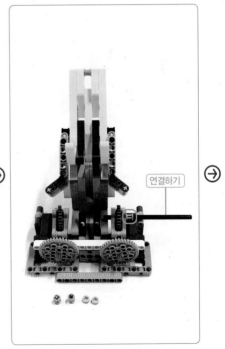

연결하기

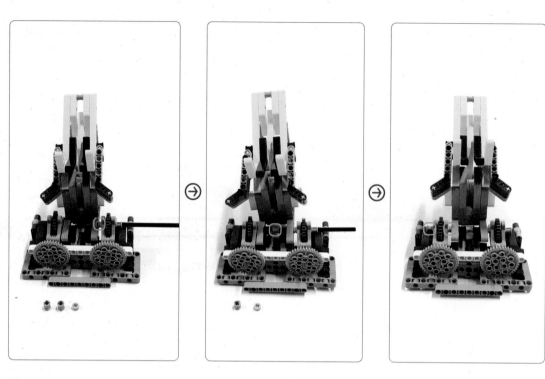

⓫ 모듈 3 을 가져와 ⓾에서 결합한 모듈에 결합합니다.

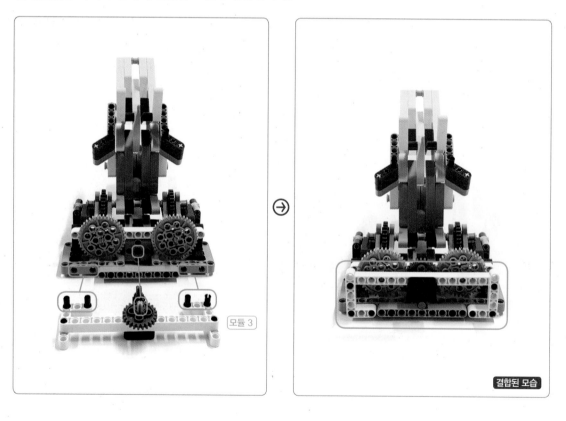

모듈 3

결합된 모습

⓬ 모듈 4 를 가져와 결합된 모듈과 나열한 후 모두 뒤집어 놓도록 합니다.

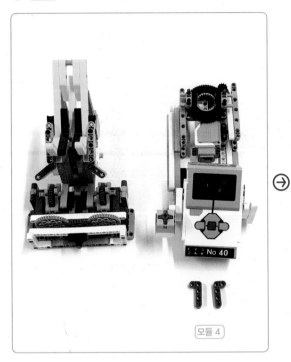

모듈 4

뒤집어 놓기

뒤집어 놓기

⓭ 먼저 결합된 모듈과 모듈 4 의 일부인 4×2 'ㄱ'자 블록을 가져와 하단에 살짝 끼워 넣습니다.

4×2 'ㄱ'자 블록

⑭ 결합된 모듈과 나머지 모듈 4 를 준비합니다.

모듈 4

⑮ 결합된 모듈을 모듈 4 에 올린 후 고정하여 결합합니다.

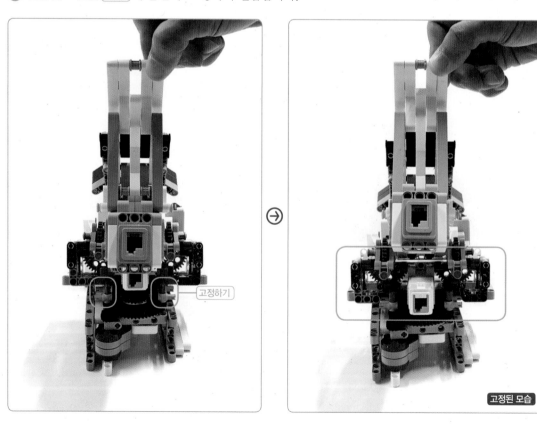

고정하기

고정된 모습

⑯ 완성된 모습은 다음과 같습니다.

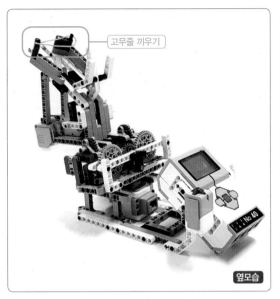

고무줄 끼우기

옆모습

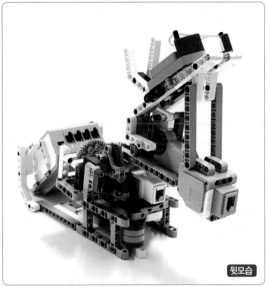

뒷모습

2 >> 모터와 센서 연결

브릭에 모터와 센서를 연결합니다.

서보 모터

- motorA: 라지 서보 모터   ← 좌우를 돌리는 서보 모터
- motorB: 라지 서보 모터   ← 슈팅 서보 모터(가장 긴 선으로 연결)
- motorC: 미디엄 서보 모터 ← 위아래를 돌리는 서보 모터
- motorD: −

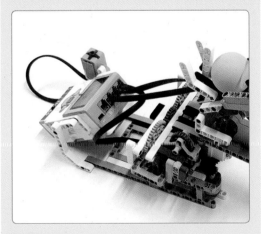

🔺 출력 포트

센서 및 버튼

- Sensor1: 버튼   ← 슈팅을 위해 슈팅 서보 모터를 조작하는 버튼
- Sensor2: −
- Sensor3: −
- Sensor4: −

🔺 입력 포트

3 >> 문제 분석 및 작은 문제로 나누기

탁구공 슈팅기를 만들기 위해 문제를 아래와 같이 작은 문제로 나누어 봅니다.

1단계	**2단계**	**3단계**
좌우로 움직이기	상하로 움직이기	슛 버튼을 누르면 탁구공 쏘기

4 >> 작은 문제별 해결 전략 세우기

나눈 작은 문제들을 어떻게 해결해야 할지 아래와 같이 단계별로 해결 전략을 세웁니다.

1단계
좌우로 움직이기

브릭의 왼쪽 버튼을 누르면 좌우로 움직이는 모터를 이용하여 슈팅기가 왼쪽으로 움직이고, 브릭의 오른쪽 버튼을 누르면 슈팅기가 오른쪽으로 움직입니다.

2단계
상하로 움직이기

브릭의 위쪽 버튼을 누르면 상하로 움직이는 모터를 이용하여 슈팅기가 위쪽으로 움직이고, 브릭의 아래쪽 버튼을 누르면 슈팅기가 아래쪽으로 움직입니다.

3단계
슛 버튼을 누르면
탁구공 쏘기

슛 버튼을 누르면 슛 모터를 이용하여 탁구공을 쏘고, 다시 슛을 위해 처음 위치로 돌아옵니다.

앞에서 설계한 문제 해결 방법대로 프로그래밍하여 미션을 해결합니다.

• 프로그래밍을 위한 사전 준비 •

센서와 모터 등 이름 정하기

sleep, time, threading을 사용하기 위해 가져오기를 추가하고, 포트 A는 슈팅 로봇을 좌우로 움직이는 모터로 'mlr'에 연결, 포트 B는 슛을 하는 모터로 'ms'에 연결, 포트 C는 슈팅 로봇을 위아래로 움직이는 모터로 'mud'에 연결, 포트 1은 슛을 하는 터치 버튼으로 'bs'에 연결합니다.

프로그램

```
1    #!/usr/bin/env pybricks-micropython
2
3    from pybricks import ev3brick as brick
4    from pybricks.ev3devices import (Motor, TouchSensor, ColorSensor,
5                                     InfraredSensor, UltrasonicSensor, GyroSensor)
6    from pybricks.parameters import (Port, Stop, Direction, Button, Color,
7                                     SoundFile, ImageFile, Align)
8    from pybricks.tools import print, wait, StopWatch
9    from pybricks.robotics import DriveBase
10   from time import sleep          ← sleep 함수를 사용하기 위해 추가합니다.
11   from time import time           ← time 함수를 사용하기 위해 추가합니다.
12   import threading                ← 스레드를 사용하기 위해 추가합니다.
13
14   # Write your program here
15
16   mlr = Motor(Port.A)             ← 포트 A는 슈팅 로봇을 좌우로 움직이는 모터로 mlr에 연결합니다.
17   ms = Motor(Port.B)              ← 포트 B는 슛을 하는 모터로 ms에 연결합니다.
18   mud = Motor(Port.C)             ← 포트 C는 슈팅 로봇을 위아래로 움직이는 모터로 mud에 연결합니다.
19   bs = TouchSensor(Port.S1)       ← 포트 1은 슛을 하는 터치 센서로 bs에 연결합니다.
```

1단계 좌우로 움직여 봅시다.

브릭의 왼쪽 버튼을 누르면 좌우로 움직이는 모터를 이용하여 슈팅기가 왼쪽으로 움직이고, 브릭의 오른쪽 버튼을 누르면 슈팅기가 오른쪽으로 움직이도록 합니다.

해결 절차

절차1 movelr 함수를 만들고, 함수가 시작되면 브릭의 왼쪽 버튼이 눌리는 동안 mlr 모터를 왼쪽으로 회전합니다.

절차2 브릭의 오른쪽 버튼이 눌리는 동안 mlr 모터를 오른쪽으로 회전합니다.

절차3 프로그램이 시작되면 스레드로 movelr 함수를 호출합니다.

❶ movelr 함수를 만들고, 함수가 시작되면 브릭의 왼쪽 버튼이 눌리는지 확인하여 왼쪽 버튼이 눌리면 mlr 모터를 500의 출력값으로 왼쪽으로 회전하고, 누르지 않으면 바로 정지합니다.

프로그램

```
21    def movelr():
22        while 1:
23            if Button.LEFT in brick.buttons():
24                mlr.run(500)
25            else:
26                mlr.stop(Stop.BRAKE)
```

21: movelr 함수를 정의합니다.
22: 23~25행을 무한 반복합니다.
23~24: 브릭의 왼쪽 버튼이 눌리면 mlr 모터를 500의 출력값으로 왼쪽으로 회전합니다.
25~26: 버튼을 누르지 않으면 mlr 모터를 바로 정지합니다.

절차2

❷ 브릭의 오른쪽 버튼이 눌리는지 확인하여 오른쪽 버튼이 눌리면 mlr 모터를 −500의 출력값으로 오른쪽으로 회전하는 명령을 추가합니다.

프로그램

```
21    def movelr():
22        while 1:
23            if Button.LEFT in brick.buttons():
24                mlr.run(500)
25            elif Button.RIGHT in brick.buttons():
26                mlr.run(-500)
27            else:
28                mlr.stop(Stop.BRAKE)
```

25~26: 브릭의 오른쪽 버튼이 눌리면 mlr 모터를 −500의 출력값으로 오른쪽으로 회전합니다.

절차3

❸ 프로그램이 시작되면 movelr 함수를 스레드로 만들고, movelr 함수를 시작합니다. 그리고 정상적으로 작동하는지를 확인하기 위해 무한 반복문을 잠시 추가합니다.

프로그램

```
30    t1 = threading.Thread(target=movelr)    ← movelr 함수를 스레드로 만들고, movelr 함수를 시작합니다.
31    t1.start()
32    while 1:
33        sleep(10)    ← movelr 함수가 잘 작동하는지 확인하기 위해 무한 반복합니다.
```

2단계 상하로 움직여 봅시다.

브릭의 위쪽 버튼을 누르면 상하로 움직이는 모터를 이용하여 슈팅기가 위쪽으로 움직이고, 브릭의 아래쪽 버튼을 누르면 슈팅기가 아래쪽으로 움직이도록 합니다.

절차1 moveud 함수를 만들고, 함수가 시작되면 브릭의 위쪽 버튼이 눌리는 동안 mud 모터를 회전합니다.

절차2 브릭의 아래 버튼이 눌리는 동안 mud 모터를 회전합니다.

절차3 프로그램이 시작되면 스레드로 moveud 함수를 호출합니다.

절차1

❶ moveud 함수를 만들고, 함수가 시작되면 브릭의 위쪽 버튼이 눌리는지 확인하여 위쪽 버튼이 눌리면 mud 모터를   500의 출력값으로 회진하고 누르지 않으면 바로 정시합니다.

프로그램
```
30    def moveud():
31        while 1:
32            if Button.UP in brick.buttons():
33                mud.run(-500)
34            else:
35                mud.stop(Stop.BRAKE)
```

30: moveud 함수를 정의합니다.
31: 32~35행을 무한 반복합니다.
32~33: 브릭의 위쪽 버튼이 눌리면 mud 모터를 −500의 출력값으로 회전합니다.
34~35: 버튼을 누르지 않으면 mud 모터를 바로 정지합니다.

절차2

❷ 브릭의 아래쪽 버튼이 눌리는지 확인하여 아래쪽 버튼이 눌리면 mud 모터를 500의 출력값으로 회전하는 명령을 추가합니다.

프로그램
```
30    def moveud():
31        while 1:
32            if Button.UP in brick.buttons():
33                mud.run(-500)
34            elif Button.DOWN in brick.buttons():
35                mud.run(500)
36            else:
37                mud.stop(Stop.BRAKE)
```
← 브릭의 아래쪽 버튼이 눌리면 mud 모터를 500의 출력값으로 회전합니다.

절차3

❸ moveud 함수를 스레드로 만들고, moveud 함수를 시작하는 명령을 추가합니다.

프로그램
```
39    t1 = threading.Thread(target=movelr)
40    t1.start()
41    t2 = threading.Thread(target=moveud)
42    t2.start()
43    while 1:
44        sleep(10)
```
← moveud 함수를 스레드로 만들고, moveud 함수를 시작합니다.

3단계 슛 버튼을 누르면 탁구공을 쏘도록 해 봅시다.

숏 버튼을 누르면 슛 모터를 이용하여 탁구공을 쏘고, 다시 슛을 위해 처음 위치로 돌아옵니다.

🏷️ **해결 절차**

> **절차1** 프로그램이 실행되면 탁구공을 쏘는 모터를 뒤쪽으로 이동시킵니다.

> **절차2** bs 터치 센서를 누르면 탁구공을 쏘는 모터를 돌려 탁구공을 쏘고, 다시 뒤쪽으로 이동시킵니다.

절차1

❶ 프로그램이 실행되면 탁구공을 쏘는 ms 모터를 −500의 출력값으로 1초 회전하여 뒤쪽으로 이동한 후 정지하는 명령을 추가합니다.

프로그램

```
39    t1 = threading.Thread(target=movelr)
40    t1.start()
41    t2 = threading.Thread(target=moveud)
42    t2.start()
43
44    ms.run(-500)
45    sleep(1)
46    ms.stop(Stop.BRAKE)
47
48    while 1:
49        sleep(10)
```
← ms 슈팅 모터를 −500의 출력값으로 1초간 회전하고 정지합니다. (44~46행)

절차2

❷ 무한 반복했던 sleep(10) 함수를 삭제하고, bs 터치 센서가 눌리는지 계속 확인하다가 bs 터치 센서가 눌리면 ms 모터의 출력값을 1000으로 1초간 회전하여 탁구공을 쏩니다. 이번에는 ms 모터를 −500의 출력값으로 1초간 회전하여 다시 뒤쪽으로 이동시키는 명령을 추가합니다.

프로그램

```
44    ms.run(-500)
45    sleep(1)
46    ms.stop(Stop.BRAKE)
47
48    while 1:
49        if bs.pressed() == True:
50            ms.run(1000)
51            sleep(1)
52            ms.run(-500)
53            sleep(1)
54            ms.stop(Stop.BRAKE)
```

49: bs 터치 센서가 눌리면 50~54행을 실행합니다.
50~51: ms 모터를 1000의 출력값으로 1초간 회전하여 슛을 쏩니다.
52~53: ms 모터를 −500의 출력값으로 1초간 회전하여 뒤로 보냅니다.
54: ms 모터를 바로 정지합니다.

```python
1   #!/usr/bin/env pybricks-micropython
2
3   from pybricks import ev3brick as brick
4   from pybricks.ev3devices import (Motor, TouchSensor, ColorSensor,
5                                    InfraredSensor, UltrasonicSensor, GyroSensor)
6   from pybricks.parameters import (Port, Stop, Direction, Button, Color,
7                                    SoundFile, ImageFile, Align)
8   from pybricks.tools import print, wait, StopWatch
9   from pybricks.robotics import DriveBase
10  from time import sleep
11  from time import time
12  import threading
13
14  # Write your program here
15
16  mlr = Motor(Port.A)
17  ms = Motor(Port.B)
18  mud = Motor(Port.C)
19  bs = TouchSensor(Port.S1)
20
21  def movelr():
22      while 1:
23          if Button.LEFT in brick.buttons():
24              mlr.run(500)
25          elif Button.RIGHT in brick.buttons():
26              mlr.run(-500)
27          else:
28              mlr.stop(Stop.BRAKE)
29
30  def moveud():
31      while 1:
32          if Button.UP in brick.buttons():
33              mud.run(-500)
34          elif Button.DOWN in brick.buttons():
35              mud.run(500)
36          else:
37              mud.stop(Stop.BRAKE)
38
39  t1 = threading.Thread(target=movelr)
40  t1.start()
41  t2 = threading.Thread(target=moveud)
42  t2.start()
43
44  ms.run(-500)
45  sleep(1)
46  ms.stop(Stop.BRAKE)
47
48  while 1:
49      if bs.pressed() == True:
50          ms.run(1000)
```

```
51        sleep(1)
52        ms.run(-500)
53        sleep(1)
54        ms.stop(Stop.BRAKE)
```

실행하기 원하는 대로 프로그램이 동작하는지 실행해 봅시다.

프로그램 작성이 완료되면 F5 키를 눌러 프로그램을 실행하여 로봇이 제대로 동작하는지 확인합니다.

조립 난이도 중   프로그램 난이도 상

프로젝트 ★ 2

02

저금통 만들기

동전을 올려놓으면 동전이 자동으로 저금통 안으로 골인되게 하고, 비밀번호를 입력하여 열고 닫는 저금통을 만들어 봅시다.

완성된 로봇

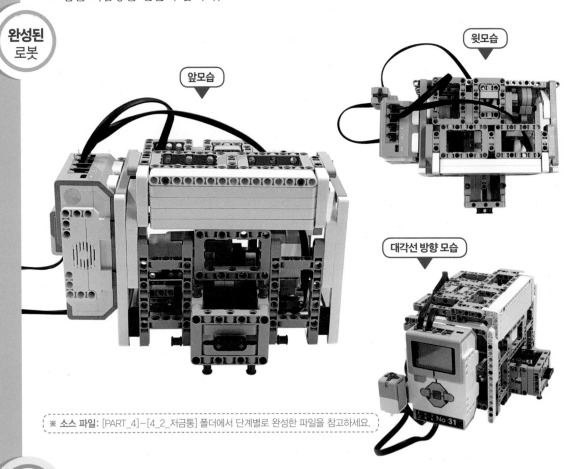

앞모습

윗모습

대각선 방향 모습

※ **소스 파일:** [PART_4]-[4_2_저금통] 폴더에서 단계별로 완성한 파일을 참고하세요.

해결할 문제

작은 문제로 나누어서 해결합니다.

1단계
프로그램이 실행되면 브릭의 상하좌우 버튼을 이용하여 비밀번호를 입력받기

2단계
동전을 올려놓으면 동전이 자동으로 저금통 안으로 떨어져 저금이 되도록 하기

3단계
터치 버튼을 누르면 브릭의 상하좌우 버튼을 이용하여 비밀번호를 입력하고, 비밀번호가 일치하면 저금통을 열기

4단계
터치 버튼을 다시 누르면 저금통을 잠그기

조립도를 보고 저금통을 만들어 봅시다.

① LDD 조립도를 실행하여 아래와 같이 4개의 모듈을 만들어 놓습니다.

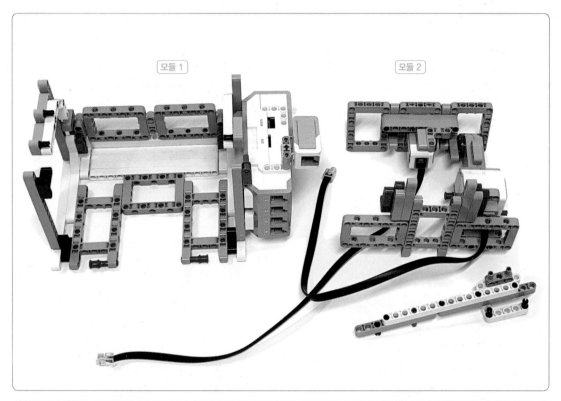

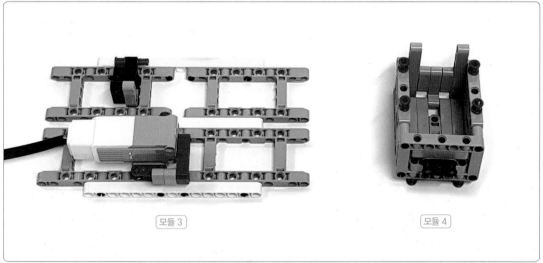

※ 제공한 [창작 조립도]-[PART_4] 폴더에서 '04_02_저금통01.lxf'~'04_02_저금통04.lxf' 조립도 파일을 하나씩 열어 모듈 1 ~ 모듈 4 까지 조립하여 나열하도록 합니다.

※ 추후 작업의 편리성을 위해 선을 서보 모터와 센서에 연결해 놓고 조립을 진행합니다.

❷ 먼저 모듈2를 가져와 다음과 같이 조립해 놓습니다.

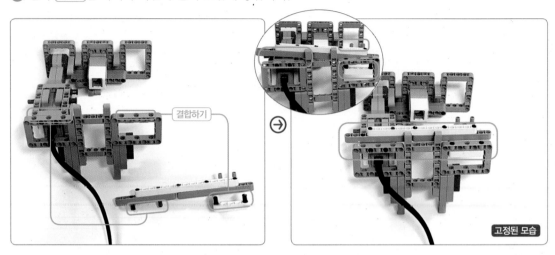

결합하기

고정된 모습

❸ 모듈2와 모듈3을 가져와 각각 뒤집어 놓습니다.

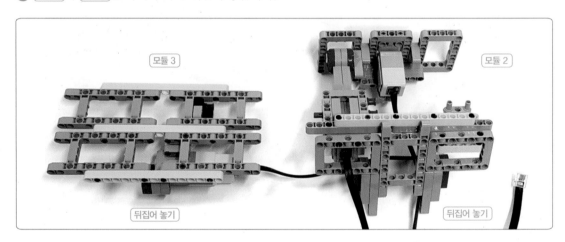

모듈 3

모듈 2

뒤집어 놓기

뒤집어 놓기

❹ 모듈3을 모듈2 위로 올려 결합한 후 결합된 모듈을 다시 뒤집은 다음 좌측 아래쪽의 나사를 밀어 고정합니다.

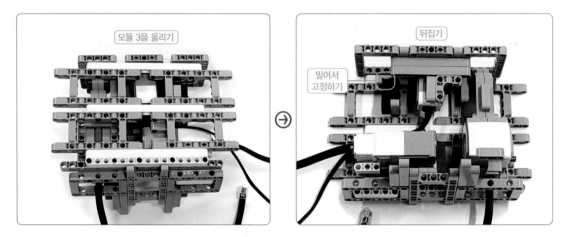

모듈 3을 올리기

뒤집기

밀어서 고정하기

⑤ 이번에는 모듈1 과 ④에서 결합한 모듈을 준비합니다.

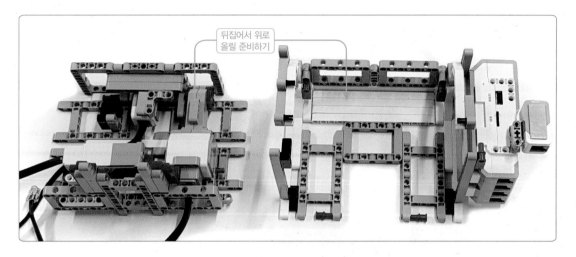

⑥ 먼저 결합된 모듈을 뒤집어서 모듈1 위에 올려놓은 후 아랫부분을 고려하여 왼쪽과 오른쪽을 각각 결합합니다.

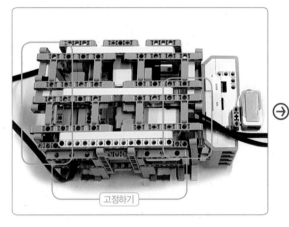 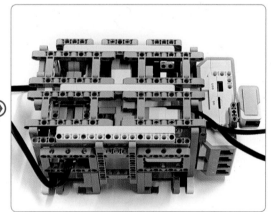

⑦ 결합한 모듈의 방향을 다음과 같이 조정한 후 동전통인 모듈4 를 가져와 끼워 넣습니다.

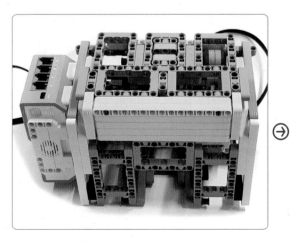 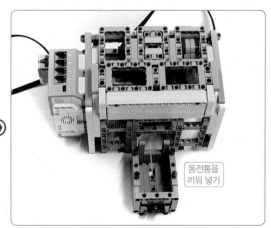

⑧ 완성된 모습은 다음과 같습니다.

브릭에 모터와 센서를 연결합니다.

서보 모터

• motorA: 라지 서보 모터 ← 동전을 저장하는 서보 모터
• motorB: 미디엄 서보 모터 ← 동전통 잠금용 서보 모터
• motorC: −
• motorD: −

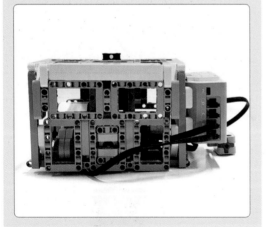

▲ 출력 포트

센서 및 버튼

• Sensor1: 컬러 센서 ← 동전을 감지하는 컬러 센서
• Sensor2: 터치 센서 ← 비밀번호를 입력할 때 사용하는 버튼
• Sensor3: −
• Sensor4: −

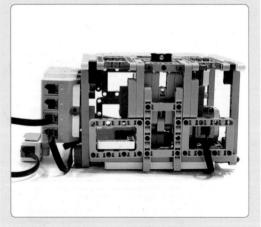

▲ 입력 포트

3 >> 문제 분석 및 작은 문제로 나누기

저금통을 만들기 위해 문제를 분석하여 아래와 같이 작은 문제로 나누어 봅니다.

1단계 비밀번호를 입력받아 저장하기	→	**2단계** 동전을 올려놓으면 저금하기	→	**3단계** 비밀번호를 입력하여 저금통 열기	→	**4단계** 저금통 잠그기

4 >> 작은 문제별 해결 전략 세우기

나눈 작은 문제들을 어떻게 해결해야 할지 아래와 같이 단계별로 해결 전략을 세웁니다.

1단계
비밀번호를 입력받아
저장하기

프로그램이 실행되면 브릭의 상하좌우 버튼을 이용하여 4개의 비밀번호를 입력받아 저장한 후 저금통을 잠급니다.

2단계
동전을 올려놓으면
저금하기

동전을 올려놓으면 컬러 센서로 동전을 인식한 후 동전을 저장하는 모터를 회전하여 동전통으로 떨어트립니다.

3단계
비밀번호를 입력하여
저금통 열기

터치 버튼을 누르면 브릭의 상하좌우 버튼을 이용하여 4개의 비밀번호를 입력받고, 비밀번호가 일치하면 저금통을 뺄 수 있도록 잠금 모터를 열어 줍니다.

4단계
저금통 잠그기

현재 잠금 모터가 열린 상태에서 터치 센서를 다시 누르면 잠금 모터를 이용하여 저금통을 잠급니다.

파이썬으로 프로그래밍하기

앞에서 설계한 문제 해결 방법대로 프로그래밍하여 미션을 해결합니다.

● 프로그래밍을 위한 사전 준비 ●

1. 센서와 모터 등의 이름 정하기

sleep, time, threading을 사용하기 위해 가져오기를 추가하고, 포트 A는 동전을 감지하면 동전을 떨어트리는 모터로 'mopen'에 연결, 포트 B는 저금통을 잠그고 여는 모터로 'mhold'에 연결, 포트 1은 컬러 센서를 이용하여 동전을 감지하기 위해 사용하므로 color coin을 줄여 'cc'에 연결, 포트 2는 비밀번호를 입력하는 버튼으로 'bs'에 연결하며 컬러 센서는 반사값 모드로 사용하기 위해 reflection으로 설정합니다.

프로그램

```
1    #!/usr/bin/env pybricks-micropython
2
3    from pybricks import ev3brick as brick
4    from pybricks.ev3devices import (Motor, TouchSensor, ColorSensor,
5                                      InfraredSensor, UltrasonicSensor, GyroSensor)
6    from pybricks.parameters import (Port, Stop, Direction, Button, Color,
7                                      SoundFile, ImageFile, Align)
8    from pybricks.tools import print, wait, StopWatch
9    from pybricks.robotics import DriveBase
10   from time import sleep          ← sleep 함수를 사용하기 위해 추가합니다.
11   from time import time           ← time 함수를 사용하기 위해 추가합니다.
12   import threading                ← 스레드를 사용하기 위해 추가합니다.
13
14   # Write your program here
15
16   mopen = Motor(Port.A)           ← 포트 A는 동전을 감지하면 동전을 떨어트리는 모터로 mopen에 연결합니다.
17   mhold = Motor(Port.B)           ← 포트 B는 저금통을 잠그고 여는 모터로 mhold에 연결합니다.
18   cc = ColorSensor(Port.S1)       ← 포트 1은 동전을 감지하는 컬러 센서로 cc에 연결합니다.
19   bs = TouchSensor(Port.S2)       ← 포트 2는 비밀번호를 입력하는 버튼으로 bs에 연결합니다.
20
21   cc.reflection()                 ← cc 컬러 센서를 반사값 모드(reflection)로 사용합니다.
```

2. 동전 감지를 위한 컬러 센서값 확인하기

브릭 메뉴 중 [Device Browser] – [Sensors] – [lego–ev3–color at ev3–ports:in1]을 클릭하고, 브릭의 아래 버튼을 눌러 [Watch values]를 선택하여 동전을 올려놓았을 때와 올려놓지 않았을 때의 컬러 센서값을 측정한 후 동전을 감지하는 기준값을 정합니다. [예] 기준값 30

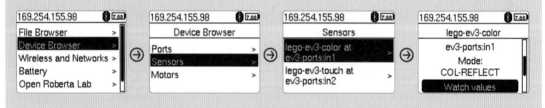

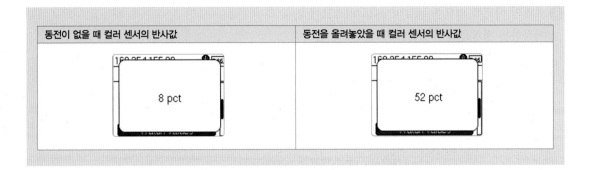

동전이 없을 때 컬러 센서의 반사값	동전을 올려놓았을 때 컬러 센서의 반사값
8 pct	52 pct

1단계 비밀번호를 입력받아 저장해 봅시다.

프로그램이 실행되면 브릭의 상하좌우 버튼을 이용하여 4개의 비밀번호를 입력받아 저장하고, 저금통을 잠급니다.

해결 절차

> **절차1** input_password 함수를 만들고, 함수가 시작되면 브릭의 상하좌우 버튼을 누르면 비밀번호 4개가 순서대로 저장됩니다.

> **절차2** 프로그램이 시작되면 input_password 함수를 호출합니다.

절차1

❶ 비밀번호를 입력받아 저장할 data 리스트를 생성하는 명령을 추가합니다.

프로그램

```
21    cc.reflection()
22    data = []                    ← data 리스트를 선언합니다.
```

❷ input_password 함수를 만들고 함수가 시작되면 count 변수를 이용하여 브릭의 위쪽 버튼을 누르면 1, 아래쪽 버튼을 누르면 2, 왼쪽 버튼을 누르면 3, 오른쪽 버튼을 누르면 4를 선택하는 작업을 4번 입력받아 순서대로 data 리스트에 저장하려고 합니다. count 변수를 선언하고, 0으로 초기화한 후 4보다 작은 동안 브릭의 위쪽 버튼을 눌렀다 떼면 data 리스트에 1을 저장하는 명령을 추가합니다.

프로그램

```
24    def input_password():              ← input_pasword를 함수로 정의합니다.
25        global data                    ← data 리스트를 전역 변수로 사용합니다.
26        count = 0                      ← count 변수를 선언하고 0으로 초기화합니다.
27        while count < 4 :              ← count값이 4보다 작은 동안 28행을 반복 실행합니다.
28            if Button.UP in brick.buttons():  ← 브릭의 위쪽 버튼이 눌리면 29~33행을 실행합니다.
29                while 1:                               ┐ ← 브릭의 위쪽 버튼을 눌렀다 놓을
30                    if not(Button.UP in brick.buttons()):  ┘   때까지 기다립니다.
31                        break
32                data.append(1)        ← data 리스트에 1을 추가합니다.
33                count = count + 1     ← count값을 1 증가합니다.
```

❸ 브릭의 아래쪽 버튼을 누르며 data 리스트에 2, 왼쪽 버튼을 누르면 3, 오른쪽 버튼을 누르면 4를 저장하는 명령을 추가합니다.

프로그램

```
24    def input_password():
25        global data
26        count = 0
27        while count < 4 :
28            if Button.UP in brick.buttons():
29                while 1:
30                    if not(Button.UP in brick.buttons()):
31                        break
32                data.append(1)
33                count = count + 1
34            elif Button.DOWN in brick.buttons():
35                while 1:
36                    if not(Button.DOWN in brick.buttons()):
37                        break
38                data.append(2)
39                count = count + 1
40            elif Button.LEFT in brick.buttons():
41                while 1:
42                    if not(Button.LEFT in brick.buttons()):
43                        break
44                data.append(3)
45                count = count + 1
46            elif Button.RIGHT in brick.buttons():
47                while 1:
48                    if not(Button.RIGHT in brick.buttons()):
49                        break
50                data.append(4)
51                count = count + 1
```

34~39: 브릭의 아래쪽 버튼을 눌렀다 놓으면 data 리스트에 2를 추가하고, count값을 1 증가합니다.
40~45: 브릭의 왼쪽 버튼을 눌렀다 놓으면 data 리스트에 3을 추가하고, count값을 1 증가합니다.
46~51: 브릭의 오른쪽 버튼을 눌렀다 놓으면 data 리스트에 4를 추가하고, count값을 1 증가합니다.

❹ 비밀번호 4개가 모두 입력되면 "Ready" 소리를 출력하고, mopen 모터를 이용하여 동전통을 닫은 후 mhold 모터를 이용하여 동전통을 잠그는 명령을 추가합니다.

프로그램

```
46            elif Button.RIGHT in brick.buttons():
47                while 1:
48                    if not(Button.RIGHT in brick.buttons()):
49                        break
50                data.append(4)
51                count = count + 1
52
53        brick.sound.file(SoundFile.READY)      ← "READY" 소리를 출력합니다.
54        mopen.run(100)                         ← mopen 모터를 100의 출력값으로 회전하여 동전을 올리는 부분을 닫습니다.
55        mhold.run(-100)                        ← mhold 모터를 -100의 출력값으로 회전하여 동전통을 잠급니다.
56        sleep(1)                               ← 1초 기다립니다.
57        mopen.stop(Stop.BRAKE)                 ← mopen 모터를 바로 정지합니다.
58        mhold.stop(Stop.BRAKE)                 ← mhold 모터를 바로 정지합니다.
```

❺ 프로그램이 시작되면 input_password 함수를 호출하는 명령을 추가합니다.

```
프로그램
60   input_password()          ← input_password 함수를 호출합니다.
61   print(data)               ← 비밀번호 4개가 잘 저장되었는지 data 리스트에 저장된 값을 확인합니다.
```

2단계 동전을 올려놓으면 저금이 되도록 해 봅시다.

동전을 올려놓으면 컬러 센서로 동전을 인식하고, 동전을 저장하는 모터를 회전하여 동전통으로 떨어 트립니다.

🔖 **해결 절차**

절차1 input_coin 함수를 만들고, 함수가 시작되면 동전이 있는지 컬러 센서로 확인한 후 동전이 있으면 mopen 모터를 회전하여 동전을 떨어트립니다.

절차2 프로그램이 시작되면 스레드로 input_coin 함수를 호출합니다.

절차1

❶ input_coin 함수를 만들고, 함수가 시작되면 cc 컬러 센서값이 30보다 크면 동전이 있는 것이므 로 1초 기다렸다 mopen 모터를 회전하여 동전을 떨어트리고 다시 반대로 회전하여 닫는 명령을 추가합니다.

```
프로그램
60   def input_coin():                      ← input_coin 함수를 정의합니다.
61       while 1:
62           if cc.reflection() > 30:       ]← 컬러 센서의 값이 30보다 큰지 계속 확인하며, 30보다 크면
63               sleep(1)                      63~68행을 실행합니다.
64               mopen.run(-100)            ]← 동전을 떨어트리기 위해 mopen 모터를 -100의 출력값으로
65               sleep(1.5)                    1.5초 회전합니다.
66               mopen.run(100)            ]← mopen 모터를 -100의 출력값으로 1.5초 회전하여 닫습니다.
67               sleep(1.5)
68               mopen.stop(Stop.BRAKE)    ← mopen 모터를 바로 정지합니다.
```

절차2

❷ input_coin 함수를 스레드로 만들고, input_coin 함수를 시작하는 명령을 추가합니다.

```
프로그램
70   input_password()
71   print(data)
72   t1 = threading.Thread(target=input coin)  ]← input_coin 함수를 스레드로 만들고, 시작합니다.
73   t1.start()
```

터치 버튼을 누르면 브릭의 상하좌우 버튼을 이용하여 4개의 비밀번호를 입력받고, 비밀번호가 맞으면 저금통을 뺄 수 있도록 잠금 모터를 열어 주도록 합니다.

🔖 해결 절차

절차1 open_password 함수를 만들고, 비밀번호 입력을 위한 버튼이 눌리면 브릭의 상하좌우 버튼을 이용하여 비밀번호 4개를 입력받습니다.

절차2 open_password 함수를 호출하여 비밀번호를 4개 입력받습니다.

절차3 check_password 함수를 만들고, 입력받은 비밀번호와 처음 입력한 비밀번호를 비교하여 일치하면 잠금 장치를 열어 줍니다.

절차4 check_password 함수를 호출하여 비밀번호를 확인합니다.

절차1

❶ 비밀번호를 확인하기 위한 indata 리스트를 생성합니다.

프로그램

```
21    cc.reflection()
22    data = []
23    indata = []        ← indata 리스트를 선언합니다.
```

❷ open_password 함수를 만들고, 비밀번호 입력을 위한 버튼이 눌리면 count값이 4보다 작은 동안 계속 브릭의 상하좌우 버튼을 입력받아 indata 리스트에 순서대로 저장합니다. 이때 브릭의 위쪽 버튼은 1, 아래쪽 버튼은 2, 왼쪽 버튼은 3, 오른쪽 버튼은 4를 indata 리스트에 추가하며, 버튼을 누를 때마다 count값이 1씩 증가하고, 입력이 4번 완료되면 함수를 종료합니다.

프로그램

```
71    def open_password():
72        global indata
73        count = 0
74        while 1:
75            if bs.pressed() == True:
76                brick.sound.file(SoundFile.READY)
77                while count < 4 :
78                    if Button.UP in brick.buttons():
79                        while 1:
80                            if not(Button.UP in brick.buttons()):
81                                break
82                        indata.append(1)
83                        count = count + 1
84                    elif Button.DOWN in brick.buttons():
85                        while 1:
86                            if not(Button.DOWN in brick.buttons()):
87                                break
88                        indata.append(2)
89                        count = count + 1
```

```
90              elif Button.LEFT in brick.buttons():
91                  while 1:
92                      if not(Button.LEFT in brick.buttons()):
93                          break
94                  indata.append(3)
95                  count = count + 1
96              elif Button.RIGHT in brick.buttons():
97                  while 1:
98                      if not(Button.RIGHT in brick.buttons()):
99                          break
100                 indata.append(4)
101                 count = count + 1
102         return
```

71: open_password 함수를 선언합니다.
72: indata 리스트를 전역 변수로 사용합니다.
73: count 변수를 선언하고 0으로 초기화합니다.
74~75: bs 터치 센서가 눌리는지 계속 확인하면서 버튼이 눌리면 76~77행을 실행합니다.
76: 브릭 버튼의 입력받음을 알리기 위해 "READY" 소리를 출력합니다.
78~83: 브릭의 위쪽 버튼을 눌렀다 놓으면 indata 리스트에 1을 추가하고, count값을 1 증가합니다.
84~89: 브릭의 아래쪽 버튼을 눌렀다 놓으면 indata 리스트에 2를 추가하고, count값을 1 증가합니다.
90~95: 브릭의 왼쪽 버튼을 눌렀다 놓으면 indata 리스트에 3을 추가하고, count값을 1 증가합니다.
96~101: 브릭의 오른쪽 버튼을 눌렀다 놓으면 indata 리스트에 4를 추가하고, count값을 1 증가합니다.
102: count값이 4가 되면 open_password 함수를 종료합니다.

절차2

❸ open_password 함수를 호출하여 비밀번호를 4개 입력받는 명령을 추가합니다.

프로그램

```
105     input_password()
106     print(data)
107     t1 = threading.Thread(target=input_coin)
108     t1.start()
109     open_password()      ← open_password 함수를 호출합니다.
110     print(indata)        ← 입력받은 indata 리스트를 출력하여 확인합니다.
```

절차3

❹ check_password 함수를 만들고, 입력받은 비밀번호와 처음 입력한 비밀번호를 비교하여 일치하면 잠금 장치를 열어 주는 명령을 추가합니다.

프로그램

```
104   def check_password():                           ← check_password 함수를 선언합니다.
105       global data, indata                         ← data, indata 리스트를 사용합니다.
106       if data == indata :
107           brick.sound.file(SoundFile.BRAVO)        ⎫
108           mhold.run(-100)                          ⎬ ← data 리스트와 indata 리스트 값이 서로 같으면
109           sleep(1)                                 ⎪    "BRAVO" 소리를 출력한 후 mhold 모터를 -100의
110           mhold.stop(Stop.BRAKE)                   ⎭    출력값으로 1초간 회전하여 잠금 장치를 엽니다.
111       else :                                       ⎫
112           brick.sound.file(SoundFile.ERROR)        ⎬ ← 비밀번호가 같지 않으면 "ERROR" 소리를 출력합니다.
```

CHAPTER 02 · 저금통 만들기 · **295**
CHAPTER 02 · 저금통 만들기 · **295**

❺ check_password 함수를 호출하여 비밀번호를 확인합니다. 그리고 비밀번호 입력받기와 비밀번호의 확인은 언제든지 할 수 있도록 while문을 추가합니다.

프로그램

```
116    input_password()
117    print(data)
118    t1 = threading.Thread(target=input_coin)
119    t1.start()
120    while 1:                          ← 121~123행을 무한 반복합니다.
121        open_password()
122        print(indata)
123        check_password()             ← check_password 함수를 호출합니다.
124        indata.clear()               ← 비밀번호를 다시 입력받기 위해 indata 리스트를 초기화합니다.
```

4단계 저금통을 잠궈 봅시다.

현재 잠금 모터가 열린 상태에서 터치 센서를 다시 누르면 잠금 모터를 이용하여 저금통을 잠급니다.

🔖 해결 절차

절차1 open 변수를 이용하여 비밀번호가 일치하면 잠금 장치가 열리도록 open값을 1로 변경합니다.

절차2 터치 센서를 누를 때 open값이 1이면 잠금 장치를 닫고, open값이 0이면 비밀번호를 입력받습니다.

절차1

❶ open 변수를 만들고, 0으로 초기화하는 명령을 추가합니다.

프로그램

```
21    cc.reflection()
22    data = []
23    indata = []
24    open = 0                          ← open 변수를 선언하고, 0으로 초기화합니다.
```

❷ check_password 함수에서 비밀번호가 일치하면 잠금 장치를 열고, open값을 1로 변경하여 열린 상태를 기억하는 명령을 추가합니다.

프로그램

```
105    def check_password():
106        global data, indata, open    ← open 변수를 사용합니다.
107        if data == indata :
108            brick.sound.file(SoundFile.BRAVO)
109            mhold.run(-100)
110            sleep(1)
111.           mhold.stop(Stop.BRAKE)
112            open = 1                  ← open값을 1로 변경하여 현재 저금통이 열림을 기억합니다.
113        else :
114            brick.sound.file(SoundFile.ERROR)
```

❸ open_password 함수를 수정하여 터치 센서를 누를 때 open값이 1이면 mhold 모터를 −100의 출력
값으로 1초간 회전하여 동전통을 잠그고, open값을 0으로 변경합니다. 그리고 터치 센서를 누르면 비
밀번호를 입력받았던 부분에 open값이 0이면서 터치 센서를 누른지 확인하도록 명령을 수정합니다.

프로그램

```
72    def open_password():
73        global indata, open                    ← open 변수를 전역 변수로 추가합니다.
74        count = 0
75        while 1:                                          bs 터치 버튼을 누르고, open값이 1이면 77~81
76            if bs.pressed() == True and open == 1:← 행을 실행합니다.
77                brick.sound.file(SoundFile.READY)  ← "READY" 소리를 출력합니다.
78                mhold.run(-100)
79                sleep(1)                         ← mhold 모터를 −100의 출력값으로 1초간 회전하고, 정지하여 동전
80                mhold.stop(Stop.BRAKE)             통을 잠급니다.
81                open = 0                         ←비밀번호를 입력받을 수 있도록 open값을 0으로 변경합니다.
82            if bs.pressed() == True and open == 0:← 비밀번호를 입력받으려면 bs 터치 버튼을 누르고,
83                brick.sound.file(SoundFile.READY)    open값이 0이라는 조건으로 수정합니다.
84                while count < 4 :
85                    if Button.UP in brick.buttons():
86                        while 1:
87                            if not(Button.UP in brick.buttons()):
88                                break
```

전체 완성 프로그램 확인하기

프로그램

```
1    #!/usr/bin/env pybricks-micropython
2
3    from pybricks import ev3brick as brick
4    from pybricks.ev3devices import (Motor, TouchSensor, ColorSensor,
5                                     InfraredSensor, UltrasonicSensor, GyroSensor)
6    from pybricks.parameters import (Port, Stop, Direction, Button, Color,
7                                     SoundFile, ImageFile, Align)
8    from pybricks.tools import print, wait, StopWatch
9    from pybricks.robotics import DriveBase
10   from time import sleep
11   from time import time
12   import threading
13
14   # Write your program here
15
16   mopen = Motor(Port.A)
17   mhold = Motor(Port.B)
18   cc = ColorSensor(Port.S1)
19   bs = TouchSensor(Port.S2)
20
21   cc.reflection()
22   data = []
23   indata = []
24   open = 0
25
```

```python
26  def input_password():
27      global data
28      count = 0
29      while count < 4 :
30          if Button.UP in brick.buttons():
31              while 1:
32                  if not(Button.UP in brick.buttons()):
33                      break
34              data.append(1)
35              count = count + 1
36          elif Button.DOWN in brick.buttons():
37              while 1:
38                  if not(Button.DOWN in brick.buttons()):
39                      break
40              data.append(2)
41              count = count + 1
42          elif Button.LEFT in brick.buttons():
43              while 1:
44                  if not(Button.LEFT in brick.buttons()):
45                      break
46              data.append(3)
47              count = count + 1
48          elif Button.RIGHT in brick.buttons():
49              while 1:
50                  if not(Button.RIGHT in brick.buttons()):
51                      break
52              data.append(4)
53              count = count + 1
54
55      brick.sound.file(SoundFile.READY)
56      mopen.run(100)
57      mhold.run(-100)
58      sleep(1)
59      mopen.stop(Stop.BRAKE)
60      mhold.stop(Stop.BRAKE)
61
62  def input_coin():
63      while 1:
64          if cc.reflection() > 30:
65              sleep(1)
66              mopen.run(-100)
67              sleep(1.5)
68              mopen.run(100)
69              sleep(1.5)
70              mopen.stop(Stop.BRAKE)
71
72  def open_password():
73      global indata, open
74      count = 0
75      while 1:
76          if bs.pressed() == True and open == 1:
77              brick.sound.file(SoundFile.READY)
78              mhold.run(-100)
79              sleep(1)
80              mhold.stop(Stop.BRAKE)
81              open = 0
```

```
82          if bs.pressed() == True and open == 0:
83              brick.sound.file(SoundFile.READY)
84              while count < 4 :
85                  if Button.UP in brick.buttons():
86                      while 1:
87                          if not(Button.UP in brick.buttons()):
88                              break
89                      indata.append(1)
90                      count = count + 1
91                  elif Button.DOWN in brick.buttons():
92                      while 1:
93                          if not(Button.DOWN in brick.buttons()):
94                              break
95                      indata.append(2)
96                      count = count + 1
97                  elif Button.LEFT in brick.buttons():
98                      while 1:
99                          if not(Button.LEFT in brick.buttons()):
100                             break
101                     indata.append(3)
102                     count = count + 1
103                 elif Button.RIGHT in brick.buttons():
104                     while 1:
105                         if not(Button.RIGHT in brick.buttons()):
106                             break
107                     indata.append(4)
108                     count = count + 1
109         return
110
111 def check_password():
112     global data, indata, open
113     if data == indata :
114         brick.sound.file(SoundFile.BRAVO)
115         mhold.run(-100)
116         sleep(1)
117         mhold.stop(Stop.BRAKE)
118         open = 1
119     else :
120         brick.sound.file(SoundFile.ERROR)
121
122 input_password()
123 print(data)
124 t1 = threading.Thread(target=input_coin)
125 t1.start()
126 while 1:
127     open_password()
128     print(indata)
129     check_password()
130     indata.clear()
```

프로그램 작성이 완료되면 F5 키를 눌러 프로그램을 실행하여 로봇이 제대로 동작하는지 확인합니다.

파이썬과 함께 하는

EV3 로봇
창작 프로젝트

발 행 일   초판 1쇄 발행 2020년 11월 05일

지 은 이   김형기
발 행 인   신재석
발 행 처   (주)삼양미디어
주   소   서울시 마포구 양화로 6길 9-28
전   화   02) 335-3030
팩   스   02) 335-2070
등록번호   제10-2285호
           Copyright ⓒ 2020, samyangmedia
홈페이지   www.samyang𝓜.com
I S B N   978-89-5897-389-8
정   가   18,000원